中小企業・
スタートアップを
読み解く

伝統と革新，
地域と世界

UNDERSTANDING SMES AND STARTUPS

著・加藤厚海

福嶋　路

宇田忠司

有斐閣ストゥディア

はしがき

　中小企業は私たちの身近に存在しています。工業製品を生産する工場や地場産業の工房などの製造業，飲食店や美容院などのサービス業の大半は中小企業が担っており，私たちの日常生活に欠かせません。

　一方，スタートアップという言葉を聞き慣れない人もいるかもしれません。ユニコーンと呼ばれるような，今まさに急成長を遂げているスタートアップ企業の多くは，知名度は高くありません（なお，みなさんもご存じの，グーグル，アップル，メタ〔旧フェイスブック〕，アマゾン，マイクロソフトといった，今や世界に冠たるグローバル企業も，かつてはスタートアップでした）。しかし，これらのスタートアップは，革新的な製品・サービスを生み出し，産業の新陳代謝を引き起こしていきます。

　本書は，身近な存在である中小企業と，新しい製品・サービスを生み出すスタートアップについて学ぶための教科書です。おもに経済学部（経営学科）・経営学部・商学部の大学生を対象としています。大教室での講義だけでなく，ゼミなどでも活用できるような構成・内容になっています。

　中小企業やスタートアップに焦点を当てた教科書は，中小企業論，ベンチャー企業論，アントレプレナーシップといったタイトルで，すでに数多く出版されています。そうした中で本書は，中小企業とスタートアップ企業の両方を取り扱い，副題にあるように「伝統と革新」「地域と世界」という視点から，それぞれを丁寧に説明しました。したがって，伝統産業の中小企業・老舗企業からAIなど最先端の技術やサービスを生み出す企業まで，また地域に密着する企業からグローバルに事業展開する企業までを，幅広く取り上げています。この広がりゆえ，大学院を目指す学生や，中小企業・スタートアップに関心のある社会人（さらにいえば起業に関心のある高校生）などにとっても，知的な探究のきっかけになるかもしれません。

　本書の特徴は，経営学を含め社会科学における多様な理論を使って，豊富な事例を読み解いていることにあります。従来，この分野の教科書には，概念・理論か事例のどちらかに力点を置いたものが多く，双方に言及していても，紹介される概念を用いて事例を読解するといったことはあまり想定されていませんでした。しかし私たちは，経営学をはじめとした社会科学の有用な概念・理

論と，中小企業・スタートアップに関するさまざまな現象（事例）とを，結び
つけて理解してもらうことを重視しました。概念・理論には，時間や空間を超
えた普遍性があるため，本書で取り上げる多岐にわたる現象を，抽象化して理
解することに役立ちます。こうした狙いから，経営学を学ぶ大学生には比較的
知られた概念・理論だけでなく，先端的でなじみは薄くても意義深いものも，
積極的に紹介しています。

　本書のプロジェクトは 2018 年に始まりました。東京で一度面談して以降，
すべての打ち合わせは Zoom を活用してオンラインで行われました。コロナ前
の 2019 年から 1 年半は，広島・仙台・パリと，空間的な隔たりだけでなく時
差もある中で執筆を進めました。その後，場所は岐阜・仙台・札幌に変わりま
したが，結局一度も会うことなく完成するに至りました。コロナ禍で働き方が
一変した中，筆者らも従来の出張ありきの共同作業とは異なり，リモート・ワー
カーのように，場所に縛られずに本プロジェクトを遂行しました。

　そもそも筆者らは以前からつながりがあったものの，共同で仕事をしたこと
はありませんでした。ただ，5 年もの間，毎月のように数時間のミーティング
を続けたことで，プロジェクトの進捗や学問上の動向だけでなく，国立大学の
抱える問題を共有するなど，身の上話・世間話を通じて結びつきが強まりまし
た。

　本書は，こうした 3 人の得意分野に基づいて分担執筆がされていますが，上
述の通り何度も議論をし，加筆修正を重ねてきました。とくに，紹介する概
念・理論と，それに相応しい事例の選択については，綿密に検討し，完成直前
まで入れ替えを行うなど，よりよい内容を目指しました。専門性とわかりやす
さを担保しつつ，筆者らの持つ知見を加味していくのは，予想以上に難しいこ
とでした。書籍の完成度に関しては読者の批判を待たなければなりませんが，
ユニークで，おもしろい内容になったと感じています。

　執筆の過程では，有斐閣の藤田裕子さん，得地道代さんに，大変お世話にな
りました。藤田さんからお声がけをいただいてから，5 年ほどの歳月が過ぎま
した。執筆が遅々として進まない中で辛抱強く待っていただいたお二人に，心
より御礼申し上げます。

　　　2023 年 4 月 28 日

著 者 一 同

著 者 紹 介

加藤 厚海（かとう・あつみ）　　　　　　　　　　　　第1〜4章

神戸大学大学院経営学研究科博士課程後期課程修了，博士（経営学）（神戸大学）
現在，岐阜大学社会システム経営学環教授

主要著作

『需要変動と産業集積の力学──仲間型取引ネットワークの研究』（白桃書房，2009年）

Automobile Industry Supply Chain in Thailand（共著，Springer，2018年）

福嶋 路（ふくしま・みち）　　　　　　　序章（共同執筆），第9〜13章

一橋大学大学院商学研究科博士課程単位修得退学，博士（経営学）（東北大学）
現在，東北大学大学院経済学研究科教授

主要著作

『ハイテク・クラスターの形成とローカル・イニシアティブ──テキサス州オースティ
　ンの奇跡はなぜ起こったのか』（白桃書房，2015年）

「外的圧力による同時多発的スピンオフの出現とネットワークの形成──アルプス電気
　盛岡工場からのスピンオフの事例」（共同執筆，『企業家研究』第19号，2022年）

宇田 忠司（うだ・ただし）　　　　　　　　序章（共同執筆），第5〜8章

神戸大学大学院経営学研究科博士課程後期課程修了，博士（経営学）（神戸大学）
現在，北海道大学大学院経済学研究院准教授

主要著作

『制度的企業家』（分担執筆，ナカニシヤ出版，2015年）

The Flexible Workplace: Coworking and Other Modern Workplace Transformations（分担執
　筆，Springer，2021年）

The Oxford Handbook of Phenomenologies and Organization Studies（分担執筆，Oxford
　University Press，2023年）

目　次

起業家の認知　　　　　　　　　　　　117

起業と組織　　　　　　　　　　　　133

Case 一覧

Column 一覧

glossary 一覧

序 章

なぜ今，中小企業・スタートアップなのか

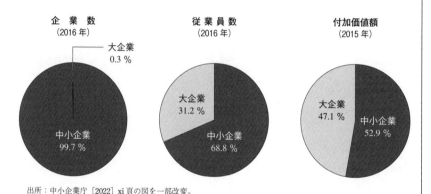

| 企業数 (2016年) | 従業員数 (2016年) | 付加価値額 (2015年) |

出所：中小企業庁［2022］xi 頁の図を一部改変。

中小企業（小規模事業者含む）の比率

　みなさんは，中小企業やスタートアップについてどの程度知っているだろうか。おおよそのイメージはあるものの，詳しいことはよくわからないという人は，ぜひ本章から読み進めてもらいたい。上の図は，国内の企業数・従業員数・付加価値額（企業の生産活動によって生み出された価値）という3点について，大企業と中小企業を比較したものである。3つの図から，中小企業が経済社会の主役として，多くの雇用や価値を生み出していることが読み取れるだろう。中小企業にはどのような特徴があり，学術的にはどう取り扱われているのだろうか。

本書は，日本の経済における主要なプレーヤーである中小企業・スタートアップに焦点を当てたテキストである。中小企業の過去・現在・未来という時間の流れと，中小企業の活動範囲（地域と世界）という空間の広がりの観点から，中小企業に関する経営現象をできるだけ包括的に取り上げる。その上で，そうした現象の多面性について理解を深めてもらうために，さまざまな概念や理論を用いて，それらがどのように説明されてきたのかを紹介していく。

　本題に入る前に，本章では，中小企業・スタートアップを学ぶ意義，中小企業のタイプ，歴史的に見た中小企業，中小企業研究の学問的特徴・位置づけ，本書の特徴・使い方，について確認しよう。

1 中小企業・スタートアップを学ぶ意義

　最初に，中小企業やスタートアップについて学ぶ意義について触れておこう。なぜ中小企業・スタートアップは私たちの社会にとって重要といえるのか。本節では，それを考えるための観点をいくつか提示する。

日本経済の主役としての中小企業・スタートアップ

　中小企業は日本経済の主役である。扉頁の図に示した通り，「経済センサス活動調査」によると，個人事業主を含む中小企業は，企業数で全体の 99.7 ％，従業員数で 68.8 ％を占める。つまり，日本の企業のほとんどが中小企業であり，10 人中 7 人が中小企業で働いており，全体のうち半分の付加価値額（営業純益〔営業利益−支払利息〕＋人件費〔役員給与＋従業員給与＋福利厚生〕＋支払利息等＋動産・不動産賃貸料＋租税公課）を生み出している。中小企業・スタートアップは，経済のバロメーターであるといえる。経済が悪化すると中小企業は真っ先に影響を受ける。そのようなとき政府は，直ちに中小企業を支援し，経済の悪化を食い止めようとする。

　加えて，中小企業・スタートアップは将来の大企業候補である。現在の大企業も多くの場合，はじめは中小企業であった。中小企業の中から成長するものが現れ，大企業になっていく。世界的に事業を展開するトヨタやユニクロも，かつては愛知県や山口県の中小企業だった。それが数十年かけて成長し，今の姿になったのである。このような意味で，中小企業は将来，経済の柱となる企

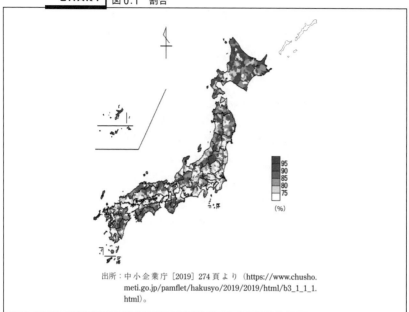

出所：中小企業庁［2019］274頁より（https://www.chusho.
meti.go.jp/pamflet/hakusyo/2019/2019/html/b3_1_1_1.
html）。

業の予備軍でもある。

地域経済の主役としての中小企業・スタートアップ

　中小企業の多くは，多数の支社や工場を持つ大企業とは違って，特定の地域にのみ立地する。したがって，それらの活動は，立地する地域社会，そこでの文化慣習，および人間関係などから影響を受ける。他方で，中小企業は地域の雇用を生み出したり，地域の企業と取引関係を持ったり，地域住民を顧客にしたりと，地域に影響を与える存在でもある。つまり，中小企業はその地域を映す鏡である。

　地域に根づく中小企業は，地域経済を支える柱といえる。たとえば伝統工芸品は，同業・関連事業者間で分業をし合うことから，特定の地域に集まり産地を形成する。また，特定種類の製造業では，大学などの研究開発機関を中心にして企業が集積し，産業集積を形成することもある。さらに，地元の商店街には中小零細小売店が集積し，地域流通を支えている。ほかにも，創業まもないスタートアップは，資金調達のしやすさ，従業員の集めやすさ，取引先や顧客との近さといった観点から，自社にとって有利な環境を探し，そういう場所へ

移動するため，結果として特定の地域に集中する傾向がある。

このように中小企業・スタートアップは，地域に根づいて活動することにより，雇用を生み出し，地域内の取引を活発化させ，税金を払うといった形で，地域経済を支えている。

技術基盤を支える中小企業・スタートアップ

中小企業の中には，基盤技術を有する企業が存在する。ものづくり基盤技術とは「工業製品の設計，製造又は修理に係る技術のうち汎用性を有し，製造業の発展を支えるもの」（ものづくり基盤技術振興基本法）である。具体的には，メッキ，鋳造・鍛造，プレス，切削加工，レーザー加工，金属熱処理，計測・制御技術，組み込みソフトウエアなどがあげられる。これらの基盤技術を有する中小企業は，さまざまな先端新産業分野等を支えており，これらの技術の質がものづくり全体の質に影響を与えるといわれている。

中小企業の中には，基盤技術を高度化することによって，唯一無二の要素技術力を有するようになり，グローバル・ニッチ・トップ企業（狭い領域ながら，世界で第1位のシェアを持つ企業）になっている事例も多数ある。

イノベーションの主体としての中小企業・スタートアップ

中小企業はまた，イノベーションの主体として期待されるようになってきている。イノベーションの主体は豊かな経営資源を持つ大企業であると考えられがちだが，そうとも限らない。世の中には，中小企業でなければ参入できないニッチ市場や，中小企業だからこそ磨き上げることのできた技術がある。独自の技術と戦略でもってニッチ市場で高い市場シェアを維持するオンリーワン企業，グローバル・ニッチ・トップ企業は，まさにその好例といえる。

じつは大企業には，「イノベーターのジレンマ」と呼ばれるように，既存の顧客の声に耳を傾けるあまり，イノベーションを起こしにくくなっているところが少なくない（▶第11章）。意思決定も遅く，加速化する環境変化への対応が遅れがちとなっている。他方，設立してから短期間での成長を志向するベンチャーおよびスタートアップは，リスクをとって新しい事業に挑戦する。小規模であるがゆえに意思決定も速い。

このような事情から，日本におけるイノベーションの主体として，中小企業への期待が高まっているのである。そして一部の大企業が，ベンチャーやスタ

ートアップと連携することで，新しいビジネスをつくり出したり，自組織を活性化させたりする例も見られるようになってきている。

歴史を紡ぐ存在としての中小企業・スタートアップ

日本の中小企業については，とりわけ長寿の中小企業への注目が高まっている。日本企業の長寿性は群を抜いており，その多くはファミリー・ビジネスである（▶第2章）。ファミリー・ビジネスは他国にも多数あるが，日本はその比率が高い。また日本のファミリー・ビジネスは，そうでない企業に比べて生存率および業績が長期的に安定しているという研究報告もあり，世界から注目を集めているのである。

こうした長寿企業は，拡大せず，中小規模のままにとどまる傾向がある。長く生存する間，事業は変化させるが，地域を移動することは少ない。そして地域社会に根を張り，貢献する。このような中小企業は，歴史の担い手であるといえる。

 # 中小企業・スタートアップの分類

規模による分類

企業を分類するとき，規模によるのは一般的な分け方である。規模の小さい企業全般を指して中小企業と呼ぶが，これらはさらに，中小企業と小規模企業・零細企業とに分けられる。そして小規模・零細企業はさらに，法人[01]（詳細は▶第7章）である小規模法人企業と，法人でない個人企業に分けられる（図0.2）。

それでは，中小企業と大企業の境界はどこにあるのだろうか。

中小企業基本法によると，中小企業の定義は業種ごとに異なるものの，資本

---

glossary

01 法人 法律によって，人と同じ権利や義務を認められた組織のことを指す。個人か法人かで，開業の手続きや課される税制が異なる。とくに，法人の場合は企業の創業者やメンバーが変わっても存続できるのに対し，個人企業は創業者がいなくなると存在できなくなる。

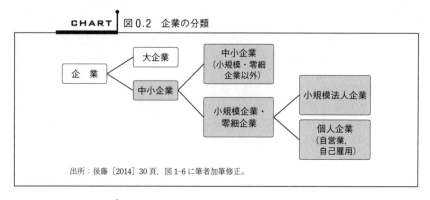

CHART | 図 0.2　企業の分類

出所：後藤［2014］30 頁，図 1-6 に筆者加筆修正。

CHART | 表 0.1　中小企業の範囲

業　種	中小企業者		小規模事業者
	資本金の額 または出資の総額	常時使用する 従業員の数	常時使用する 従業員の数
① 製造業 　建設業 　運輸業 　その他の業種 　（②〜④を除く）	3 億円以下	300 人以下	20 人以下
② 卸売業	1 億円以下	100 人以下	5 人以下
③ サービス業	5000 万円以下	100 人以下	5 人以下
④ 小売業	5000 万円以下	50 人以下	5 人以下

出所：中小企業庁「中小企業・小規模企業者の定義」。

金および従業員数で大企業と区別される。「製造業」「建設業」「運輸業」では資本金 3 億円以下または従業員 300 人以下が「中小企業」とされる。「卸売業」ではそれぞれ 1 億円以下または 100 人以下，「サービス業」では 5000 万円以下または 100 人以下，「小売業」では 5000 万円以下か 50 人以下となる。

　中小企業の中でも，とくに従業員が少ない事業者は，「小規模事業者」に分類される。常時雇用されている従業員の数が，製造業・建設業・運輸業等では 20 人以下，おもに商業またはサービス業に属する事業では 5 人以下のものが，これにあたる。

　以上をまとめたのが表 0.1 である。一点，注意してもらいたいのは，中小企業の定義は国によって異なるということである。表 0.1 は，あくまで日本における中小企業の定義であり，他国のものとは異なる。中小企業の国際比較を行

う際には，比較する国における中小企業の定義を確認する必要がある。

種類による分類

　中小企業を示す言葉は，非常に多く存在する。たとえば，「町工場」「下請け」「系列」「商店街（店舗）」「スタートアップ」「（グローバル・）ニッチ・トップ企業」「産地（企業）」などは，特定の性質に光を当てて中小企業を表した用語である。

　これらの企業は，それぞれどのくらいあるのだろうか。その量的な割合をお

CHART 図0.3　中小企業のタイプ（非一次産業，個人事業者を含む）

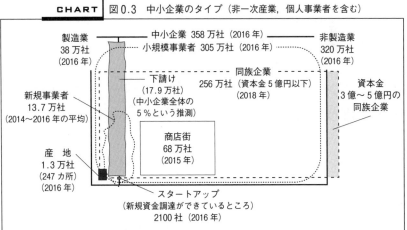

注：1）　中小企業数，小規模企業数，製造業数，非製造業数は，中小企業庁［2022］を参照。データは2016年のもの。
2）　同族企業については，国税庁［2018］を参照。ここでの同族会社とは，株主等の上位3グループが有する株式数または出資の金額等の合計が，発行済み株式の総数または出資の総額等の50％超に相当する法人をいう。なお，この統計では，資本金5億円以下の企業数と定義されているため，中小企業の定義である「3億円以下の企業」以外のものがデータに含まれている。同族企業の範囲のうち，中小企業の枠をはみ出している部分が，これにあたる。
3）　商店街については，アストジェイ［2016］を参照。商店街には「商店街振興組合」「事業協同組合」「任意団体」を含む。企業数は，各組合に属する平均店舗数を掛けて，足し合わせた数値となっている。
4）　産地については，日本総合研究所［2016］を参照。
5）　下請け事業者については，中小企業庁［2020］II-213頁を参照。元データの中小企業庁「中小企業実態基本調査」では，「〔1〕当該事業者より『規模』の大きな事業者から，〔2〕業務を『受託』している事業者を下請け事業者と定義」し，「2013〜2017年度の5年間，下請け事業者は中小企業全体のうち5％程度存在しており，大きな変動はない」としている。本図はこの数値に基づいて下請け事業者数を算出した。
6）　スタートアップについては，『INITIAL Enterprise』2023年1月31日を参照。2023年1月19日における，2016年に資金調達を受けた企業数。
7）　新規事業者数は，中小企業庁［2022］III-43頁，10表（開業率・廃業率の推移［非一次産業］）中の，「年平均開業企業数」（2014〜2016年）を参照。
出所：注に示した各資料に基づき筆者作成。

およそでも視覚的に把握するために，相対的な面積で表現したのが**図0.3**である。調査の行われた年やデータのとり方にバラツキがあるため正確さに欠ける部分があるが，大まかなイメージは得られるだろう。同図にも示した通り，中小企業には，製造業／非製造業，小規模事業者，系列・下請け，産地，商店街，スタートアップ，新規事業者など，たくさんのタイプが含まれ，これらの間には重複も多い。

　これまで，中小企業研究は製造業を対象としたものが多かったが，**図0.3**から，実際の数では非製造業の中小企業・小規模事業者が圧倒的に多数であることがわかる。また，中小企業の特徴として，ファミリー・ビジネス（同族企業）の多いことがあげられる。なお，スタートアップは近年注目されているが，その数は非常に少ないこともわかるだろう。

③ 日本における中小企業・スタートアップの歴史概観

　中小企業・スタートアップのイメージや役割は，時代によって大きく変化してきた。以下で，その歴史を概観しよう。第1章以降の内容をより理解するための基礎として役立ててもらいたい（本節の記述は，植田ほか［2014］，関［2020］を参照した）。

▌近代産業に対峙する在来産業としての中小企業 ▌

　江戸時代までは，そもそも大企業というものが存在せず，ほぼすべての事業者が中小企業だったといってよいだろう。それらは家族を中心とした小規模零細の事業体であり，大半が在来産業に属していた。在来産業とは，織物業や製糸業などの繊維産業，食品産業，陶磁器業など，伝統的な生活にかかわる産業である。都市部にも農村部にも存在するが，特定地域に集積し，産地を形成することが多かった。今では消滅してしまったものも少なくないが，時代の変化とともに姿かたちを変え，存続しているものも見受けられる。

　その後，日本では，19世紀から20世紀初頭にかけて工業化が始まった。転換点となったのは明治維新である。明治政府は，殖産興業政策によって産業の近代化を急速に進めた。とくに繊維産業と一部の重工業については，ヨーロッ

パから技術やマネジメント手法を導入し，それによって近代的な大企業が出現した。すると，それまでの在来産業が，大企業に対峙する「中小企業」と認識されるようになった。

中小企業という概念の普及と問題型中小企業認識

　20世紀に入ると中小商工業者が増加した。それに伴って，「中小企業」という概念が，大正期から昭和初期の間に浸透した。とくに昭和恐慌（1927～1931年）では全国の中小企業が甚大な影響を受け，その救済が政府の課題となった。このころから，中小零細事業者の低労働条件や収益性の低さが指摘され，中小零細企業を日本の工業の後進性の象徴と見なす「問題型中小企業認識」が見られるようになった。

　1937年に日中戦争が始まると，すべての経済活動が軍需生産に振り向けられ，中小企業も例に漏れず軍需部門に動員された。さらに1940年には戦時統制が強まり，下請け以外の中小商工業者に対する整理統合が強化された結果，多くの中小企業が廃業を強いられることとなった。

　やがて1945年に日本は降伏し第二次世界大戦が終結すると，戦時体制が解かれて中小企業は自由に活動できるようになった。この時期，雨後の筍のように中小企業が設立される。しかし資材や物資が不足し，事業状況は苦しかった。

　こうした中，中小企業団体からの要請や，過度の経済力集中を避けるため政策的に中小企業を重視しようとする連合国軍最高司令官総司令部（GHQ）からの圧力を受け，政府は1948年に商工省（現，経済産業省）の外局として中小企業庁を設立，本格的に中小企業政策に取り組むようになった。とりわけ金融面では，戦前からあった商工組合中央金庫に加えて，国民金融公庫および中小企業金融公庫が設立され，中小企業金融の支えが手厚くなった。1950年に入ると信用補完制度も整備され，中小企業金融の支援政策は徐々に充実していった。

　また，この時期，1950年に朝鮮戦争が勃発したことで，アメリカ軍から日本国内の各種企業に対する発注が急増し，日本は「朝鮮特需」と呼ばれる好況に沸いた。これに伴って，戦争で疲弊していた日本経済は回復の兆しを見せる。その後はアメリカおよび東南アジア向けの輸出が増加し，1950年代半ばから1970年代初頭まで，日本は未曽有の高度経済成長を経験することとなった。

　しかし，そうした急速な経済発展は，他方で日本社会に大きな変化と歪みをもたらした。いわゆる「二重構造問題」である。すなわち，日本は，大企業と，

前近代的な労使関係に立つ中小企業および家族経営による零細企業とに，二極化し，中小企業・零細事業者は大企業に比べて賃金・生産性・技術力などで遅れをとり，日本の国際競争力の足かせになっているというのである。中でも，中小企業の代表的な形態である下請企業・小規模企業・産地企業に問題があると指摘された。

このような認識をもとに，政府は中小企業を「保護すべき存在」と見なすとともに，中小企業者の自主的な努力を助長しつつ，生産性や取引条件を向上するという政策目標を打ち立てた。また，中小企業問題を総合的に解決していくため，1963 年に中小企業基本法を制定した。

▌中小企業の多様化 ▌

1970 年代に入ると高度経済成長は終焉を迎え，発展途上国の追い上げなどによる輸出入構造の変化，公害など環境問題の発生，石油危機をはじめとする資源・エネルギー情勢の深刻化，従業員の意識の変化，消費者ニーズの多様化・高級化等が起こり，新たな経済情勢が生じた。このような環境変化のもとで，新規性の高い製品・サービスを提供したり，新たな市場を開拓したりと，これまでには見られなかった活動を行う中小企業が現れ出した。

この種の企業については法律に則った定義もなく，その意味するところは一義的ではない。ただ，総じて，①企業年齢が若く，②技術革新・イノベーションを行い，③リスクを冒して新市場を開拓し，④高い成長性を示し，⑤独立性を維持している，といった特徴が見られた。また，その多くが，高学歴者や大企業から独立した専門技術者によって設立されていた。中小企業研究者である中村秀一郎や清成忠男らは，これらの企業に「中堅企業」「ベンチャー企業」といった名称を与え（清成・中村・平尾［1971］，中村［1992］。詳細は ▶ 第 9 章），従来の中小企業と区別した。実際，このような企業の中から大企業に成長していくものも出てきていたのである。

1980 年代前半，日本はマイクロエレクトロニクス関連産業で圧倒的な優位性を誇り，世界を席巻した。このような産業でも，中小企業は部品供給を担い，日本の「ものづくり」を支えるようになっていた。そして 1980 年代後半以降，

---

* 二重構造論は有沢広巳によって提唱され，政策にも大きな影響を与えたが，その妥当性については論争がある（清成・田中・港［1996］）。

時代はバブル経済と呼ばれる好況に沸いた。中小企業・新規創業企業を支援するインキュベーターの設置，補助金や相談サービスの提供といった創業・新規事業の支援施策，高度な技術の事業化支援施策が実施され始めたのは，このころである。

ところが，1985年9月のプラザ合意を契機に大幅な円高が進行すると，日本の産業構造は変化していく。電気機械産業を中心に，地域の中核企業が生産拠点を海外に移し始めた。また，海外からの輸入が増加したことによって，中小企業は労働コストの低い海外企業との競争にさらされるようになった。

失われた30年と貢献型中小企業観への転換

1990年に入るとバブル経済が崩壊し，日本経済は後に「失われた30年」と呼ばれる長期停滞に突入する。大企業の生産体制の改編に伴い，労働力の安価な国々に生産拠点が次々と移転される一方，国内では下請けの縮小が図られ，日本は生産・国内投資が縮小する「産業の空洞化」に苦しむことになった。このころ，開業率の低下が始まっている（中小企業庁[2020]）。

こうした中，政府は中小企業に①新分野への進出，②経営革新，③創業・新事業を勧奨し，さまざまな施策を講じた。たとえば，中小企業に新分野への進出促進や産業調整的適応を求める「中小企業新分野進出等円滑化法」，中小企業の新規創業や研究開発を支援する「中小企業創造活動促進法」（創造法）などである。技術志向の中小企業による事業化以前の研究開発を支援する「新事業創出促進法」も制定された。

1999年には中小企業基本法が改正された。その中では，中小企業に期待されることとして「新産業の創出，産業革新による経済活力の強化，独立した中小企業者の多様で活力ある成長・発展」が謳われ，とりわけ異業種の事業者と連携して新しい価値をつくり出すことが推奨された。これは，中小企業が日本経済の足かせであるとする「問題型中小企業観」から，中小企業は経済発展に貢献するものであるという「貢献型中小企業観」への大転換だった（黒瀬[2012]）。他方で，中小企業を競争から保護しようという従来の競争抑制策は大きく後退した。

また同時期，アメリカ・シリコンバレーの活況から学んだ経済発展の手法として，地域にイノベーションを生み出す集積をつくろうとするクラスター政策が，日本でも本格的に取り組まれ始めた。一例が，経済産業省による1998年

の「産業クラスター計画」や，文部科学省の「知的クラスター創生事業」である。こうした中で，地域に根を張る中小企業の重要性が再認識されるようになった。また，これらの事業においては，大学の技術を活用した新製品の開発や起業が推奨された。実際，2000年に「大学発ベンチャー1000社計画」が経済産業省によって打ち出され，達成されている（西澤・福嶋［2005］）。

▌ 中小企業・スタートアップへの期待 ▌

　2000年代に入ると，景気後退や金融ショックに伴い，大企業にも経営困難に陥るものが現れ出し，それらに対して産業再生法が適用された。中小企業に対しても，中小企業再生支援協議会が設置された。2009年には，リーマン・ショック後の金融危機の影響を抑えるために，中小企業等金融円滑化法が制定され，倒産の防止が図られた。

　一方で2010年には，「中小企業は経済をけん引する力であり，社会の主役である」と謳う「中小企業憲章」が閣議決定された。小規模企業を含む中小企業が社会において重要な役割を果たしていること，中小企業の経営力強化が必要であることが，改めて提起されたのである。

　そのような中，2011年3月11日の東日本大震災発災を機に，地域経済の再構築を目指す流れが生じる。そこでは，ビジネスの手法を用いて社会的課題を解決するソーシャル・ビジネスに注目が集まった。同時に，復興の担い手として，地域に根づいた中小企業に対しても期待が高まった。

　他方で，2010年以降は，とりわけアメリカにおいて，投資家から多額の投資を受け，急激に成長し企業価値を上げる企業に注目が集まるようになった。これらの企業は，規模は小さくとも特殊な技術や能力を有し，独特なビジネスモデルでもって急成長し，社会に新たな変革をもたらした。そうした企業は「スタートアップ」と呼ばれ，中でも非常な短期間で急成長したものは「ユニコーン」と名づけられた（▶第9章）。これらの企業が既存の大企業と並んでイノベーターとして世界を変える主体となり，各国経済の推進力になりうるという認識が，世界中で共有されるようになってきている。

　一連の流れにおいて日本は，スタートアップやユニコーンを生み出す制度ないし仕組みが，欧米・中国に比べて不十分であると認識され出した。それまで日本経済の成長を牽引してきたのが大企業であったため，スタートアップや起業家を生み出し育成することが重視されてこなかったことも一因と考えられる。

このような反省に立って，政府は 2020 年ごろからスタートアップやユニコーンの育成政策に本腰を入れ始め，岸田文雄内閣は 2022 年を「スタートアップ創出元年」とし，「スタートアップ育成 5 か年計画」を打ち出した（内閣官房 [2022]）。

4 学問分野としての中小企業研究

続いて本節では，学問分野として中小企業にはどのような特徴があり，「経営学」の中でどのように位置づけられるのかを確認しよう。

領域学としての中小企業研究

中小企業はこれまでどのように研究されてきたのだろうか。

学問には「ディシプリン」と「領域学」の 2 種類があるとされる（青島 [2022]）。前者は「特定の限られた説明論理を用いてさまざまな現象（＝対象世界）に接近する学問」であり，後者は「説明の対象として取り上げる現象を特定化し，その現象に対して多面的に接近する学問」である（同 24 頁）。すなわち，前者は対象への接近「方法」を特定化し，後者は対象「世界」を特定化する（接近方法は多様であってよい）という特徴がある。

具体的に，たとえば経済学や社会学，心理学などは固有の概念・理論（対象への接近方法）を備えたディシプリンであり，経営学や行政学，教育学などは領域学にあたる。本書のテーマである中小企業研究は，まさに「中小企業」を対象とする領域学といえる。領域学としての中小企業研究は学際的であり，上述の経済学・社会学・心理学など，隣接する複数のディシプリンに依って立っている学問である。

たとえば，「経済合理的で利潤最大化を目指す主体」として中小企業の活動を見れば，それは経済学に依って立つ中小企業研究であるといえる。エージェンシー理論（▶第2章）や取引コスト理論（▶第3章）を用いた分析は，これにあたる。一方，「社会制度に埋め込まれた主体」として中小企業を見れば，それは社会学を拠りどころにする中小企業研究といえるだろう。そこでは，社会ネットワークや社会関係資本（▶第4章）といった概念・理論が使われる。あるいは，起業家や創業チームの認知および態度（▶第6章）などといった「個

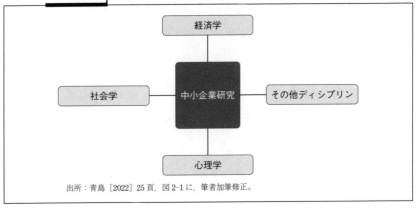

出所：青島［2022］25頁，図2-1に，筆者加筆修正。

人やグループの心理」に焦点を当てている場合，それは心理学に依って立つ中小企業研究であるといえる。

　実際のところ，中小企業経営に関する現象は複雑であり，1つの理論だけでは十分に説明できない。どのレベルの（組織，グループ，個人），誰の，どのような行動に光を当てるかによって，また，どのようなメガネ（＝理論）をかけて見るかによって，見えるものが異なってくる。たとえば，中小企業のイノベーションという現象は，経済学的にも，心理学的にも，社会学的にも説明できる。それは1つの学問分野だけでは説明しきれないということでもある。したがって，ある現象を理解・説明する際は，自らの関心や使用する道具としての概念・理論の適切性に応じて，依って立つディシプリンを選び取ることが求められる。

▌横断領域的な中小企業研究▐

　中小企業研究はまた，経営学の中でどのように位置づけられるのだろうか。学問を分類する際，分析対象を，分析するレベルによって分けることがある。入山［2012］によれば，経営学には大きく分けて，経営戦略論や組織構造論など，企業を1つの単位と捉え，その行動や，他企業との競争関係，協調関係，組織構造のあり方などを分析するマクロ分野と，組織行動論や人的資源管理理論など，企業内部の組織設計や人間関係を分析するミクロ分野とがある。中小企業研究は，中小企業を対象として，マクロとミクロ両方の分野にまたがっている。中小企業の戦略や組織といったマクロ分野の研究もあれば，中小企業のメ

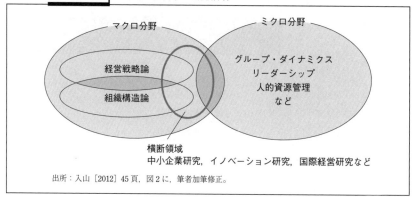

CHART | 図 0.5 経営学の研究領域

マクロ分野

ミクロ分野

経営戦略論

組織構造論

グループ・ダイナミクス
リーダーシップ
人的資源管理
など

横断領域
中小企業研究，イノベーション研究，国際経営研究など

出所：入山［2012］45頁，図 2 に，筆者加筆修正。

ンバーのモチベーションやトップのリーダーシップなどミクロ分野の研究もなされている。つまり，横断領域的に中小企業についての研究が行われているのである。

　以上のように，中小企業を分析するときは，①どのような理論体系に依って立つか，②現象のどの部分に目を向けるか，を意識する必要がある。本書では，このような理解のもと，中小企業に関する現象と，それを分析するための多様な概念・理論を，併せて紹介していく。

⑤　本書の特徴・使い方

　最後に，本書の特徴と使い方に触れておこう。

┃ 特　徴 ┃

　本書の特徴は，『中小企業・スタートアップを読み解く：伝統と革新，地域と世界』という書名そのものに集約されている。すなわち，「読み解き」と「時間・空間への注目」である。

　まず「読み解き」とは，文字通り，中小企業やスタートアップに関する現象に触れて理解することである。もちろん丸腰ではなく，経営学の観点から関連する概念・理論を用いて読み解いていくことを想定している。ただ，第４節で述べたように，経営学は領域学のため，読み解く際に活用する道具――概念・理論――が厳密には体系化されていない。そのため，道具の出自はバラエティ

	概念・理論			
	経済学	社会学	心理学	その他
第 1 章　ものづくり中小企業の歴史的展開	分業 柔軟な専門化			
第 2 章　中小・同族企業の経営	エージェンシー理論	社会情緒的資産		
第 3 章　中小企業とサプライヤー・システム	取引コスト理論	資源依存理論		
第 4 章　中小企業と社会ネットワーク		社会関係資本 弱いつながりの強さ		
第 5 章　起業の民主化と理論的視角		社会化	バウンダリーレス・キャリア	
第 6 章　起業家の認知			エフェクチュエーション マインドフルネス	
第 7 章　起業と組織		アクターネットワーク理論	活動理論	
第 8 章　起業をめぐる環境		正当性 制度的実践		可視性
第 9 章　ベンチャーとスタートアップ		新しさゆえの脆弱性		クローズド・イノベーション, オープン・イノベーション
第10章　プラットフォーム・ビジネス	ネットワーク外部性 拮抗力			プラットフォーム
第11章　スピンアウトとスタートアップ	組織ルーティン			スピンアウト 暗黙知・形式知
第12章　アントレプレナー・エコシステム	経路依存性			アントレプレナー・エコシステム
第13章　起業とグローバリゼーション		頭脳循環		移民起業家 ボーン・グローバル企業

出所：筆者作成。

に富み，その数は膨大である。本書ですべてを取り扱うことは当然できないが，それでも取り上げた概念・理論は多岐にわたり，総数は30近くにのぼる。具体的には，表0.2に示したように経済学・社会学・心理学のものが多いが，その他の領域も含めてバランスよく紹介することを心がけた。また，読者のみなさんがすでに触れたことのあるであろう基礎的なものから，従来のテキストではほとんど取り上げられてこなかったが有用と考えられる応用的・先端的なものまでカバーしている。

　もう1つの特徴である「時間・空間への注目」は，副題の「伝統と革新，地域と世界」という表現に込められている。すなわち，過去・現在・未来という時間の流れ，および地域と世界という空間の広がりの観点から，中小企業やスタートアップに関する経営現象をできるだけ包括的に扱った。構成は基本的に，

国内の地域における伝統的な中小企業から，グローバル・レベルで活動する現代の起業家やスタートアップへと，テーマが緩やかに移っていく形をとっている。

使い方

　以上の特徴を踏まえ，本書の使い方を紹介しておこう。

　何よりも中小企業やスタートアップの時間的・空間的展開を実感するためには，通読をお勧めする。ただ，伝統的あるいは地域・地場の中小企業に関心のある方には前半（第**1**〜**4**章）が，現代の起業家やグローバルに活動するスタートアップ（ベンチャーも含む）に関心のある方には後半（第**5**〜**13**章）が，とくに関心に応える内容になっていると思われる。もちろん，こうした全体構成を押さえた上で興味のある章から読んでもらっても，まったく構わない。

　なお，第**1**章以降は，次の各点が統一的になっている。

(1)　各章の扉頁には，「アイキャッチ」として，その章のテーマに関連する図表や写真が示されている。導入文とともに，章のポイントや概要をつかもう。

(2)　2頁目の冒頭には，QUESTION として，その章における基本的な「問い」が提示されている。できれば本文を読む前に，それらの問いに対し，自身の知識・経験に基づいて仮説を立ててみよう。その上で，章を読み終えたら，仮説がどのように改善されうるかを考えてみよう。

(3)　2頁目にはさらに，KEYWORD（キーワード）と THEORY & CONCEPT（本章に関連する理論や概念）が掲載されているので，目を通しておこう。THEORY & CONCEPT には，その章を理解する上で役立つ理論や概念が取り上げられている。

(4)　本文中には，章の内容をより深く理解するための **Case**（具体的な事例）や，関連知識を紹介する **Column**（コラム），**glossary**（用語解説）が挿入されている。少なくとも **Case** は飛ばさずに，その章で紹介される概念・理論を道具に用いて読み解いてみてもらいたい。道具であるからには，使えば使うほど上手に操れるようになる。**Case** の事例だけでなく，自らが直面した経営現象にも，それらの概念・理論をあてはめて考えてみよう。一方，**Column** や **glossary** は飛ばしても各章の大意はつかめるが，時間があるときにでも読んでみてほしい。

(5) 各章の終わりには，EXERCISE（エクササイズ）が掲載されている。自分の理解度を確認し，さらに理解を深めるために，手や身体を動かして，調べたり考えたりしてみよう。

(6) 「さらに学びたい方へ」（Bookguide）では，当該章で紹介された主要文献や，追加的に読むとよい書籍を提示している。各章のテーマに興味を持ち，レポートや卒業論文などで扱いたい場合には，これらの文献にあたってみよう。

(7) 「映像資料紹介」（Movieguide）では，章のテーマに関連した映画，ドキュメンタリー，ドラマ，動画が紹介されている。これらを視聴することで，章のテーマを，より身近に感じることができるだろう。

それでは，中小企業の世界に飛び込んでみよう。

第 1 章

ものづくり中小企業の歴史的展開

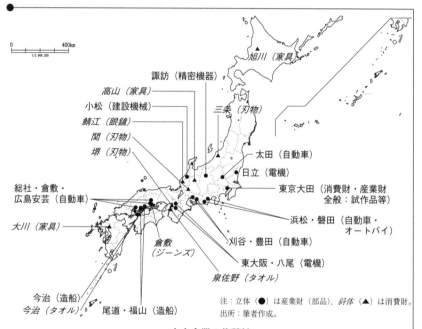

中小企業の集積地

　日本には，全国各地に製造業の中小企業が集まる地域がある。たとえば，自動車・電機・精密機器・造船などがさかんな地域では，近隣で部品の製造が行われるため，少数の大企業の周りに，そうした中小企業が多数集まっている。また，タオルやジーンズ・眼鏡・家具・刃物・陶磁器等の消費財生産がさかんな地域では，大企業は存在しない代わりに，多数の中小企業が集まり，それらの間で分業が行われている。本章では，中小企業のものづくりの歴史的展開を踏まえて，その生産体制や組織・人材育成等を考えていこう。

1. 中小企業のものづくりは，歴史的にどのように展開してきたのか。
2. 中小企業と大企業で，生産体制や組織・人材育成は，どのように異なるのだろうか。

ものづくり中小企業　クラフト生産　大量生産　産業集積

本章に関連する理論や概念

● 分　　業

　生産工程を分けて，複数の人で分担することであり，その結果として，生産性が向上すること。その理由は，①職人の技術向上，②別の仕事に移る際に失われる時間の節約，③多数の機械の発明という3つである。また，分業の程度は市場の大きさに規定される。小さな市場では細かな分業が難しいが，市場規模が大きくなると分業が容易になり，専門に特化できる。

● 柔軟な専門化

　多能工の職人と汎用機械によって変化に柔軟に対応できる生産システム（多品種少量生産に対応できる生産システム）のことをいい，産業集積（産地）や中小企業の企業連合に見られる。

本章では，中小企業のものづくりの変遷について，中小企業のクラフト生産体制（第2節），19世紀後半に出現した大企業の大量生産体制（第3節），20世紀半ばに出現した柔軟な専門化（第4節）という順で，それぞれの体制のもとでの生産体制や組織・人材育成の違いを見ていくこととする。

1 ものづくり中小企業とは

┃製造業における中小企業┃

中小企業は私たちの身近なところに存在している。サービス業でいえば，美容院，クリーニング店，不動産屋，喫茶店，居酒屋，寿司屋などがあげられる。近年は減少したが，商店街の八百屋，肉屋，魚屋といった個人商店も，多くは中小企業である。これらの自営業は，小さな資本で従業員も少なく，家族経営の比率が高い。他方，製造業でも，自動車部品生産，食品加工，建設などには中小企業が圧倒的に多いが，その中には数名で営まれている零細企業もあれば，工場や現場で働く従業員が数十人・数百人いるようなところも含まれる。

このように，一口に中小企業といっても業種や規模はさまざまだが，本章ではものづくり中小企業に焦点を当てた上で，その歴史的変遷について見ていく。その理由は，経営学の中小企業研究には，製造業に関する成果が豊富に蓄積されているからである。アメリカや日本の経済は，以前は工業中心だった。その後，製造業の比重は低下したが，現在でも日本においては一定の存在感を示している。しかも日本では，製造業は中小企業が支えているといっても過言ではなく，これらのことが多くの研究につながったのである。なお，前述の通り小売・卸売等の流通業にも中小企業が多いが，それらはおもに商学・マーケティング分野で取り上げられている。

それでは，ものづくりについて少し考えてみよう。かつて世界には，手作り（手仕事＝クラフト生産）しか存在しなかった。家具・衣類・靴・鞄といった身の回りのものはすべて，小さな工房で職人が手作りしていたのである。もちろんそうした手作りは現在でも残っており，職人のつくる雑貨や作家による工芸作品等は，一部の人々に愛用されている。

しかしながら，今や私たちは，スマートフォン・パソコン・ゲーム機・テレ

ビ・エアコン・冷蔵庫といった電化製品をはじめ，家具・食器・衣類など，大量生産された財に囲まれている。自動車・オートバイ・飛行機などの乗り物や，普段見ることのないロボット等の産業機械も同様である。低価格での製品提供には，生産体制の合理化＝大量生産体制が不可欠である。組立作業は，大企業の工場で行われることが多い。未熟練労働者を多数雇用して作業にあたらせているところもあるが，先進国ではロボット等による自動化が進み，人手が少なくなっている傾向がある。

　大量生産において中心となるのは大企業であるが，そこには多くの中小企業も携わっている。工業製品は完成までに原材料生産・部品製造・組立といった工程を経るが，これらすべてを一社で完結させるのは難しく，複数の企業で分業する。必要とされる部品が多数にのぼることも少なくなく，それらの中には中小企業が供給するものが含まれる（▶第3章）。

　企業同士で分業する場合，各企業は，どの仕事を自社が担い，どの仕事を他社に任せるかという境界を決める必要がある。社内で開発し，社外から部品を調達し，最終製品はまた社内で組み立てるといったケースは珍しくない。こうした分業が生じるのは，企業がそれぞれ異なった得意技術を持ち，製造原価も異なるためである。そこで各企業は得意分野（工程）に特化し，それら企業群が連携して大量生産が行われるのである。

　このような技術的に特化した企業群の連携は，大企業を中心とする大量生産だけでなく，中小企業同士の多品種少量生産でも同様に見ることができる。これに携わる中小企業群は，特定の場所に集まって1つの産業集積を形成することが多い。そこでは，部品生産や外注加工に関与する中小企業が近接して立地し，連携して生産が行われる。部品供給元や加工外注先が近隣にないと，緊密に連携できず，必要なときに必要な量の製品を納入することができない。産業集積で見られる柔軟な専門化については，第4節で詳しく説明する。

｜ 中小企業と大企業の対比 ｜

　本項では，中小企業と大企業を対比する形で，それぞれの特徴を簡単に見ていこう（表1.1）。両者には，仕組みとして異なる点が複数認められる。

　まず立地に関して，中小企業は地方圏において存在感が大きい。大都市圏より地方圏のほうが，中小企業で働く人の比率が高いためである（▶序章）。大企業も，工場を地方圏に配置しているケースは少なくないが，本社は大都市圏に

	中小企業	大企業
立　地	地方圏で比率が高い	本社：大都市圏で比率が高い 工場：地方圏で比率が高い
生産性	低い；手作業の比率が高く， 熟練工に依存	高い；生産工程の標準化と， 自動化・ロボット化
生活習慣	職住一体 地域社会と密接な関係	職住分離 地域社会と希薄な関係
自己同一性	家族・家業，所属組織，地域 共同体に求める	所属組織に求める
組織・人材育成	・所有と経営の一体化 ・家族経営，感情的つながり ・徒弟制度（親方—弟子，先輩—後輩）に基づく現場教育	・所有と経営の分離(注) ・官僚制組織，規則 ・企業内研修と現場教育

注：大企業にも同族企業は多く，一概に所有と経営の分離があるとはいえない。
出所：筆者作成。

集中している。結果，オフィスでの事務職の仕事は都市圏に多くなり，地方圏では製造現場の仕事が多くなる。

　次に生産性に関して，中小企業の製造現場では，手作業の比率が高く，熟練工へ依存しているため，概して生産性が低い。一方，大企業では，ロボットの導入による自動化が進んでおり，生産性が高い。また，前述した分業についても，大企業では自社で行う生産工程を複数持ち，社内分業を追求して，1つの工場内での効率化を図ることがあるが，中小企業には，特定の工程に特化した専門性の高い工場が多く，部品・完成品の製造には複数社の分業・連携が必要となる。

　勤労者の生活習慣についても，両者の間には違いが見られる。中小企業では，職場と生活空間が近い職住近接が珍しくない。加えて，中小企業が密集する地域では，自社および取引先の従業員・その家族が，近隣住民同士であることもしばしばである。こうした場合，彼らは職場だけでなく，出身校や子どもの学校，なじみの飲食店，よく出かける行楽地等が共通する可能性も高いため，関係性が密になり継続しやすい。

　一方，大都市に立地する大企業においては，職住が分離しているのが一般的である。大企業の本社は都心に集中し，鉄道網の敷設とともに住宅が郊外につくられたために，郊外から都心に通勤する勤労者が多くなった。近年は都心の

タワーマンションなどに居住する者も増えてきているが，いずれにせよ，彼らの住居と勤務先は分離しており，人々はその間を往復している。彼らが職場で有する人間関係に比べると，生活空間における人間関係は希薄で，継続もしにくいことが少なくない（子どもの学校行事等に限定されている）。

　こうしたことは，住民としての地域に対する自己同一性（アイデンティティ）にもかかわってくる。地方都市には，世代を超えて定住する住民が一定数存在する。そうした地域に立地する中小企業で働く人々は，家族・親族や地域社会との感情的つながりを強く持っており，そこに自己同一性を求めるため，それらの歴史や伝統に対しても関心が高い傾向にある。一方，大都市（とくに首都圏）の住民は非土着的で流動性が高いため，大企業で働く人々は，家族・親族や地域というよりは，組織に対して自己同一性を抱く。したがって，彼らの文化は職場で醸成され，家族・親族の文化（家風）や地域の文化に対する関心は，相対的に低くなりがちである。そもそも都市部の新興住宅地は歴史が浅く，地縁・血縁関係は希薄で，住民たちは過去の文脈・歴史が途絶えたところでしがらみから解放されている。

　また，中小企業には家族経営が多く，疑似家族のような関係の中で，人々の感情的なつながりは強くなる。人材育成においても，学校教育に基礎を置きつつも，徒弟制度（親方―弟子，先輩―後輩）的な現場教育を重視する傾向が強く見られる。一方，大企業の組織は規則に基づく官僚制である。人材育成では，企業内研修と現場教育が実施される傾向が強い。

　以上のことから，長い歴史を持つ小都市や中小企業と，比較的歴史の浅い大都市圏や大企業とは対照的であるといえよう。大都市や大企業は，企業と社会の近代化[02]に伴って出現したのである。

---

glossary

02 近代化　ものごとが科学的・合理的に行われるようになることであり，技術・経済，社会といった領域で見られた。たとえば社会領域では，社会集団における家父長制家族から核家族，組織における機能未分化から機能分化（職能別に分離），地域社会における村落共同体から近代都市，社会階層における身分社会から自由な社会移動，家族内教育から公教育への移行をいう。

②　中小企業のクラフト生産

中小企業の生産体制：手仕事の世界

　第1節でも少し述べた通り，工業化社会の誕生以前，伝統的な中小企業における生産体制は，職人の手仕事＝**クラフト生産**であった。日本語には，上手・下手，手腕，手本，手柄，手堅いなど，手にちなんだ言葉が多くあり，手仕事の身近さを窺うことができる（柳［1985］）。

　手仕事に携わる職人は，親方の家や自宅を職場として，小規模な生産を営む。入職に際しては，その道の先達と師弟関係を結ぶのが一般的で，師の家が親方・先輩から学ぶ修業の場となる。一人前になるには長い修業期間を要するため，ただでさえ忍耐が求められるが，加えて時には理不尽な行為への辛抱強さも兼ね備えていなければならなかった。さらに一流を目指すとなれば自己鍛錬が不可欠となる。そもそも手仕事には人格形成を促す側面があり，道具を粗末に扱う横着者には，よい品はつくれないといわれる。道具が人を躾けるといわれる所以である。

　したがって，優れた職人は，仕事や道具と真摯に向き合い，対話している。かつて民芸運動を主導した柳宗悦は，手仕事の優れた点を，民族的な特色が現れることや，品物が手堅く親切につくられていることだと指摘した。そして，自由と責任が保たれ，悦びを伴い，新しいものを創る力が宿る手仕事を，最も人間的な仕事であるとした。

　手仕事の品物は周辺環境とのかかわり合いが深く，南北に細長い日本では，多様な気候風土と土地の歴史が多彩な品を生んだ。それらの品々は，域内の小規模な市場に消費が限定された財であることが多い（**Case 1**-①）。たとえば日本酒・味噌・醤油なども，かつては地域性が強く，各地域に愛用される銘柄があった（以前は日本酒だけでなく，醤油・味噌の蔵元も多数存在した）。

中小企業の組織・人材育成

　中小企業は，その規模からいって経営者個人の裁量権が大きくなる傾向にあり，経営者を含めた一部の人々が，営業・技術・生産・資金決済・人事といっ

Case1-① 地域色のある仏壇と職人の分業

　伝統工芸品の中で地域色が強いものの1つに，仏壇がある。仏壇は，金箔と漆を用いる金仏壇と，木目調のシンプルな唐木仏壇に分かれる。金仏壇は，金箔で極楽浄土を表し，仏教の宗派でいうと浄土真宗においてよく見られる文化である。

　金仏壇の産地には，新潟県（長岡仏壇ほか），富山県（高岡仏壇），石川県（金沢仏壇ほか），福井県（福井仏壇），愛知県（名古屋仏壇，三河仏壇），滋賀県（彦根仏壇，長浜仏壇），京都府（京仏壇），兵庫県（姫路仏壇），広島県（広島仏壇），鹿児島県（川辺仏壇）等がある。それぞれの仏壇は，形・大きさ・豪華さ，歴史的文脈等が異なり，各地の域内市場で消費されてきた。

　仏壇づくりは職人の分業で成り立っている。たとえば彦根仏壇には，木地（木材），宮殿（屋根），彫刻，漆，金箔，錺金具，蒔絵といった工程があるが，それぞれを専門の職人が担い，仏壇店が最終組立と販売を行う（柴田［2016］）。

た複数の機能を兼務して役割が分離していないことも多い（職能の未分離）。小さな企業ほど経営者の属人的能力に依存する割合が大きく，経営や業績は経営者個人の能力・器量に左右される。

　従業員と感情的なつながりを持つ例も少なくなく，職場には家族的な温かさがある。職人たちの組織であれば，なおさら切磋琢磨する仲間同士であるため，彼らの間には強い絆が生まれる（ただし，感情的対立も激化しやすい）。

　人材育成について，とりわけ手仕事を営む中小企業の現場では，親方─弟子／先輩─後輩関係のもとでの実践的学習が見られる。こうした場合，前述の通り職住が一体化しているため，技術を学ぶ過程で地域社会との関係も深まっていく。ただ，一方で転職・独立も珍しくなく，結果として地域ごとに人脈が形成される。彼らは独自の慣習を持つが，その中で各人は，自らを地域に根づく職業集団に属していると認識するようになる。すなわち，技術者集団の一員としての自己同一性が生じる。

　こうした組織の典型は，イタリアの中小企業である。イタリアは家族の絆や職人技術を重んじる社会といわれる。人々の勤労意欲は，組織が大きくなるほど低下する傾向にあり，中小の工房において仕事への取り組みは意欲的である。彼らは分業が進んで作業の全体像が見えない仕事よりも，自分がすべての工程

にかかわり全体像を把握できる仕事のほうが，望ましいと考えている。また，労働の対価や契約の履行よりも，仕事の意義の明確さが強く求められる。人間関係を重視する家族経営の工房ともなれば，公私の区別は曖昧である。そして，家族や仲間のために働くということは仕事の意義として明確であり，感情移入しやすくモチベーションが高まりやすい。こういった気質・文化は，イタリアの中小企業の活力の源泉になっているという（宮嶋［2018］）。

　このように中小企業の組織は，家族経営であったり，人材育成が現場での徒弟制に基づくことも多いため，人々は感情的な結びつきを強める。それは温かである半面，人間関係が絡んでいるということでもある。その結果，情け，気まぐれ，コネ，慣習，歴史的な経緯などが優先され，好き嫌い等による感情的な判断から非合理的な意思決定が行われる可能性も否めない。

3 大量生産体制の出現

大企業の生産体制：大量生産体制

　以上で見てきた中小企業と対峙するように現れたのは，製品の種類を限定した少品種の**大量生産**体制である。生産体制の合理化＝大量生産体制は，19世紀後半，鉄鋼や自動車等の産業に出現した。このもとでは，作業の単純化・専門化・標準化を推進することで，熟練工ではなく半熟練工による製品製造が可能になる。単純化とは作業内容と生産工程を単純にすること，専門化とは汎用機械ではなく専用機械を使って限定された作業を行うこと，標準化とは部品を規格化して作業内容・方法に基準を設けることである。これら3点は相互に関連しており，同じ作業を反復させることで未熟練労働者を短期間で育成し，熟練を待つことなく生産性向上を実現した。

　大量生産体制がアメリカで生まれた背景には，ヨーロッパからの大規模な移民の流入があった。工場の現場で未熟練の移民労働者を活用する必要から，新しい管理手法として科学的管理法が導入されたのである（**Column❶**）。生産の合理化を目的とした科学的管理法は，生産工程を細分化し，標準化によって職人技術を解体する。そうして大規模な近代工場は生産性を飛躍的に向上させたが，それは熟練を要する手仕事からの脱却であり，中小企業の淘汰につながっ

Column ❶ テイラーと科学的管理法

　科学的管理法が登場する以前は，アメリカでも工場労働者の作業は勘と経験に基づくとされていた。そうした中で，労働者が仲間の雇用を守るために組織的に怠けるといった事態も生じていたのである。そこでフレデリック・テイラーは科学的管理法を提唱し，適切な作業量の科学的解明による生産性向上（生産の合理化）を目指した（テイラー [2009]）。

　作業の分析にあたって，労働者の動作とそれに要する時間が観察・計測された結果（時間研究・動作研究），誰しも同じ作業ができるような標準化が促された。標準化は熟練を解体し，未熟練労働者を親方との主従関係から解放して，工場を民主化した。その結果，生産性は向上したが，一方で，頭脳労働（分析・計画）と肉体労働（執行）が分離し，労働者は思考を奪われて，労働が非人間化するという帰結も伴った。

　やがて，管理職はホワイトカラー（白い襟），現場労働職はブルーカラー（青い襟）と呼ばれるようになる。そして，管理職の教育機関としてアメリカ東海岸に誕生したのがビジネススクールである。

た。アメリカでは，20世紀初頭に自動車産業が勃興し，大量生産体制が確立されたが，とりわけ，T型フォードという単一車種で大成功を収めたフォード・モーターの大量生産体制は，フォード・システムと呼ばれる。なお日本でも，戦後，鉄鋼業・化学産業・自動車産業・電機産業などの重化学工業が拡大し，大量生産体制が普及した。

　また，大量生産体制を実現するためには，その製品の需要を生む巨大市場が必要となる。この点についてもアメリカでは，鉄道網の発達によって地理的に分散していた市場が1つの大きな市場に統合されたということがあった。国ごとに市場が細分化していたヨーロッパに比して，アメリカの市場は巨大化かつ同質化されていった（背景となったのは，ここでも移民による人口増加である）。また鉄道自体も，鉄鋼業や機関車・車両をつくる機械産業の発展を促し，それら重工業には何社もの大企業が誕生した。

　大量生産体制を支えたのは市場の規模だけではなく，安定性もまた必要とされた。多数の労働者と機械設備を擁する工場は固定費が大きく，小さな市場相手では成立しないし，市場の不安定性に対しても脆弱である。そこで大企業が

導入したのがマーケティングである。GM は，異なる価格帯の自動車を取り揃えることで新しい需要を掘り起こし，また，新製品を導入し続けることで既存製品を陳腐化させて買い替え需要を促した。このようにして大企業は，巨大市場を安定化させることにも成功したのである。

　かつてアダム・スミスは，市場では見えざる手[03]が機能していると指摘した。近代的な大企業は，これに代わる「見える手」として，生産・流通のプロセスを調整し，必要な資源や人員を配分する機能を持ったともいえる（チャンドラー［1979]）。

大企業の組織・人材育成

　大企業が同族経営であることは少なく，所有と経営は分離され，株主によって選出された専門経営者が経営を行う。大企業の組織の特徴は，経営者の属人的な能力に依存せず，システムとして運営される点にある。中小企業に職能（役割）が未分化なケースもあることはすでに指摘したが，大企業では職能が分化している程度が高く，階層も多いのが一般的である。そのような大きな組織の運営には規則が必要とされる。規則による統治の基礎となるのが官僚制である（Column ❷）。

　官僚制組織は合理性に基づいた行動原理を伴い，構成員は感情・慣習といった非合理性を伴いがちな要素をできるだけ抑制した思考をするように求められる。構成員にそうした合理性を植えつけるのに，近代の学校教育が果たす役割は大きい。学校教育は，出自・血縁，身分・階層，相続された財産等ではなく，科学的知見を踏まえた技能や知性で能力を評価する。私たちは，学校の課程でも，進学でも，就職さらにはその後の昇進にあたっても試験を課されるが，それは官僚制組織が機能する上で必要なプロセスといえる。試験の成績は，客観性に基づいた合理的判断の根拠になりうる。官僚制組織には，個人の私情やコネを排除する，優れた仕組みが組み込まれている。

　こうした仕組みを用いることで，非合理性や恣意性（伝統，感情，人間関係）

glossary

03　見えざる手　　売り手と買い手が自由に取引を行い，各々が自己利益を追求する市場には，効率的な生産や分配を実現させる自動調整機能があるという考え方。市場では，買い手の需要と売り手の供給によって市場価格が決まる。このとき，市場価格に基づいて，生産者が決める生産量と，消費者が決める購入量は，自動的に等しくなる。つまり，両者が合理的に行動することで，市場均衡が得られる。これが市場メカニズムである。

　ウェーバー［2012］によると，支配の形態には伝統的支配，合法的支配，カリスマ支配という3つがある。

　伝統的支配のもとで人々は，伝統（たとえば家柄・身分）によって権威づけられた支配者に，恭順の意をもって服従する。家父長制[04]は，その典型である。一方，合法的支配のもとでは，法の支配とその命令権の合法性に対して服従する。法に則り制定された秩序（規則の遵守）は，没主観的（客観的で感情に左右されない）・非人格的（人格を問わない）な性格を持つ。たとえば上司の指令に従うのも，その合法性に基づき，指令の範囲内でのみということになる。もう1つのカリスマ支配は，超人的能力を持つ指導者への服従であり，英雄的行為・模範的資質に対する信頼が基礎になっている。

　合法的支配の典型とされる官僚制組織は，血縁や好き嫌いといった私情を挟まない規則による支配であることから，伝統的支配からの離脱とも位置づけられる。効率性・精密性・正確性に優れ，職位に人員を充当すれば組織が機能するような設計がなされているため，安定性にも優れている。

を，計算可能な予測と正確性に置き換えることができる。前述したように，中小企業では血縁関係による同族経営や徒弟的な現場教育が珍しくなく，そうした中で人間関係は絡み合い，人々は感情で結びついている。その結果，非合理的な意思決定が生じやすい。それに比べると官僚制のもとでは，整合性のとれた合理的判断や，ものごとの正確かつ効率的な処理が期待できる。

　近代の学校教育は，国民全体の教育水準を高める狙いのもと，標準語（国語＝国家の言語）と標準の教科書に基づいて，全国津々浦々に均質的教育を広げた。そもそも地域言語（方言）や各地域・職業集団による独自教育は，学校教育と相容れない面を持つ。一方，標準化した学校教育は合理的思考を育み，正確性・効率性等を追求した。その結果，社会全体の教育水準の向上がもたら

glossary

04　家父長制　　家族や親族を統治する権限が，その長である家長（当主）に集中している家族形態。組織の長と構成員との間に広く見られるもので，疑似親子関係にも成り立つ。たとえば，社長と社員，先輩・後輩の強固な序列，元請けと下請け，地主と小作人，親分と子分といった関係に散見される。そこでは，強者が弱者に代わって，その意思にかかわらず，介入・干渉・支援を行うことがある。

された。また，学校教育は，教室での座学中心という教育法をとる。実務家養成機関のビジネススクールも座学であるし，現場での学びを重視しているといわれる日本企業も，大企業ほど社内研修制度が充実しているように，同様の傾向は社会人教育や企業内教育にも見て取ることができる。

 ## 柔軟な専門化とものづくり中小企業の復権

柔軟な専門化の生産体制

　大量生産体制により工場の生産性が著しく高まったことで大企業の競争力は強化され，多くの非効率的な中小企業は衰退する憂き目に遭った。しかし，大量生産体制はその宿命として大きな固定費を抱えるため，前述の通り大きな市場を生み出し安定化させる必要に常に迫られていた。この巨大市場の安定こそが大量生産体制の弱点であった。戦後，為替の変動相場制への移行，2度の石油危機，世界的な景気後退，先進国需要の飽和といった事態が生じるたびに，市場は大きく変動した。さらに，消費者嗜好の多様化・個別化が進み，市場は不確実性も増していった。こうしたもとで，大量生産体制が弱みを露呈し始める。

　このような動きに，大企業は，グローバル化やマス・カスタマイゼーション[05]で対応した。しかし一方で，前近代的とばかり思われていた中小企業の中にも生き残ったものがある。それらに目を向けてみると，高度な技術を有する中小企業が，連携をとりながら市場の変動に対応するという優れた生産体制が見出された。こうした企業群は特定の場所に集中し1つの産地を形成していることが多く，それらを指して**産業集積**と呼ぶ。

　産業集積の業種は，機械製造業からタオル等の繊維，眼鏡，家具，刃物など，多様である（扉頁参照）。たとえば，自動車などの組立工場の周辺に集積している中小企業は，大量生産体制に組み込まれているといえ，完成品が国内外に持

glossary

05　マス・カスタマイゼーション　主要部品を共通化するなどして，大量生産と個別受注生産の両立を図る考え方。マス・プロダクション（大量生産）とカスタマイゼーション（個別対応）を合わせた造語。

つ市場が大きいため，部品企業であっても大きな市場を相手にしている。一方，同じ機械製造業でも，東京都大田区・大阪府東大阪市・広島県福山市等に集積し金属加工業を営む中小企業の多くは，多品種少量生産中心である。というのも，じつは大量生産体制のもとでも，生産ラインには少量生産品を必要とする。たとえば金型（大量生産品を成型するための型）は典型的な一品生産である。熟練の多能工を擁する中小企業は，NC 工作機械といった汎用機（後述）を駆使して，これらの需要に応えてきた。またタオル等も，国内において域外市場を持つとはいえ，概して多品種少量生産の商品であり，小回りの利く中小企業でなければ対応が難しい。

　このような形で多品種少量生産を実現し，環境や市場の変化へ柔軟に対応する生産体制は，**柔軟な専門化**と呼ばれる（ピオリ゠セーブル [2016]）。具体例としてよく取り上げられるイタリアでは，1970〜1980 年代に中部の繊維産地が多品種少量生産に対応することで活性化し，競争優位を獲得した。また，日本・ドイツの工作機械も，これにあたるとされた。いずれの商品も輸出が活発で海外市場を拡大していった。この 3 国は，ともに第二次世界大戦の敗戦国で，アメリカ型の大量生産体制の模倣を試みたが完遂できず，また，もともと国民国家の出現と地域色のある市場の統合が遅れたという歴史があったといわれる。その半面，製造業がさかんで，熟練技術や職人を尊重するという共通点を持っていた。その結果，各地に残った産業集積が復活の基盤となったのである。

┃ 柔軟な専門化の組織・人材育成

　大量生産体制を採用する大企業は，一社で複数の工程を垂直統合し内製化する。それらの生産ラインにはしばしば，絞り込んだ品種にのみ適応した専用機械が設置される。一方，柔軟な専門化の組織（中小企業の連合体）では，個々の中小企業は特定の技術分野・製造工程に特化し，分業しながら協働する。これらの企業は汎用機械を活用することで，クラフト生産の利点を維持しつつ，さまざまな変化への自在な対応を可能にしている。そうして需要の変化に応じた生産量の調整を行う半面，生産要素や企業間の組み合わせの再編によって，新たな需要の創出も視野に収める。

　柔軟な専門化が成立する条件には，①専門化と柔軟性を兼ね備えること，②参入の制限，③技術革新を促す競争，④価格競争の制限，⑤自己同一性の形成があげられる。参入を制限して無秩序な価格競争や過当競争を回避しながら，

　児島はもともと，繊維産地で，主要品目は足袋から，戦前には学生服へ，そして戦後になり繊維不況後の 1960 年代にジーンズへと移行した。ジーンズ生産は大きくデニム生地の生産工程（デニム糸の紡績，インディゴの染色，生地の織り）とジーンズの生産工程（裁断・縫製，加工）とに分かれ，各工程に専門業者が存在する。一部の大手企業を除き，ジーンズ・メーカーは複数の工程を専門業者に外注していることが多い。ジーンズ・メーカーはジーンズ商品開発に，専門業者は特定工程にそれぞれ特化するが，いずれもが小規模であることから，さまざまな変動にも柔軟に対応できる。メーカーや小規模専門業者の間に熾烈な価格競争は見られない。

　同地に立地するビッグジョン，ボブソン，ベティスミス等は，老舗とされる。ちなみに，この 3 社の創業者には血縁関係があった。なお 1990 年代後半以降，大手企業はユニクロ等の低価格ジーンズが普及したために苦境に陥ったが，児島は後発メーカーのキャピタルによる高付加価値路線が成功し，高級ジーンズへとシフトした。これにより，多くはないが，商品企画と販売に特化した新規企業の参入が生じた。児島は地縁・血縁社会といえようが，キャピタルの創業者をはじめ岡山以外の出身者も地域に根を下ろし，若い世代にも転入が見られるという（杉山 [2009]，田中 [2018]）。

暗黙の了解として切磋琢磨を促す規範を共有し，技術革新を促進しているのである。

　人材育成に関しては，学校教育と職場での教育が併用されており，アパレル産業においてはデザイン系専門学校，金属加工業には工業高校や大学工学部などの出身者が少なくない。とはいえ，複数の企業が現場で協働する柔軟な専門化のもとでは，たとえば設計と製造工程の両方を構想できるような，幅広い応用力が必要とされる。そのような能力を座学のみで身につけるのは難しい。

　この問題に対して，柔軟な専門化では，技術習得と技術者集団への加入を不可分に結びつけることで対応してきた。若手の技術者は他の技術者と協働で幅広い経験を積み重ねる中で，やがて，集団の一員としての帰属意識を持つ。伝統的な中小企業においてもそうであったように，自己同一性は職場を含めた技術者集団や地域社会の中で形成されていき，それが共同体の一員としての誇り

　かつて，多くの職業は地縁・血縁の集団を伴い，独自の家風や共同体文化を有していた。そして，職場の多くは零細企業であったため，不安定で自立が求められた。ところが，日本でいえば明治維新以降，近代教育の普及とともに，それに即した職業が生まれた。すなわち，会社員・教員・公務員といった「員」の付く職業である。こうした職業の従事者が増えるに従い，中小企業に付随した家族・地域共同体は，その地位を低下させていく。とりわけ戦後，高学歴化が進み，大都市圏へ移動して被雇用者となる人がいっそう増加して，総中流ともいわれる社会に至ると，自営業者や職人は減少していった。

　そうした中で，人々は従来の共同体から会社共同体等へとコミットメントする対象を変え，所属組織の一員として誇りを抱くようになった。大きな組織の中の小さな存在（従順）を選択して安定を得たわけだが，見方を変えれば代替可能な存在になったともいえる。一方，地位が低下した従来の共同体における独自教育や，文化・誇りは失われていき，再生産に負の影響が生じた。家族・地域共同体での教育は生活と密着しているために，絆や愛着，誇りを伴いやすく，それが後継者の育成にもつながるが，その基盤が揺らいだためである。

　近代の学校教育が社会全体の生活水準を高めたことは間違いない。しかし，それには固有の文化や教育を破壊してしまう側面があり，中小企業の存続にとっては諸刃の剣でもあるといえよう。

になる。もし技術者集団や地域社会が独自に保持してきた歴史・文化が弱体化し，人々の誇りが失われれば，柔軟な専門化は衰退してしまう。

⑤　ものづくり中小企業の展望

　ものづくりの歴史的な変遷は，図1.1のようにまとめられる。元来クラフト生産が行われていたところへ，19世紀後半，大企業による大量生産体制が出現した。手仕事にとどまっていた伝統的な中小企業の多くは，大量生産体制の優位性に押されて淘汰されてしまった。これが「第一の産業分水嶺」である。しかし戦後，日本，ドイツ，イタリアといった旧敗戦国を中心に，中小企業の

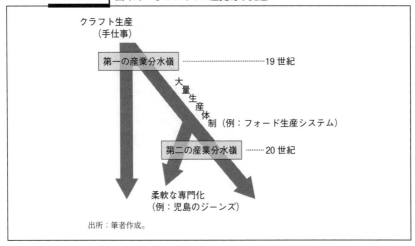

出所：筆者作成。

ものづくりが復活し，大量生産体制に対峙する生産システムとして，柔軟な専門化が出現した。これが「第二の産業分水嶺」である（ピオリ゠セーブル[2016]）。こうして，これらの生産体制は併存したまま，現在に至っている。

新規参入による新陳代謝

　しかし，柔軟な専門化もまた，課題を抱えている。第1に，実際，多くの産業集積が苦境に立たされている。次に述べるように参入制限が設けられてきたこと，そして何よりも衰退に向かっていることから，新規参入がなく，経営者・職人は高齢化して後継者難に陥っている。そうした中には，生活習慣の変化で製品の需要が縮小した伝統的な地場産業の産地（仏壇，婚礼家具，陶磁器，漆器等）だけでなく，大企業が生産拠点を海外移転したことによって衰退した工業製品の産業集積も，数多く含まれる。

　そもそも柔軟な専門化は，地域や民族に基づく閉ざされた社会基盤の上に成り立ち，新規参入に制限が設けられていることが珍しくない。こうした中で，革新を促す競争と，価格競争を回避する協調とを両立させることは難しい。新規参入を抑制しすぎると，同業者間が切磋琢磨しなくなり，革新を阻害するような業界秩序が生まれる。隠然たる力を持つ老舗企業が，業界秩序の守護者となり，秩序を乱す革新者の出現を妨げるのである。結果として，突出した企業の出現は望めなくなり，業界内で力の均衡が維持される程度の緩やかな新陳代

謝が目指されるようになる。

Case 1-②で取り上げた児島のジーンズの例からもわかるように，新製品や新技術を伴う革新を通じて市場の拡大がもたらされると，新規参入と競争が生じて，柔軟な専門化は再活性化する。その結果，既存企業が退出を促されることは避けられないかもしれないが，革新や競争による新陳代謝が起きない限り，産業集積は衰退してしまう。業界秩序に基づいた同調圧力や過干渉は，イノベーションを促進するような競争を抑え込むものといえる。余所者や，異業種からの参入，異端児への寛容性が必要であろう。

┃ 人々の誇りと愛着がもたらす独立精神 ┃

柔軟な専門化が抱える第2の課題は，地域の自己同一性の形成と強化である。地場産業への新規参入が減少した背景には，都市部への人材流出と大企業による安定雇用があったが，同時に，家父長制が後退し，長男が家を継ぐという風習が弱まったことも大きい。家業や地域独自の教育・文化は弱体化し，地元すなわち地域共同体への誇り・愛着は減退した。人は自尊心なくしては自立できない。各地域が自己同一性を保持し，独自性や自立性を回復する際に鍵となる要素として，起源（ルーツ）に対する誇りをあげることができる。そこには先人たちが培った独自文化があるからである。また，それを人々に示すための情報発信力も欠かせない。

これらを踏まえて，祭が果たす役割について触れておこう。地場産業では，職住一体で地域住民が産業・生活共同体を担うため，人々は地元の祭と密接な関係を持ちやすい。ヨーロッパにも例が多いが，中でも参考になりそうなのは，ドイツの中小都市である。ドイツは各州・都市・自治体が強い独立性を有する分権国家で，中小企業だけでなく大企業や競争力の高い中堅企業も地方に分散している。小さな町に至るまで魅力を失わず，人々は地元に愛着を持つ。各地域に祭典があり，地元のサッカー・クラブを支援する文化も根強い。祭典やスポーツを通じて情報が発信されることで，人々は一体化し，共通の自己同一性が育まれている。

日本でも，京都の祇園祭は，洛中の繊維問屋の旦那衆に担われてきたという歴史を有し，町人文化を体現したものである。京都人は自分たちの生活文化に誇りを持ち，それは同地の伝統的な品物にも反映されている。浜松の凧まつりでは，大きな凧を揚げて互いに糸を絡ませ，摩擦によって相手の糸を切れるか

を争う，凧揚げ合戦が行われる。熱気に包まれた勇壮な祭は，数多くの事業家を生み出した遠州人気質を表すものである。新しいことに挑戦する遠州人の「やらまいか」（やってやろう）精神は，同地の伝統といわれる（竹内［2002］）。

　このように祭は，地元の人々が，自らの起原（ルーツ）に対する誇りを確認する機会になっている。ただし，歴史や伝統を重んじて誇りを持つことは，過去に固執し，余所者を排除することではない。起源に誇りを持ちながらも，新参者を共同体に受け入れ，緩やかに包摂することが肝要である。さまざまな人が参加できる祭は，町や共同体が有すべき寛容性の1つの表れともなりうるだろう。

EXERCISE

① クラフト生産の中小企業，大量生産の大企業，柔軟な専門化の産業集積の相違点について，雑誌・新聞記事などで調べてみよう。
② 自分や両親，友人の出身地を選んで，地場産業の歴史や構造について調べ，地場産業の存続と衰退について考えてみよう。

さらに学びたい方へ　　　　　　　　　　　　　　　　　　Bookguide ●

- マイケル・J. ピオリ＝チャールズ・F. セーブル（山之内靖・永易浩一・菅山あつみ訳）［2016］『第二の産業分水嶺』ちくま学芸文庫。
  大量生産体制に対峙するものとして柔軟な専門化を取り上げた研究書であり，日本，ドイツ，イタリア等のものづくり中小企業に対する再評価につながった。

映像資料紹介　　　　　　　　　　　　　　　　　　　　Movieguide ●

- ドキュメンタリー映画「ハート＆クラフト」2011年，47分
  老舗高級ブランド・エルメスのものづくりと，それを支える職人に迫るドキュメンタリー。職人たちのものづくりに対する思いが語られている。
- ドキュメンタリー映画「カンパイ！ 世界が恋する日本酒」2015年，95分

初の外国人杜氏になったイギリス人，日本酒伝道師として日本酒の魅力を発信するアメリカ人ジャーナリスト，岩手の老舗酒蔵・南部美人を継ぐ5代目蔵元の挑戦を通して，日本酒の魅力を伝える。

● ユーチューブ動画「**福井・鯖江 めがね 完全版**」2017年，43分

眼鏡フレームは，福井県鯖江市が最大の産地である。産地内分業における詳細な仕事内容について，技術者・職人たちの思いが語られる。

第2章

中小・同族企業の経営

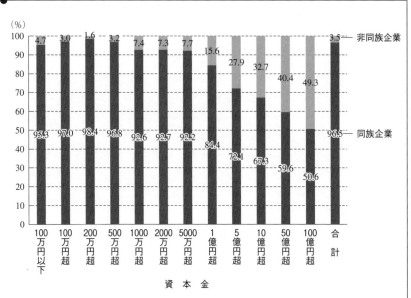

注：284万6682社のデータ。特定同族会社を同族企業に含めて算出。
出所：国税庁［2023］より作成。

資本金規模別の同族企業と非同族企業の比率

　創業者一族が株式を所有する企業のことを，同族企業という。上図から，企業規模が小さくなるほど同族企業の比率が増える傾向にあることがわかる。とくに資本金5000万円以下の中小企業では，同族企業が90％を超える。中小の同族企業の経営とは，どのようなものであろうか。本章では，その経営の特徴について考える。

1. 中小・同族企業の経営の特徴は，どのようなものだろうか。

2. 中小・同族企業の事業承継は，どのように行われるのか。

同族企業　　老舗企業　　事業承継　　M&A

本章に関連する理論や概念

● エージェンシー理論

　　契約関係を，プリンシパル（依頼人・株主）とエージェント（代理人・経営者）という2者間の問題として捉え，両者に利害の不一致が起きることを前提に，その解決を焦点とする理論。株主と経営者の間には情報の非対称性があり，株主は経営者の行動を完全には把握できないため，経営者側が株主の利益を無視して自らの利益を優先する可能性がある。この問題を解決するには，経営者による株式所有や，大株主による株式の集中所有が考えられる。

● 社会情緒的資産

　　同族企業において，創業者一族または組織が持つ，非金銭的な資産。たとえば，（創業者一族の）経営への影響力，自己同一性（アイデンティティ），自社に対する愛着，世襲永続の願望，（組織が持つ）社会との絆があげられる。

本章では，中小・同族企業の経営に関して，エージェンシー理論や社会情緒的資産の視点からその特徴を捉え（第2節），その上で，中小・同族企業の事業承継（第3節），および現代的な課題（第4節）について見ていく。

1　同族企業とは

　中小・同族企業の経営を考えるにあたり，まずは経営者について考えてみよう。取締役会で社長を指名するような上場大企業では，企業ごとに慣例は異なるものの，社長が数年間で交代することが珍しくない。一方，中小企業には，創業者やその親族（子ども，娘婿，甥など）が社長を務める企業が多い。そうした中には，就任後，数十年にわたり，その地位にあり続ける者もいる。小さな商店や町工場はもちろんのこと，売上高・数百億円／従業員・数百人規模の企業でも，創業者および親族が経営者というところが大半である。大企業になるほど株主と経営者が分離する傾向にあるが，中小企業では創業者一族が経営者と主要株主を兼ねるケースが少なくなく，そのような企業は**同族企業**（オーナー企業）と呼ばれる。

　このように，同族企業とは，創業者一族が経営に関与する企業をいう。これには，同族所有と同族経営という2つの側面がある。同族所有とは，創業者一族が主要株主として，経営に関与することである。株主の保有率が高いほど議決権に占める割合が大きくなり，影響力を発揮できる。一方，同族経営とは，創業者一族が経営者（社長・役員）として企業経営に関与することである。大半の中小企業は同族所有と同族経営を兼ねた同族企業であり，創業者一族が株式を保有し，かつ経営幹部として参画することで，所有と経営の両面に関与している。

　同族企業に関する知見は，ファミリー・ビジネス研究として蓄積が進みつつある。同族企業に注目が集まる背景には，大企業の中にも同族企業は少なくなく（扉頁参照），しかも，それら企業の業績が良好であったり，長期存続志向が見られたり，地域に根づいた存在であったりすること等がある。大企業の同族企業としては，ファーストリテイリング，サントリー，トヨタ，キヤノン，ニトリなどが比較的よく知られているが，食品ではキッコーマン，ミツカン（非上場），日清食品，ハウス食品，江崎グリコ，建設業では鹿島建設，清水建設，

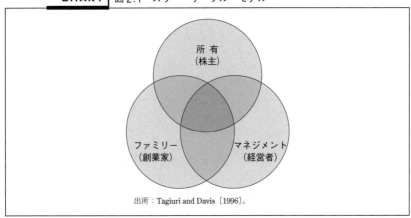

出所：Tagiuri and Davis［1996］。

大林組，竹中工務店（非上場），製薬業ではエーザイ，塩野義製薬，大塚製薬，小林製薬，沢井製薬，ロート製薬，出版では小学館（非上場），講談社（非上場），新潮社（非上場），KADOKAWA，電子部品では村田製作所などをあげることができる（近年まで，武田薬品，京セラ，ロームも同様）。創業者や2代目が引退後，同族経営から脱却する一方で，同族所有（個人や資産会社による）は存続している例もある（ブリヂストンなど）。

　同族企業に関する分析枠組みに，スリー・サークル・モデルというものがある（図2.1）。創業家が株式を所有し経営に関与する同族企業では，ファミリー（創業家），所有（株主），マネジメント（経営者）という3つの要素が重なり合っている。同族企業については，身内贔屓（nepotism）や不祥事が批判的に見られることも多く，また家族経営には伝統的支配（家父長制 ●第1章）の色彩もあるため，非合理的との評価も聞かれる。しかしながら，同族企業にもいくつかの利点がある。以下では，企業統治（ガバナンス）および社会情緒的資産をめぐる，同族企業の特徴を見ていこう。

中小・同族企業の特徴

中小・同族企業と企業統治

前述の通り，同族企業は同族所有と同族経営という性質を併せ持つが，その

利点は，株式を持つ所有者と経営権を持つ経営者が一致することで，両者の利害対立が起きないことである。**エージェンシー理論**によると，プリンシパル（依頼人・株主）とエージェント（代理人・経営者）の間に利害の不一致がある場合，その問題をエージェンシー問題というが，その原因は情報の非対称性にある。そうしたもとでは，株主が経営者の行動を完全に把握できない中，経営者が株主の利益を無視して自らの利益を優先すれば，利害対立が生じる。たとえば，経営者が，将来に向けて研究開発や設備への投資を行わない一方で，株主へ知らせずに自分の給与を上げたり，自らに都合のよい人物であるという理由で能力の低い人物を厚遇したりすることは，情報の非対称性を利用して自らを利する行為にあたる。

　この理論からは，同族所有と同族経営に対して，それぞれ異なる示唆が得られる（入山・山野井［2014］）。まず，同族所有の比率が高い，すなわち創業者一族が大株主として存在する場合である。彼らは，プリンシパルとして経営者を監視するインセンティブを持つため，大株主としての強い発言権と大きな議決権に基づいて経営の意思決定に関与し，エージェンシー問題の解決を図ることができる。一方，同族経営に関しては，このもとでも創業者一族は主要株主である場合が多い。しかも一族から経営者を送り込んでいて所有と経営が一致しているのであれば，主要株主と経営者の間には情報の非対称性が小さいために，エージェンシー問題は生じにくい。所有と経営が不一致であると，短期志向の株主が早期の利益還元を求めて低収益事業からの撤退を要求するのに対し，経営者側は長期的視点から当該事業の継続を望むなどといった対立が起こりうる。しかし，株主と経営者の利害が一致することで，長期志向の経営を推進できる可能性も高まる。

　ただ，所有と経営が一致することには悪い面もある。たとえば，創業者一族の経営者に対して株主の監視が弱くなり，経営者の交代が起きにくくなる。業績が悪化している中で経営者がその地位にとどまり続ければ，経営改革が遅れ，企業価値が損なわれる。また，同族経営者の中にはかまどの灰までをわがものと捉える者もいる。こうした，いわゆる企業の私物化も，負の側面といえる。このように，企業統治に関して同族株主の意向が働きすぎると，創業者一族を優遇する縁故主義や無能な同族経営者の留任によって，企業経営に混乱がもたらされることになる。

Case2-①　和井田製作所：需要変動の中での内部留保と雇用の維持

　和井田製作所（岐阜県高山市）は，切削工具用と金型用の特殊研削盤に競争力を有する工作機械メーカーで，金型関連研削盤と切削工具関連研削盤の売上がそれぞれ全体の 39 ％・45 ％を占める（2021 年）。同社は同族企業で，会長・和井田光生の一族が 16.1 ％の株式を所有し，ほかに自社が 8 ％，従業員持株会が 2.3 ％などとなっている。

　一般に，工作機械は需要変動が大きく，設備投資需要が盛り上がると受注が一気に膨らむが，景気後退時には急減する。実際，和井田製作所の営業利益も，2009 年・2010 年と赤字を出した後，2011 年・2012 年に黒字を回復したものの，2013 年・2014 年には再び大幅に悪化し，ほぼゼロとなった（図1）。しかし同社は，このように利益が変動する状況下でも，2010 年以降に内部留保（利益剰余金）を徐々に蓄えていき，反対に有利子負債については 2012 年をピークとして削減を続けている。苦境期を乗り越えるため，借金を減らす一方で，配当金を減額し，現金を蓄えてきたのである。

　この背景には，管理会計の導入があった。同社では，2002 年に売上が激減して赤字に転落したことをきっかけに，売上が半分になっても利益を出せる態勢が目指された。そこで，製品ごとの変動費を把握することにより売上から変動費を差し引いた限界利益も製品ごとに管理すると同時に，固定費は部門別に日次管理するなどの利益管理体制を構築した。

　工作機械製造の最終工程では，「きさげ加工」という匠の技が必要とされる。

┃中小・同族企業と社会情緒的資産┃

　次に，社会情緒的資産（socioemotional wealth：SEW）の視点から，同族企業について考えてみよう。SEW とは，創業者一族による同族支配と世襲永続，同族メンバーとしての自己同一性と愛着，同族企業と社会との絆といった，創業者一族もしくは同族企業が持つ，非金銭的な資産のことである。同族企業の創業者一族は，同族で企業を支配し（family control），同族の一員としての自己同一性（identity）を持ち，社会と絆で結びつき（binding social ties），愛着（emotional attachment）を抱き，世襲によって家族の絆を更新する（renewal of family bonds through dynastic succession），といった形で，SEW を保有している（Berrone, Cruz and Gomez-Mejia［2012］）。

それを身につけた熟練工の育成には10年を要するといわれており，工作機械メーカーは，いかに業績の変動が激しくとも，長期的視野に立って雇用を守り，熟練工を確保しておく必要がある。和井田製作所も，上述した財務的な取り組みなどによって苦境に耐え抜く態勢を整え，人手不足の中にあっても雇用を維持してきた。臨時従業員を増やしつつではあるものの，製造部門は雇用を拡大・維持し，全従業員数も安定的に推移している（図2）。

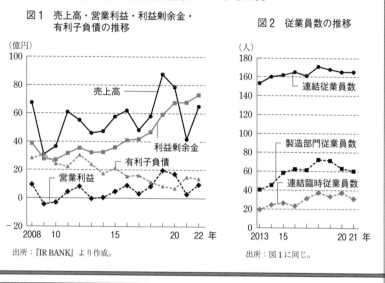

図1　売上高・営業利益・利益剰余金・有利子負債の推移

図2　従業員数の推移

出所：『IR BANK』より作成。

出所：図1に同じ。

　同族企業が，株主利益を最大化する短期的利益の獲得より，永続性を重視し，リスクを避ける傾向にあるのは，こうしたSEWの保持に動機づけられているからと見ることもできる。たとえば，多角化に関して同族企業は，多角化をリスクと捉えて回避することが明らかになっている。多角化するとしても海外よりも国内を選好し，海外で多角化する場合にも文化的に近い地域を選択する傾向があるという。

　同族企業の中には長寿企業も数多い。帝国データバンクの調査（2019年）によると，日本には創業100年以上の，いわゆる**老舗企業**が3万3259社存在する。業種別に見ると，清酒製造業（850社），賃貸事務所業（694社），旅館・ホテル（693社），酒小売業（693社）に多く，地域別に見ると日本海側に多い（図2.2）。きわめて長期間存続している企業が複数ある高級旅館業界では，石川県

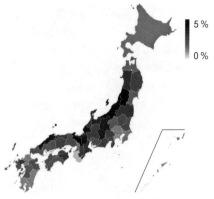

出所：帝国データバンク［2019］より筆者作成（Powered
By Bing. ©GeoNames, Microsoft, TomTom）。

Column ❹ 京都の老舗と「そこそこ」の商い

京都はかつての都として，御所へ品を納めてきた御用商人をはじめ，老舗企業が多数存在する（約千数百社が 100 年以上の歴史を持つ）。和菓子一つとっても，各宗派の本山・大寺院，神社，茶道家元の御用達という名店が数多い（川端道喜，とらや，亀屋陸奥，笹屋伊織，鶴屋吉信，俵屋吉富，末富，老松ほか）。その他の専門店にも，市原平兵衛商店（箸），たる源（桶屋），日吉屋（和傘），宮脇賣扇庵（扇子），本田味噌本店，村山造酢，山中油店（食用油），半兵衛麩・麩嘉（生麩），村上重本店（漬物），田中長奈良漬店，松前屋（昆布），田丸弥（煎餅），森嘉（豆腐）など，名店が軒を連ねる。

これら京都の老舗を表す上では，「そこそこ」という言葉が鍵となるという（入江［2002］）。目一杯は見苦しく，ましてや行きすぎは万病のもととして，分をわきまえた「そこそこ」の品物／値段／利潤／商売をよしとする。万全を期した自信作を「そこそこ」の品と謙虚に扱うことでゆとりを持たせるのは，京の美風ともいえる。そして，自分の力量を見極めて決して無理をせずに，安くはないが質に見合った値を付け，奢侈に流れず，必要以上に商いを大きくしない。こうした老舗のあり方は，アイデンティティ等の SEW を重視して，事業拡大を望まずにリスクを避けることが存続につながった実例と考えられる。

Case2-② グッチ一族の同族支配，絆とアイデンティティ

　グッチの創業者グッチオ・グッチは，17歳で職を求めてロンドンに渡りホテルに勤めた後に，生まれ故郷のフィレンツェに戻り，職人の手作りによる高級皮革製品の商店を始めた。当初は自身と妻および6人の子どもで営むに過ぎなかったものの，彼のリーダーシップと家族の絆によって一致団結し，商売は発展を見る。グッチの鞄はイギリス王室御用達となるなど名声を得て，本店には世界中の上流階級や富裕層が集まるようになった。しかし，保守的なグッチオは地元で自らの店を繁盛させたことで満足し，大きな発展を望まなかった。

　グッチ家には次の家訓があったとされる。「家族＝会社。会社＝家族。2つは切り離せない」「グッチ家に生まれた者は，ミルクの匂いよりも革の匂いを嗅がせて育てる」。この2条は，同族支配とアイデンティティを示している。もう1条の「グッチ家の女性はできるだけ多くの子どもを産むこと。子どもの数だけ店を開くことができる」は，世襲に関連している。

　グッチオの三男アルドも父から帝王学を叩き込まれて家訓を守っていたが，才能にあふれた彼は，やがて大きな野心を抱く。2代目を継ぐと父グッチオと対立するようになり，さらなる名声を求めて世界各地へ出店することで事業拡大を図った。1953年には，グッチオの強い反対を押し切ってニューヨーク5番街へも出店した。同店は成功を収め，この年にグッチオが死去するとアルドは家長となって，ますます拡大路線へと突き進んでいった。

　彼は，息子たちにあまり愛情を示さなかったという。常に厳しく接し，一社員・部下として扱った。絶対君主となったアルドによる支配は，家族の絆・団結に亀裂を生み，後に深刻な対立へと至る原因となった（▶Column ❺）。

の法師（創業718年），のとや（同1311年），浅田屋（1659年），京都府の俵屋（1704年），柊屋（1818年）等が知られている。これら老舗企業は，大半が同族企業で，成長を追わない，身の丈に合った経営を特徴とする（Column ❹）。すなわち，SEWを守り，リスクを回避してきた結果，長期存続できたとも考えられるのである。

　SEWと創業家一族のかかわりについては，イタリアの高級ブランドであるグッチの事例が参考になる（Case2-②）。創業者グッチオ・グッチは家族の絆を重んじ，また事業規模も限定していた。そうした考え方は同家の家訓などにも表れていたが，三男アルドは反対に事業の拡大を推し進め，家族の絆も壊し

てしまった。その後グッチは崩壊に至ることになる（▶Column ❺）。

3 中小・同族企業の事業承継

▎中小・同族企業の承継プロセス ▎

　一般に同族企業では，経営者が引退して**事業承継**する場合，後継者が血縁者から選ばれる（親族内承継）。後継者を血縁に限る必要はなさそうに思われるが，息子・娘・娘婿以外への承継が難しい背景には個人保証の問題があるため，親族内承継されることが多くなっている（関［2017］）。

　とりわけ日本の中小企業は，銀行から借入する際，経営者が連帯保証人となることで，円滑に融資を受けてきたという実態がある。いわゆる経営者保証と呼ばれるものである（中小企業庁「経営者保証」）。経営者個人が会社の連帯保証人として保証債務を負い，倒産して融資の返済ができなくなった場合には，その経営者個人が企業に代わって返済（債務保証の履行）を求められるのである。この個人保証は，親族外承継の場合にも継続されるため，後継者が負債を抱えることになってしまう。これが親族外承継の妨げとなってきたのである（現在，一部解除されつつある）。

　さて，前任者と後継者の間には以上のような関係性があることを踏まえた上で，同族企業の承継プロセスについて見ていこう。これまでも，後継者育成には，見習い経験や社外の仕事経験などを通じたキャリア開発が必要との指摘がなされてきた。しかし，これを一概にルール化したり，計画通りに遂行することは難しい。たとえば，後継者の入社には，新卒入社，同業他社を経ての入社，金融機関等での勤務を経た上での入社，という3つのルートが考えられる。新卒入社した後継者は，多くの場合，見習い経験等を経たのみで早期に昇進し，長く責任ある立場を務めることになるだろう。そのことには利点もあるが，社外での経験がないため，外部の視点や苦労を知らないままになることが懸念さ

---

glossary

06 連帯保証人　　主債務者と連帯して，債務の返済義務を負う者で，主債務者に債務履行の能力があろうがなかろうが（主債務者と区別されることなく），債権者に請求されれば，連帯保証人には債務履行の責任が生じる。

れる。これに対して，同業他社にいったん勤務すれば，社外から自社を見る目を養うことはできそうである。また，金融機関に勤務する場合に関しては，融資元企業が後継者を預かって育てるという側面がある。ただし，これらのルートをとると入社が遅れることになるので，どれにも一長一短がある。

　そもそも，後継者に選ばれるのは誰なのだろうか。かつての日本は長子相続で，家父長制のもと，いずれ家長を継ぐ長男を優遇してきた。それは幼少期からの早期選抜・育成であったともいえる。こうした後継者の絞り込みは，資産の分散，および兄弟間の後継者争いや経営方針をめぐる対立を，未然に防いでいたとも見ることができる。次項で述べるように，兄弟や親族が経営にかかわり，深刻な対立が生じることがありうるからである。しかしながら，戦後世代が引退していく中，このような家父長制の性格が色濃い承継は減少している。少子化のもとで，息子がいなければ，娘本人が後継者となるケースも，これまで以上に増えていくと考えられる。

　また，承継後の事業に関しては，先代経営者の方針が踏襲されるか否かが大きな分岐点となる。親子の関係であれば，父を理想化して従順に従うか，父と対立して反抗するかによって，過去からの継続もしくは断絶が生じる。父子の対立がもとで，子が過去を拒絶して混乱に陥ることもあるが，子が父を乗り越えて大きく飛躍する企業もある。

┃ 事業承継の問題 ┃

(1)　血縁による承継と放蕩息子

　血縁での事業承継には，放蕩息子の問題（idiot son problem）が付き物である。日本には「売り家と唐様で書く三代目」（初代が苦心して財産を残しても，3代目には没落して，家を売りに出すようになる。その売り家札の筆跡が中国風で洒落ているのは，遊芸にふけり，商いの道をないがしろにしたことの裏返しであるとの皮肉）という諺があるが，他国にも「富は3代続かない」（中国），「3代経つと手元にはシャツ1枚」（アメリカ）といった格言があるようだ。つまり，さまざまな苦労を経験した先代と違って，苦労知らずの子孫たちは逞しさを失っている。結果として，経営者の資質を欠いた後継者が，会社を引き継いだ後に業績を傾け財産を潰してしまうというわけである。

　倉敷紡績（現クラボウ）および中国水力電気会社（中国電力の前身）の社長や，中国合同銀行（中国銀行の前身）の頭取を務めた大原孫三郎も，元は放蕩息子で

あった。大原美術館の設立者としても名高い彼は、社会事業家として、大原奨農会農業研究所（岡山大学資源生物科学研究所の前身），倉敷中央病院なども創設した。倉敷国際ホテル等，子孫たちによるものも含めて，遺した文化遺産・社会基盤は大きい。しかし，大地主の子息であった彼は，東京での学生時代には悪友に取り込まれ，現在価値で1億円もの大金を散財したという。後にキリスト教と出会い改心したということだが，かつては絵に描いたような放蕩息子だったのである（城山[1994]）。

(2) 内紛（お家騒動）

同族企業の内紛，いわゆるお家騒動も，枚挙にいとまがない。近年では，大塚家具の親子対立が話題となった。父娘の対立の後に娘が経営権を握ったものの，結局は業績が悪化して2020年にヤマダホールディングスの子会社となり，さらに2022年にはヤマダデンキに吸収合併された。

同族企業の内紛の多くは，親子・兄弟間の経営方針をめぐる対立が原因である。中でも高級ブランド・グッチの内紛は有名である（**Column ❺**）。イタリアの同族企業では，兄弟のみならず，次世代の従兄妹同士も一緒に働くことが珍しくない（兄弟5人と従兄妹15人が，ともに働くこともあるという）。ただ，一般的には兄弟間に大きな争いは少ない。そして家族の長には，孫まで含めた家族全員を保護し，各自に適した職を用意してやることが暗黙に求められるという。

グッチ崩壊の背景には，2代目アルドの家父長制的な支配のもとでの急激な成功があったと考えられるが，直接的には，家族と企業が一体化した中で感情的対立が激化し，絆が崩壊した結果といえる。もともと家族には深い愛情があるものだが，本音で激しく議論できる半面，それによって親子・兄弟間に深い対立が生じ，互いに許しがたいという関係に陥ることがある。また，兄弟間で優劣が大きすぎると，劣等感を持つ側が嫉妬等の感情を抱くかもしれない。そうした中で，兄弟のうち特定の1人が特権を握れば，感情的なしこりが妬みや恨みを生み，将来への禍根を残すことになる。一族の永続的繁栄のためには，禍根を残さないことが重要であり，「談じて合わす」智慧が求められる。兄弟が関与する同族企業では，兄弟間の力関係について，そのバランスに配慮が必要である。

同族企業には，家業への強い情熱と責任感を持つ者を登用できる利点があるが，一族全員が有能とは限らないため，選抜して適材適所を図らなければならない。そのような中では，一族の絆と結束なくして繁栄は守れない。一族の和

を尊び争いを未然に防ごうと家族憲章を制定した，オタフクソースのような例もある（Column ❻）。同社のように，後継者を絞り込んだとしても，給与や定年規定といった面で他の同族との平等性を担保し，各人の居場所も確保すれば，結束は高めやすい。そうなれば，不平不満の芽は未然に刈り取られ，内紛も防げる可能性が高まるだろう。

事業承継の智慧：婿養子と番頭

　　前項で述べた通り，同族承継は，後継者が創業者ほど有能でもなければ，意欲もなく，能力を発揮できないというリスクを伴う。その場合，新たな後継者を探す必要があるが，同族企業では婚姻関係が重視される傾向がある。そのた

Column ❻　一族の和合：親族間の対立を避けるルール

　調味料メーカー・オタフクソース（広島県）の創業家である佐々木家には，家族憲章がある。創業者には7人の子どもがあり，孫にあたる6代目社長の佐々木茂喜には21人の従兄妹がいた。創業者の子の世代は兄弟で管理・製造・営業を棲み分け，「トロイカ体制」で同社を発展させた。兄弟仲も良好であったため，茂喜の世代は，子どものころから家族ぐるみの付き合いであったという。

　そうした中で2015年，家族憲章の制定が計画された。社長交代や相続で揉める前の「転ばぬ先の杖」ということだったが，事業が順調で同族間に争いも見られないのにルールを制定しようという提案には疑問の声も上がった。とりわけ，当時社長であった茂喜による「佐々木家の中から，株主となり入社できる人数に，上限を設ける」という条項には抵抗があった。しかし，同族の人数を制限しなければ，経営層が佐々木家の人間ばかりになりかねないという懸念もあった。最終的には反対していた茂喜の従兄弟たちも賛同し，自分たち世代の従兄弟同士8人の家族を「8家」として，株主・社員とも1家から1人に絞ることとされた。ちなみに，この8人の従兄弟は，給与・退職金が原則同額で，役職手当の差も小さかった。憲章では，65歳での現役引退，顧問・相談役への就任も定められたが，「何より元気でいる限り，年を取っても会社の中に何らかの役割があり，居場所がある」ことが重要であるという（小野・日経トップリーダー［2019]）。

　なお，同族大企業のキッコーマンにも，創業8家（茂木6家，高梨家，堀切家）があり，社長候補者は1世代につき1家から1人まで，同族の役員昇格を保証しない，父は息子を社長に指名しないといった不文律を持つ。オタフクソースの家族憲章には，キッコーマンを参照した部分があると見られる。

め，見合い結婚等を通して後継者を確保し，世襲の維持が図られることもある。

　日本では古くから，婿養子に家を継がせるといった形での，結婚を通した事業承継が珍しくない。白鹿の辰馬本家酒造や白鶴酒造は，その一例に数えることができる。また，かつて大阪・船場の商家では，女の子が生まれたほうがお祝いをしたという。同地では，暖簾を引き継ぐのに最も理想的なのは，三姫四太郎であるとされた（三島［2016]）。すなわち，3人の姉に優秀な婿養子（勤勉で金銭面での不正がなく，女性問題のない堅物が見込まれた）を迎え，番頭（後述）として総務・経理・営業を分担させるとともに，4番目の弟には他の商家から

娘を嫁に迎えて後を継がせる。ところが，過保護に育った末子の弟夫婦は事業を担いきれず，結局は姉たちの夫である番頭が後を引き継ぐため，商家には女系家族が多かったといわれる。

　婚養子の利点は，能力のある者を登用できると同時に，まったくの部外者を後継者に選ぶよりは適性が判断しやすいことである。娘婿は，幼少期から同族の中で育ったわけではないため，当該企業の培ってきた価値観に対して理解を深める必要はあるが，結婚を通して家風になじめば独自文化を継承できるようになっていくだろうし，反対に同族と比べて客観的に自社を見られる面も併せ持つ（中沢［2017］）。加えて，実の親子関係とは異なって，義理の父子関係にはある程度の遠慮があり，互いに言いすぎを避けられる。実の親子は気兼ねなく対話できる半面，その結果として相手を許せなくなるほど対立が深まる可能性もあることは，これまで見てきた通りである。

　また，経営者は，自らを補佐してくれる「右腕」を必要とする。江戸時代の商家には番頭がいた。奉公といって，10歳ごろに就職すると，まずは丁稚として使い走りや雑用をこなし，15歳くらいで手代として一人前の店員になる（出納・売買・納品等を担当）。20代になると番頭に昇格し，店の代表として商売を切り盛りする。さらに大番頭に昇格すると，主人の右腕として経営者の一員と見なされた（前川［2015］）。明治期以降も，戦前の財閥などにおいて，たとえば住友財閥では住友家の，三井財閥では三井家の大番頭が活躍した。戦後に至っても，松下電器の松下幸之助，サントリーの佐治信忠，日本電産の永守重信といった経営者を支えた役員たちは，「番頭格」などと称された。

　近年，中小企業に関して，こうした補佐役の不在が指摘されている。そうした中，現在も「番頭」を置く中小企業が存在する。岐阜県の岡本・ナベヤグループは，450年の歴史を持つ老舗の同族企業である。鋳物技術を基盤とし，現在では鋳造品だけでなく，治具，住宅設備機器，航空機・産業機械分野の部品加工等にも進出する。同社は，各事業を分社化した上で，創業家および本社が全体を統括し，分社した各社の経営を番頭に委任している。創業家の社長と番頭との強い信頼関係に基づく体制といえ，番頭にとってはやりがいと同時に責任とプレッシャーが大きい。そこで社長は，会議の場だけでなく日常的にも，番頭と頻繁に対話することを心がけている。創業家である岡本家では代々，「従業員の代表である番頭をしっかり育て大切にすること」という教えが口伝されてきた。育成にあたっては，番頭自身が次の番頭を育てることを慣行とし，

「当主が番頭を育てることはできないし，そもそもオーナーの気に入るような番頭をつくってはいけない」との戒めがあるという（前川［2015］）。

4. 中小・同族企業の現代的課題

経営者の高齢化と後継者不在

　中小・同族企業の構造的かつ喫緊の課題は，後継者不在と廃業の増加である。経営者の年齢分布を見ると，2000年には50〜52歳が最も多かったものが，2015年には65〜69歳になった（図2.3）。さらに2019年には，平均年齢が62.2歳となって過去最高を更新するなど，高齢化が明らかである。そして2020年の分布では，60〜74歳の間で分散する傾向が見られるようになり，団塊の世代の引退に伴う事業承継・廃業等が窺われる。同時に70代の経営者の比率が高まっていることから，後継者不在が示唆される。経済産業省の試算によれば，2025年には約380万社のうち約245万社（64.5％）において，経営者の年齢が

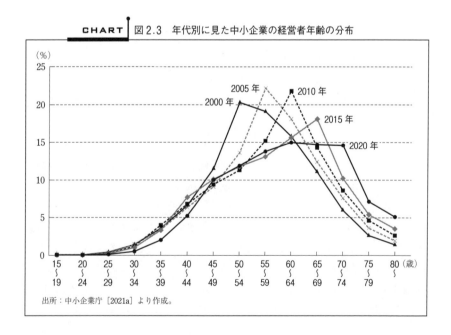

CHART 図2.3　年代別に見た中小企業の経営者年齢の分布

出所：中小企業庁［2021a］より作成。

70歳を超えるという。

　次に，後継者の有無について見てみよう。全国・全業種の約26万6000社を対象とした帝国データバンク［2020］によると，後継者不在の企業は全体の65.1％にのぼり，業種別では建設業が約70％，製造業は60％，小売業・卸売業も60％台で推移している。都道府県別に見ると，鳥取・山口・島根・広島といった中国地方で後継者不在企業の比率が高く，香川・徳島・熊本・鹿児島・宮崎・佐賀など四国・九州では比較の低い。

　後継者がいない企業の中には，休廃業・解散せざるをえないところも少なくなく，その数は127万社に及ぶと推測されている。雇用の7割を占める中小企業の3分の1が廃業した場合，経済活動に甚大な影響を及ぼす可能性がある。

┃ 親族外承継とM&Aの活用 ┃

　こうした状況下で，事業承継のあり方は変化しつつある。これまで見てきたように従来は親族内承継が一般的で，1980年代には60％を超えていたが（中小企業庁［2014］），徐々に減少し，近年，同族承継は40％を下回っている（図2.4）。職業選択の自由がある中では，実子・養子を問わず，親族だからというだけで無理強いは難しいのであろう。また，経営者自身が子どもへの承継を望まないこともある。

　それでは，親族外承継とはどのようなものなのだろうか。図2.5に示す通り，これには，①社内での役員・従業員による継承と，②社外への引き継ぎがある（中小企業庁［2021a］）。①の場合は，所有と経営の分離を図って創業家以外から後継者を抜擢し内部昇格させるか，または，残された（創業家以外の）経営陣がMBO（management buy out，現経営陣が株式を買い取って経営権を取得すること）を実施して創業家が会社の所有権をも放棄するかである。1980年以降，内部昇格はおおむね30％台で推移しているが，上述のように同族承継が減少してきたため，2020年にはこの両者がほぼ同率となった（図2.4）。

　一方，親族外承継の②社外への引き継ぎには，外部経営者の招聘や，他企業によるM&A（合併・買収）といった選択肢がある。とりわけ近年は，金融機関やM&A専門企業による仲介もあって，中小企業のM&Aが増加傾向にある。中小企業の持つ独自技術を守る上でも，M&Aによる経営統合は重要度が高い。

　中小企業は地域に密着した存在で，地域住民の生活を支えている面も大きい（▶第1章）。市場規模は小さくとも，地域の食文化や伝統文化を担い，観光資

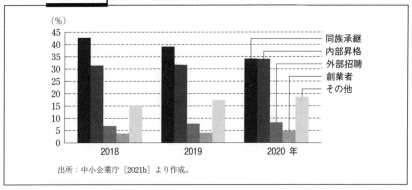

CHART | 図2.4　経営者の就任経路の推移

出所：中小企業庁［2021b］より作成。

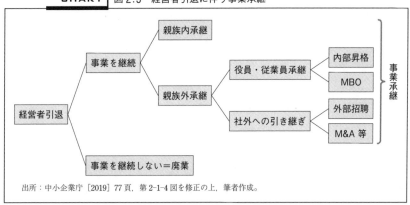

CHART | 図2.5　経営者引退に伴う事業承継

出所：中小企業庁［2019］77頁，第2-1-4図を修正の上，筆者作成。

源となりうる資源を有する老舗の中小企業も少なくない。したがって，事業規模が小さく生産性が低いといった理由で，安易に廃業させてしまうと，ものづくりの技術伝承が途切れたり，地域の食文化・伝統文化が喪失し，独自のアイデンティティや観光資源が消滅することにもなりかねない。親族内承継だけでなく，親族外承継をも模索し，中小企業を存続させていく必要があるだろう。

EXERCISE

① 中小・同族企業の事例を調べ，企業統治・社会的情緒資産の視点から，その強みと弱みについて検討してみよう。

② 同族企業の事業承継・後継者難の問題を解決するには，どのような対策が必要だろうか。家族のあり方・家業に対する考え方の変化等を踏まえた上で，「中小企業白書」などを参考にして考えてみよう。

さらに学びたい方へ Bookguide ●

- 中沢康彦著／日経トップリーダー編 [2014]『**星野佳路と考えるファミリービジネスマネジメント 1　継ぐべきか，継がざるべきか**』日経 BP 社。

  学術研究の紹介だけでなく，自らが後継者・経営者の立場にあって苦労した星野佳路と複数の経営者との対談が収録されており，事業承継の参考になる。
- 日本経済新聞社編 [2010]『**200 年企業**』日経ビジネス人文庫。

  多様な業種と地域の老舗企業が取り上げられ，さまざまなテーマについて豊富な事例から学ぶことができる。続編『**200 年企業 Ⅱ**』（2012 年），『**200 年企業 Ⅲ**』（2013 年）とともに，老舗企業に対する理解を深められる内容である。

映像資料紹介 Movieguide ●

- 映画「**ハウス・オブ・グッチ**」2021 年，159 分

  華麗なる一族・グッチ家の成功と崩壊の物語。後継者マウリツィオ・グッチの妻パトリツィアを中心に，一族の愛憎劇を描く。

中小企業とサプライヤー・システム

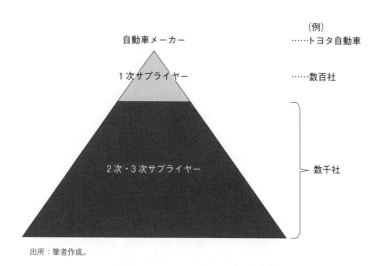

(例)

自動車メーカー ……トヨタ自動車

1次サプライヤー ……数百社

2次・3次サプライヤー 〕数千社

出所：筆者作成。

日系自動車メーカーのピラミッド構造

　自動車産業には，自動車メーカー（トヨタ，日産，ホンダ等）を頂点とした，サプライヤーのピラミッド構造が存在する。1次・2次・3次（Tier 1・Tier 2・Tier 3ともいう）などという階層があり，2次以下のサプライヤーには多数の中小企業が含まれる。全体では数千社の企業が協働しているために，非常に複雑な構造であるといえる。本章では，サプライヤー・システム（部品取引システム）の特徴を概観した上で，企業間の関係が維持される論理について考える。

1. なぜ，サプライヤー・システム（部品取引システム）における大企業と中小企業の取引関係は長期継続的になるのだろうか。
2. なぜ，中小のサプライヤーは大企業へ依存してしまうのだろうか。

サプライヤー　　階層構造　　長期継続取引　　系列　　パワー

本章に関連する理論や概念

● 取引コスト理論

　取引コストとは，取引に伴って生じる，取引相手の探索や，交渉・契約，契約の監視などにかかる費用を総称した概念である。この理論では，取引コストをもとに，企業は市場を選択するのか，組織を選択するのかを考える。たとえば，ある部品を市場で買うのか，組織内でつくるのかという意思決定をめぐり，取引コストが低い場合は市場から部品を買うが，高い場合は組織内で部品をつくることを選択する。

● 資源依存理論

　組織が顧客・サプライヤー・投資家・政府機関等に資源を依存していることを前提に，資源依存とパワーに注目する理論。組織は，上記の外部プレイヤーとヒト・モノ・カネ・情報等を交換しており，その交換関係において，以下のような相対的な力の差が生じる。すなわち，相手の資源に依存するほど相手側の力が大きくなり，反対に相手を自社に依存させられれば自社の相対的な力関係が強まる。

本章では，中小企業とサプライヤー・システムについて，日本のサプライヤー・システムの特徴（第1節），市場取引と長期継続取引（第2節），長期継続取引発生の論理（第3節），サプライヤーの大企業に対する依存関係（第4節），IoTとサプライヤー・システム（第5節）という順で見ていく。

1 日本のサプライヤー・システムの特徴

　サプライヤーという語を聞いたことがあるだろうか。一般的には部品メーカーや材料メーカーといった供給企業を指し，仕入先・下請企業とも呼ばれる（以下では，とくに断りのない限り「サプライヤー」で統一する）。たとえば，2万～3万点の部品が必要とされる自動車製造では，数千社のサプライヤーが協働して生産・納入した部品を，自動車（完成車）メーカーが組み立てている。なお，多くの部品を必要とするのは自動車に限らず，消費財であれば家電，スマートフォン，パソコン，プリンターなど，産業財では航空機，建設機械，工作機械，ロボットなどの製造に関しても，多数のサプライヤーが生産した部品を完成品メーカーが購入し，組立が行われている。

　自動車産業を研究した藤本 [1998] によれば，日本のサプライヤー・システムには次のような構造的特徴があるという。第1に，外注率の高さである。1970年代以降，日本の自動車メーカーの外注比率（製造コストに占める部品・材料・外注費用の割合）は平均70％以上で，アメリカの自動車メーカーに比べて高い傾向にある。次に述べる階層構造でいうと，1次サプライヤーには大企業が，2次以下のサプライヤーには中小企業が多いが，その間でも外注は多く用いられている。具体的には，完成品をつくる自動車メーカーは1次サプライヤーに対して，1次サプライヤーは2次サプライヤーに対して，部品を外注している。

　第2に，扉頁で見たような**階層構造**である。完成品メーカーを頂点とするサプライヤーの階層構造が，自動車産業のみならず各種製造業で広く見受けられる。すなわち，完成品メーカーと1次サプライヤーとの間，1次サプライヤーと2次サプライヤーとの間に従属関係がある。2次・3次のサプライヤーは，完成品メーカーから部品の生産・加工等を受注し，品質改善・コスト削減にも協力して取り組む。自動車産業では，2次サプライヤーには数十人から数百人

の，3次には数人から数十人規模の中小企業が多い。ただし，1次サプライヤーであっても，トヨタ・日産・ホンダ以外の自動車メーカー（マツダ，スズキ，スバル，三菱，いすゞなど）の場合は，数百人の中小企業が多い。

第3に，完成品メーカーとサプライヤーとの**長期継続取引**である。長期継続取引は，1次と2次，2次と3次のサプライヤー間でも一般的である。

 # 市場取引と長期継続取引

本節では，日本のサプライヤー・システムが有する特徴の3点目，長期継続取引に注目し，短期的な市場取引と比較しながら考えていく。市場からモノを買うという行為は，需要と供給による市場メカニズム（市場の価格調整メカニズム）に基づく行動原理である。取引の都度，そのときの需要と供給によって市場価格が決定する。しかしながら，そうした市場からの調達には限界がある。

部品の品質問題を例に考えてみよう。サプライヤーが供給する部品に問題が起きた場合，顧客はどのように対応するだろうか。単純な部品については，価格を基準に多数の業者の中から別の取引相手を絞り込み，つくらせてみたものが求める水準に達していなければ取引を打ち切り，また別の相手を探せばよい。ところが，複雑で高い品質が求められる部品については，そもそも製造可能な業者の数が限られる中で次の取引相手を探し出し，品質管理の体制を見た上で，満足する水準のものをつくってもらうことになる。選択肢が多い前者の場合は，条件を満たさなければ新しい取引相手に切り替えられるが，選択肢が少ない後者の場合は，新しい取引相手を見つけ出す困難から，既存の取引相手に対して改善を要求することが多くなる。

すなわち，取引等2者間の関係において現状への不満が生じた際，それを解消する方法として，退出（exit）と発言（voice）という2つのメカニズムが存在する（ハーシュマン［2005］）。上の例でいえば，単純な部品について，品質問題が生じたために別の取引相手に切り替えるというのは，退出である（＝元の取引相手とは取引を停止）。しかし，複雑な部品については，退出が困難であることから，顧客はしばしば発言（不満の表明）を通して，現状の改善（品質改善等）を求めることになる。不満があるからといって関係を断つのではなく，声を上げて変化を迫るのである。とはいえ，発言には退出の可能性を伴ったほうが，

退出（exit）	市場の原理	不満があれば取引を停止する
発言（voice）	組織の原理	不満があれば改善を求める

出所：ハーシュマン［2005］に基づき筆者作成。

より効果的である。

　自動車部品等の産業財では売り手と買い手の数がともに限定されている（自動車の場合，部品点数が2万～3万点にのぼる上，各車種に特注部品がある。加えて，同じプレス技術を持つサプライヤーでも，企業ごとに得意な点や生産規模が異なるため，すべてを手がけるのは難しい。したがって，数千社のサプライヤーがいても，売り手の少ない部品が見受けられる）。しかも，複雑かつ高い品質が求められるため，不満が生じても，すぐに関係を断って代替的な取引相手を見つけることは難しく，互いに発言することで不満を解消していかざるをえない。そうして長期継続的な取引関係につながっていく。ただし，産業によって取引の継続性には違いがあり，環境の変化が速く不確実性が高い業界では，退出すなわち市場重視の短期取引が多くなるだろう。

　このように考えると，退出・発言のメカニズムは，市場の原理と組織の原理とも言い換えられる（表3.1）。このことを踏まえてアメリカと日本を対比的に見たとき，前者には市場重視型の取引関係が，後者には関係重視型の取引関係が多く見られるといわれている。市場重視型のアメリカでは，取引の都度，入札を行うのが慣行となっている。一方，日本では，大企業間・大企業と中小企業・中小企業間いずれの取引関係においても，（相見積もりをとることはあっても）長期継続取引が一般的である。

　短期取引（アメリカ）と長期継続取引（日本）は，どのように異なるのだろうか（表3.2）。まず契約に関しては，前者では文書化された明示的契約が結ばれるのに対し，後者は文書化されていない暗黙的契約を含む。また，前者の契約は事前合意に基づくため，契約書は分厚くなり，かつ問題が生じれば法廷で争うことになる。一方，後者の契約では事前合意よりも事後的な問題解決が念頭に置かれており，契約書は薄く，問題が生じた際には売り手と買い手が共同で解決に取り組む。また，前者では，取引相手との関係を競争的なものと捉えるため，売り手と買い手は交渉を通して富を奪い合うと考えられている。一方，後者では，取引相手との共存が目指され，売り手と買い手は密な協働を通して

CHART 表3.2　市場重視のアメリカ型取引関係と関係性重視の日本型取引関係

	アメリカ	日本
取引期間	短期取引	長期継続取引
契　約	文書化された明示的契約 事前合意 分厚い契約書 法律・裁判による紛争解決	文書化されていない暗黙的契約 事後合意 薄い契約書 事後的な共同問題解決
競争・協調に 対する考え方	競争的関係を重視 富の奪い合い	協調的関係を重視 富の創出と分配

注：アメリカと日本の取引関係について，本質的特徴を単純化し，作成したものである。実際は，同じ国の中でも程度の差はある。
出所：筆者作成。

富の創出と分配を行うべきと考える。

長期継続取引発生の論理

┃取引コストと特殊資産┃

　長期継続取引が発生する理由について考えていく前に，まずは**取引コスト理論**について概観してみよう。取引コスト理論によれば，取引相手の探索や，相手との交渉・契約，履行状況の監視などにかかる取引コストが低い場合には市場取引（buy）が，高い場合には市場取引が難しくなり内部化（make：部品の内製・垂直統合）が選択される（コース［2020］）。たとえば，取引相手は交渉・契約において虚偽を図るかもしれないが，潜在的な取引相手が多ければ相手を替えることで対応できる。しかし，代替できる取引相手の数が少なければ，双方が騙されないようにするための過度な交渉，詳細な契約書の作成，契約後の相互監視が必要となり，取引コストが高くなる。そうなると，買い手は市場取引ではなく，内部化を選択する。

　取引コストを規定する要因としては，①環境の不確実性（不確実性が高いと将来が見通せず，起こりうるあらゆる事態を想定して事前契約を結ぶことが難しい），②取引主体の数（少数者間取引，すなわち代替的な取引相手が少ない場合，駆け引きが起きやすい），③取引頻度（頻度が低い中で，取引相手の情報を収集するのは難しい），

④限定された合理性（人の情報収集・処理能力には限界があり，合理的に選択・意思決定しようとしても限られた範囲でしか実現できない），⑤機会主義（相手を犠牲にしてでも自己利益を追求する）などがあげられる（ウィリアムソン［1980］）。

　環境の不確実性と限定された合理性とが，また少数者間取引および取引頻度と機会主義とが結びつくことで，取引コストが発生する。しかし，一度きりの取引では騙されることがありえても，取引頻度が高くなれば互いに相手の情報を収集するため，機会主義（虚偽）は抑制される。さらには，取引の内部化，つまり取引を組織内に取り込むことでも機会主義は抑制され，交渉・監視費用を削減できる。

　上記の要因に加えて，取引コストを規定する重要な概念に，資産特殊性（specific asset）がある（Williamson［1985］）。資産特殊性とは，その価値を維持したまま当該資産を代替的な用途に転用できない程度のことをいう。平たくいえば，特定の取引相手のために用意された資産は他の取引相手には使えないということであり，特注化するほど資産特殊性は高まる（**Column❼**）。前述した部品の例をもう少し詳しくすると，一般的なネジ（規格部品）であれば，売り手を確保しやすいため，買い手は市場取引を通して取引相手を切り替えることが容易である。一方，特注品のネジの場合は売り手を切り替えることが難しい。新しい取引相手を探し，改めて注文通りの生産を開始してもらうには，時間と費用を要するからである。

　このような特注部品の場合，売り手のほうも，特定顧客向けに業務プロセスを整え，顧客の近くに工場を建設し，専用の生産ラインを準備したりすることがある。これは資産特殊性の高い投資である。そうなると，売り手もまた，他の買い手を探すことが難しい。ところが，売り手が特殊資産へ投資した後に，買い手がずる賢く，取引の打ち切りをちらつかせて強引な値下げ交渉を始め，値下げに従わなければ取引しない，あるいは発注量を減らすなどと脅すと，売り手は不利な立場に追い込まれ，買い手の言いなりにならざるをえなくなる。相手を信じて特殊資産へ投資したにもかかわらず，その相手に裏切られた場合，投資が無駄になったり，損失を生む可能性があるのである（ホールドアップ問題という）。こうした恐れがあると売り手は疑心暗鬼になり，買い手による事後的な機会主義・裏切りを警戒して，必要な投資を行わなくなる。また，両者の駆け引きによって交渉は長引き，契約成立後も履行状況の監視が必要となる。

　また，売り手が事後的に機会主義となり，裏切ることもありうる。たとえば，

Column ❼   資産特殊性

　資産特殊性は，人的特殊資産，物的特殊資産，地理的特殊資産などに分けて考えることができる。

　人的特殊資産は，人が保有している知識・技能等のうち，ある企業向けにしか用をなさない性質のものである。たとえば，サプライヤーが開発段階から顧客と協働したときに蓄積されていく，顧客に特化した知識（社内用語による対話や図面上の約束事等）などは，これにあたる。

　物的特殊資産とは，顧客向けの専用生産ラインや金型（大量生産で用いる型）等である。

　地理的特殊資産とは，顧客の近くに工場等を設置することである。たとえば，スズキの組立工場がある静岡県浜松市，スバルの群馬県太田市，トヨタの愛知県豊田市，マツダの広島県府中町といった企業城下町の周辺では，同じ県内に数百から数千にものぼるサプライヤーの工場が立地している。これらの工場は特定の完成車メーカーに対する部品供給網の一部をなし，その立地上，他のメーカーに部品を納入することが難しくなっている。

　また，自動車生産に関して広く知られるトヨタ生産方式（Toyota Production System：TPS）においては，必要なときに必要なだけ部品を生産して納入する

サプライヤーが事後に値上げの要求をすることなどである。

　以上のような，買い手もしくは売り手の事後的な機会主義の恐れに対しては，①部品の内製化，②長期契約（とくに暗黙的な長期契約）という2つの対応策がある。①の場合，買い手は部品を内製する（売り手を買収することもある）。②は，すべての事項を契約書に盛り込めないことを前提に交わされるものである。このもとで機会主義的な行動をとれば，将来の取引をとりやめることになるが，日本企業については暗黙的な長期契約が多く見受けられるようである。また，日本企業の場合，通常，企業間の信頼を重視し，機会主義を避ける傾向があるようである。悪い評判が広がると，他のサプライヤーも特殊資産への投資を不安視し始める可能性もあり，影響が大きい。たとえば，トヨタとトヨタ系列の企業（Column ❽）との関係においては，両者間に信頼があって機会主義が生じていないため，特殊資産への投資が実現している。ただ，こうした系列企業は顧客が大株主の場合もあるので，完全な垂直統合（部品の内製化）ではないが，緩やかな統合にあたるといえよう。

こと（just in time：JIT）が原則で，無駄な在庫を持たない。数万点の部品がある中でこれを実現するためには，1次サプライヤー同士の歩調を合わせた生産・納入（同期化）が不可欠であり，それによってトヨタ向けの資産特殊性が生じる。具体的には，トヨタ用語・トヨタ流の進め方を熟知する人材の育成，専用生産ラインの設置と金型の製作，近隣への工場建設等である。

1次サプライヤーはトヨタと資本関係を持つ系列企業が多く，トヨタとは事実上の運命共同体になっている。トヨタ方式・ルールに従うのか，それを拒否してトヨタ・ファミリーとしての特権的な地位を失うのかという二者択一の結果と見ることもできる。さらに，トヨタ系1次サプライヤーと2次サプライヤーとの関係（たとえば，デンソーとデンソー系列）においても資産特殊性は生じる。2次サプライヤーは大半が中小企業であるが，やはり1次サプライヤーの仕事の進め方を熟知する人材や，専用生産ライン・金型が必要となる。

表　資産特殊性

人的特殊資産	仕事を経験しながら習熟することで生じる特殊性
物的特殊資産	部品を生産するのに必要な特殊設備（専用ライン，金型等）
地理的特殊資産	在庫・輸送費用等の節約のため，連続する工程が相互に近接して立地

Column ❽　系列とは

日本では企業間の長期継続取引が多く見られ，いわゆる系列取引という形での強固な関係が結ばれてきた。ここでの系列とは，財閥グループ（三井，三菱，住友等）の企業集団ではなく，垂直的系列（企業が製品の生産・流通に要する諸活動において，川上・川下に位置する企業と築いている緊密な関係）を指す。

系列の定義は多様で，狭義には役員派遣・資金援助等のつながりを持つ企業間関係のことをいうが，広義には長期的・協力的な関係をもって系列と見なす議論もある（武石・野呂［2017］）。狭義の定義によれば，資本や人的関係のつながりが強いほど強固な系列関係とされる。しかし，日本の自動車産業には，資本関係はないが，自動車メーカーから1次サプライヤーへの，1次サプライヤーから2次サプライヤーへの出向・転籍といった人事交流は行われている例がある。そうでなくとも，特定の顧客との長期継続取引のもとには緊密な連携を伴った疑似親子関係があり，広義の系列といえる事例は多く見受けられる。

人質のメカニズムと長期継続取引

　前述したように，買い手と売り手の間に信頼関係がなければ投資は実現しないが，一方だけが有利な状態になることを防ぐため，買い手と売り手の双方が人質を出し合うという方法がとられることがある。互いに人質を出し合うことで相互依存が生まれ，協力関係が維持されることで長期継続取引となるのである。

　部品取引では，顧客側は特定のサプライヤーへの，サプライヤー側は特定の顧客への，という形で相互依存が生じることが多い。両者はさらに，株式の持ち合い（相手による株式の保有は「人質」に相当する）などの資金の点や，人材，技術情報といった点についても「人質」を出し合い，相互依存を高めていく。このように，人質の相互提供が協調関係をもたらし，相手を出し抜く裏切りや過度な交渉力の行使（買い手による買い叩き）を抑制するのである。

　自動車部品の取引を例にとって考えてみよう。日本の自動車産業では，1次サプライヤーが完成車メーカーの開発に関与する仕組み（デザイン・イン）が採用されており，とりわけ完成車メーカーの開発初期段階から1次サプライヤーが参画する場合には，深い関与が求められる。

　そうした中で，新しい部品を発注するにあたって自動車メーカーが，これまで取引のなかった1次サプライヤーを採用しようとしたとする。当然ながら，その新規サプライヤーは顧客の要求を十分には把握していない。それでも，顧客側の部品仕様書（レイアウト）をもとに部品図面を作成した上で金型を製作し，それを用いて試作品をつくる。しかし，大量生産の開始までに設計変更を経ることは珍しくなく，それに応じて金型の変更や新たな試作品づくりに取り組まなければならない。こうした際，新規サプライヤーは，顧客の仕事の進め方や顧客との対話に不慣れであるため，一連の作業には大変な労力を費やすことになるだろう。

　これに対して既存サプライヤーは，それまでも自動車メーカーとの間で技術情報の相互提供・共有を行ったり（両者が出す人質），自動車メーカーから技術支援や人材の出向・転籍を受け入れたり（自動車メーカー側が出す人質），自社からも開発人員を投入したり生産ラインを提供したり（サプライヤー側が出す人質）といった形で，相互依存関係を高めている。そうした関係のもとでの経験から，顧客の仕事内容と考え方・進め方を熟知し，関係特殊技能（顧客の開発手法や暗

　マツダは，東友会協同組合という61社のサプライヤーからなる協力会組織を持つ。その中で上場企業は西川ゴムとダイキョーニシカワの2社のみで，大半は売上高数百億円以下の中小企業であり，同・数十億円規模の企業も含まれている。いずれもマツダとの取引関係は数十年に及び，緊密な関係を構築してきた。これら企業の主力工場は，マツダの工場から車で2〜3時間圏内に立地している。エンジン，トランスミッション，シート，ボディ，内外装といった部分の部品等については，該当車種専用の金型で成形加工が行われている。複数のサプライヤーの幹部社員には，マツダから出向・転籍した人材がいる。

　マツダはバブル期の事業拡大路線で失敗し，経営危機に陥った。1996年にフォードの資本傘下となって同社出身の社長が経営再建に着手すると，フォード流の調達戦略が導入され，マツダは系列企業の持株を売却して資本関係を解消するなど，系列の切り離しを行った。ところが，新たに参入したアメリカ系サプライヤーは高度な製造技術を持たなかったため，マツダの系列企業に生産委託する結果となった。マツダは系列企業の実力を再認識し，再び系列企業との関係強化へと移行していく。

　2001年にマツダは，系列企業の三浦工業とクラタの対等合併（キーレックスが誕生），同ヤマコーによる三葉工業の吸収合併（ワイテックが誕生）という系列再編を主導した。さらに同年，新しく「ABC（Achieve Best Cost）活動」を打ち出し，系列企業の設計・開発能力を強化するために数百人規模の技術者を送り込んで，原価低減を進めた。

　2004年からはJ-ABC（Jiba〔地場〕Achieve Best Cost）活動と称し，系列企業に対して製造現場の体質強化（品質・コスト・納期・生産性等の改善）を図った。両者が協働してコスト競争力の向上を目指すことを目的に，短期的な原価低減とは一線を画し，長期的視点で協働しながら系列企業の競争力を強化していったのである。具体的には，マツダ側は系列企業へものづくりのノウハウを有する専門チームを定期的に派遣し，系列企業側は独自の目標を設定してそれを達成することで，品質・物流等の改善やコスト競争力向上といった生産面の強化を実現してきた（2017年時点で24社・51工場が参加）。

　また2019年からは，J-ABC活動と並行して，系列企業に「自律育成プログラム」を展開し，自律的成長の促進を図っている。これは，マツダが国内・海外工場で推進してきた活動を系列企業にも拡大する動きであり，2020年9月の時点で13社において展開されている。

黙の了解事項等へ対応する技能）を蓄積しているため，円滑な対応が可能である。顧客にとって，痒いところに手を届かせてくれるサプライヤーは都合がよい存在といえる。

　したがって，自動車メーカーでは，調達部門が価格競争を促すために新規サプライヤーを採用したいと考えても，開発・生産部門は種々の対応に慣れた既存サプライヤーに任せたほうが安心と判断しがちになる。上述のように，既存サプライヤーとの間では人質を出し合って関係を断ち切りにくい状態となり，長期的な協調関係が生じているが，そのことで過去の投資が無駄にならずに済んでいるのである（**Case 3**-①）。以上のことは，1次サプライヤーと2次サプライヤーの関係においても成り立つ。相互依存を高めながら生産体制を築く中で，多くの時間とコストが費やされるが，それらが互いにとっての人質になっているのである。

4 中小サプライヤーの大企業に対する依存関係

┃ 大企業への依存 ┃

　本節では，**資源依存理論**の視点からサプライヤー・システムを考えてみることとする。資源依存理論は組織の持つパワーに注目し，企業間関係について，いずれの企業が交渉力を有するのかという相対的な力関係を見る（Pfeffer and Salancik［2003］)。

　たとえばA・Bという2社のどちらにパワーがあるのかに関して，A社が部品・技術といった自社の資源に取引相手のB社を依存させているのであれば，A社にパワーが発生していると考える（こうした依存関係は一方的とは限らず，相互に発生している場合もある）。したがって，取引相手をコントロールしたいのなら，相手を自社の資源に依存させればよいということになる（反対に，取引相手のコントロールを避けるためには，相手の資源に依存しないようにしなければならない）。身近な例として，マイクロソフトのOSがあげられる。アップル以外のPCメーカーは，ほとんどがOSにマイクロソフトのウィンドウズを搭載しており，同社への技術的依存度が高い。すなわち，マイクロソフトはPCメーカーに対して圧倒的に強いパワーを持っている。

Column ❾　企業城下町の苦境

　1990年代以降，全国各地にあった企業城下町には，苦境に立たされるところが目立ち始めた。長引く不況やアジアへの工場移転等に伴って，旧来の1社依存の取引関係が崩れたからである。

　とくに電機産業の企業城下町が衰退したのには，家電製品の生産拠点が中国へ移転したことが大きく影響している。たとえば松下電器（現パナソニック）には以前，約300社を擁した松下電器共栄会という協力会組織があった。しかし，やがて同社は，サプライヤーに対して下請けからの脱却・親離れを促すようになっていく。下請企業の淘汰が始まり，松下電器共栄会に所属する企業は2005年に半減，その3年後には3分の1となり，2012年に同会は解散した。

　その松下電器と三洋電機（後に松下電器等が吸収し消滅）の企業城下町であった大阪府門真市・守口市は，主力工場の海外移転で法人市民税がピーク時の3分の1にまで減少した（2008年）。近郊の東大阪市にも，1980年代前半には1万社近くの中小企業があったが，現在は6000社ほどに減少している。

　2008年は，リーマン・ショックの影響も大きかった。茨城県日立市・ひたちなか市は日立製作所の企業城下町として発展してきたが，リーマン・ショックにより同社への依存度が高い中小企業は逆風にさらされた。

　さらに2010年代初頭の急激な円高局面において，岐阜県にあったソニーの美濃加茂工場が閉鎖され，県内の下請企業は大きな打撃を被った。前出の三洋電機については，もう一方の企業城下町として関東で栄えた群馬県大泉町でも，白物家電の生産が海外移転する中で製品出荷額が減少した。

　一般に，中小サプライヤーは顧客である大企業に対して立場が弱く，大企業が交渉力を行使してサプライヤーに値下げを迫る行為は「下請いじめ」とも呼ばれる。これらの背景に，中小サプライヤーによる大企業への資源依存があると見ることもできる。典型的には，サプライヤーが自社の売上の多くを特定の顧客大企業から上げていると，その依存関係から両者の間に大きなパワー差が生じ，それに基づいて顧客側が強い交渉力を発揮するため，値下げ要求等に抗しきれない可能性がある。

　サプライヤー・システムでは，各階層においてサプライヤーによる特定顧客への依存が見られる。最終メーカーへの売上依存度が高い1次サプライヤー，その1次サプライヤーへの依存度が高い2次サプライヤー，その2次サプライ

ヤーへ依存する３次サプライヤーといった形である。それぞれ階層で上に位置する企業が，自社に売上を依存している相手に対して，相対的に強いパワーを持つ。このような階層構造は，自動車だけでなく機械製造業や造船業にも存在する。多数の中小企業がかかわるため，企業城下町が形成されることも多い（Column ❾）。

▎外部抑圧からの脱却

　前述の通り，依存関係においてはパワーを持つ側が交渉で有利な立場を占め，価格交渉や契約などで圧力をかけることができる。他方で，パワーのない側が不利な価格設定・契約条項を強いられることを，外部抑圧と呼ぶ。

　外部抑圧を避けるには，技術依存度や売上依存度が高い相手への対抗が焦点となる。手立ての１つは依存度を下げることである。たとえば，顧客を増やすことで売上を大きく依存している特定顧客への依存度を引き下げる取り組み（後述）は，これにあたる。もう１つは，外部抑圧を取り込む，すなわち外部抑圧をかけてくる可能性のある相手を取り込むことである。たとえば，前述したように，自動車産業ではサプライヤーが出向・転籍という形で顧客から人材を受け入れることがあるが，これなどもその一例である。顧客は，自社の元役員や幹部を受け入れた企業に対して，価格交渉等で無理な要求をしにくくなるからである。

　１つ目の依存度の引き下げについて，特定の顧客に売上を依存している中小のサプライヤーが，その依存度を引き下げたいのであれば，新しい顧客を増やすことが望ましい。しかし，サプライヤーにとって，その取り組みは単純によいことばかりともいえない。なぜなら，特定の優良顧客に依存すれば受注量が安定し，大量生産が可能となるため，コストダウン効果が働きやすいからである。幅広い顧客と取引すれば，依存度は引き下げられるが，１社当たりの受注量も少なくなる。そうしたもとでは大量生産によるコストダウン効果が働かず，部品単価を下げにくくなってしまう。

　これ以外にも，特定顧客への依存にはメリットを伴う場合がある。顧客側にしてみれば，自社に依存しているサプライヤーのほうが自社向けの開発・生産活動を優先してくれるし，部品の安定供給元になる。一方でサプライヤーの側も，特定顧客に依存し，顧客からの改善活動等の指導・支援を受けたほうが，品質が安定し，生産性も高めやすくなる。

Case3-②　金属加工業における町工場と顧客のマッチング：キャディ

　キャディは 2017 年に設立されたスタートアップ企業で，金属加工等製造業の受発注を仲介するプラットフォーム（▶第 **10** 章）を手がけている。大手企業から特注部品の加工を受注し，専門技術を持つ町工場等で加工して納品する仲介業である。人工知能を使って図面を自動解析し，製造原価や必要な技術を割り出した上で，提携する数百社の中小企業から適切な加工技術を有する企業を選び出す。

　製造業では，工程の自動化が進んでいる半面，町工場等との受発注はアナログのままであることが珍しくなかった。すなわち，人的なつながりを頼りに発注先を探して，紙の設計図面で見積もりをとる。大手企業であれば調達担当者が取引履歴から発注先を探すのだろうが，より優れた新規の加工メーカーを探し出すことは難しい。

　キャディは，こうした仲介に技術革新をもたらした。全国から発注先の中小企業を探せるという点で大手企業に高い利便性を提供しているが，町工場にもメリットが大きい。というのも，手作業による見積もり対応を強いられることは，町工場にとって負担が大きかったからである。キャディを利用することで，町工場は負担が軽減され，得意分野の技術向上へいっそうの注力が可能になる上，プラットフォームが併せ持つ営業的機能によって，それまで取引できていなかった大企業との取引を増やす可能性も開かれる。

　すでにキャディを利用したメーカーは延べ 6000 社以上にのぼる。輸送機械，包装機械，水処理プラントなど，幅広い分野の部品加工に対応してきた。そこでは，従来の特定顧客に依存した関係からの離脱が始まっている。

　たとえばコアマシナリー（機械加工，京都府福知山市）は，かつて 1 社の顧客に売上の大半を依存していたことから受注の変動が激しく，最大で 20 分の 1 という大きな落ち込み幅も経験した。コロナ禍で従来顧客からの受注はさらに減少したが，キャディからの受注が安定しているという。また，シンカ工業（機械加工，静岡県袋井市）は，試作・工作機械・金型などをそれぞれ受注していたものの，大手工作機械メーカーからの受注が 10 分の 1 に縮小したことで売上が 25 ％減少してしまった。しかし，キャディ経由で自動車部品を受注できたことを受け，今後は同社経由の受注割合を 30 ％に引き上げていく予定とのことである。

自動車産業では，自動車メーカーと１次サプライヤー，および１次サプライヤーと２次サプライヤーの間で，特定顧客への依存傾向が強い。それには，顧客側がサプライヤーを依存させているとはいえ，過度な買い叩きはしないという実態が影響していると考えられる。

　たとえばトヨタの原価低減要求は，現実的に可能な範囲であるという。また同社は，相手側に重度な過失がない限り，完全に取引関係を打ち切ることはない。トヨタ側は，系列企業を依存させながらも，買い叩きによる短期的なコスト削減よりも安定供給を優先し，系列企業側は，トヨタに対する品質・生産性等の改善活動を優先することで，漸進的なコスト削減を進められる。このような形で両者は，長期的な共存共栄を図っているのだろう（とはいえ，トヨタも競争原理を働かせるために，１社だけに発注せず，２〜３社を競争させている。業界によって，環境の不確実性，部品標準化の程度，生産量の多寡が異なるため，望ましい関係も違ってくると考えられる）。

　ただ，自動車産業でも，日産自動車の系列が解体されたことなどを機に，サプライヤーの特定顧客への依存は薄まりつつある。また，従来の階層構造の外に新たな仲介業者が現れることで，外部抑圧からの脱却につながる動きも見られ始めている。**Case3-②**で紹介したキャディのプラットフォームでは，マッチングによって中小企業が新しい取引関係を築いている。

⑤ IoTとサプライヤー・システム

　ここまで，学術的な理論に基づいてサプライヤー・システムを検討してきたが，最後に現代的な潮流として，注目を集めるIoT（internet of things）との関連を見ておこう。IoTとは，身の回りのあらゆるモノにセンサーが埋め込まれ，それらと人がインターネットでつながることである。IoTにより，スマートフォン・自動車・家電製品等の使用状態，生産における工場の稼働率，流通における在庫状況等が把握されて，従来よりも飛躍的に顧客に対するサービスが向上し，企業の生産性が高まることが期待されている。

　たとえば自動車産業では，自動車メーカーと１次サプライヤーの間では受発注システムが稼働しているが，２次・３次の中小企業とは電話・ファクシミリ等による受発注が多く残っており，発注時期や発注量のブレも大きい。そうし

た中，自動車部品の加工メーカー武州工業（東京都青梅市）は，生産量・在庫・不良品率等の工場内データを活用し，取引の適正化に乗り出している（『日本経済新聞』2022年3月17日）。工場内ではセンサーやスマートフォン等が計400台稼働して，従業員は過去10年分の受注データや製造コストを参照しながら顧客にデータを提示し，価格改定や製品廃止の交渉を行っているという。

　ただ IoT は，このように単一企業の工場内にとどまらず，企業間で導入することによって飛躍的に生産性を高める可能性を秘めている。とりわけ中小企業においては IoT に対する認識が不十分な現場も多く，IT 技術者も不足しているが，若手経営者への世代交代を進め，デジタル化に対応した人材の雇用・育成を推進していくことは，最重要課題の1つといえる。

　しかし，日本企業は製造業に強みを持つ一方で，IT 産業の競争力は低い。世界的に見ても IT 産業の中心はアメリカ企業で，ほかに目立つのは中国企業である。とくに消費者向け IT サービスでは，アメリカ企業が圧倒的な強さを誇っている。こうした分野のグローバル市場において日本企業に勝ち目を見出すことは容易ではなく，国際競争で生き残るには競争力の高い分野で強みを活かした IoT に取り組むことは，合理的判断と考えられる。製造業の IoT は，日本が勝負できる分野の1つといえるだろう（とはいえ，自動車産業においても自動運転の普及などによってソフトウエアへの移行が進んでおり，従来の日本の強みが弱みに変わる可能性はある）。

　産業の発展には経路依存性（▶第 **12** 章）があり，歴史から逃れることは難しい（不可逆性）。この点を踏まえれば，過去の遺産を活用し，工場やサプライヤー・システムの強みを活かすことは十分考えうる。製造業において，工場はデータの発生源である。生産性を高めるには，企業内部および企業間のデータを取得・分析する必要があるが，そもそも工場と機械設備を保有し，製品・部品等のハードウエアを生産しなければ，データ収集はできない。その点で，製造業の強い日本やドイツは，製造業の IoT に関して優位に立っている面がある。

　IoT によって，従来のサプライヤー・システムをめぐる関係性に変化が生じる可能性もある。製造業における顧客とサプライヤーの関係がより参入と退出が容易な市場型の短期取引になっていくかもしれない一方で，開発期間を短縮するには早期の情報共有が必要なため，より強固な関係性が生じることも考えられる。したがって，一概に長期継続取引・系列取引がなくなるとは考えにくく，変化の方向性は製品・技術特性によって異なっていくだろう。

① 大手メーカー（日産，ホンダ，ヤマハ，日立製作所，パナソニック，キヤノン等）と中小企業との部品・材料取引について，取引コスト理論と資源依存理論を使って説明してみよう。なぜ，その理論があてはまりやすいのかも考えてみよう。

② 企業城下町や地場産業の産地におけるサプライヤー・システムがどのように変化しているか，新聞記事等で調べてみよう。

さらに学びたい方へ ┃ **Bookguide ●**

● 伊藤元重［2021］『マネジメント・テキスト ビジネス・エコノミクス（第2版）』日経 BP 日本経済新聞出版本部。

　　おもにミクロ経済学の視点でビジネスの現象を説明していく教科書。取引コスト（資産特殊性，人質）の内容等についても平易に解説されている。

映像資料紹介 ┃ **Movieguide ●**

● ユーチューブ動画「TBS NEWS DIG Powered by JNN　ホンダ企業城下町のいま～EV 化の波と 2025 年の工場閉鎖～【Biz スクエア】」2021 年，12 分

　　電動化が進む自動車産業において，ホンダの真岡工場（エンジン部品工場）が 2025 年に閉鎖する。ホンダに依存してきたサプライヤーが，飛行機部品，半導体，光学系等の分野へと顧客を拡大していく様子を取材している。

● ユーチューブ動画「DESIGN ASSOCIATION npo【CADDi 加藤勇志郎 1/4】120 兆円市場に殴り込む "CADDi" はまさに梁山泊。30 歳の CEO，モノづくり産業の革命児登場！8 月 6 日 #40」2021 年，24 分

　　創業者・加藤勇志郎が，階層的な下請構造を解放して製造業に新しい調達のあり方をもたらし，製造業の可能性を追求するキャディの存在意義を語る。

● テレビ「ガイアの夜明け　第 984 回 町工場リボーン！～日本の "ものづくり" 激変～」2021 年，45 分

　　経済番組でキャディを中心的に特集した回。各町工場が得意とする技術や設計図面をデータ化し，600 社以上の町工場と 4000 社以上のメーカーをつなぐシステムをつくり上げることで，日本の町工場の再生を図る。

中小企業と社会ネットワーク

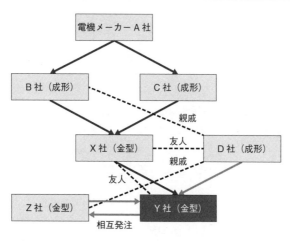

注：矢印は取引関係，点線はその他の社会ネットワーク。
出所：加藤［2016］をもとに筆者作成。

東大阪地域の中小企業 Y 社の取引関係

　上図に，右下の中小企業 Y 社が受注するまでの取引関係が示されている。ま
ず電機メーカー A 社から B 社・C 社に対して部品が発注され，同業の金型メー
カー X 社を通して，Y 社は仕事を受注した。なお，Y 社は同業の Z 社との間で，
仕事を相互発注する関係にある。

　この X 社と Y 社の経営者は，友人同士であった。ここには，それら以外にも，
経営者間の社会ネットワークが介在している。B 社と D 社，D 社と Z 社の経営
者は，親族関係にある。X 社と Y 社だけでなく，X 社と D 社の間にも，友人同
士のつながりがある。本章では，社会ネットワークの特徴を踏まえた上で，中小
企業がそれらをどのように活用しているのかを見ていこう。

社会ネットワークにはどのような特徴があり，中小企業はそれをどのように活用しているのだろうか。

社会ネットワーク　　探索と活用　　両利きの経営　　事業転換

本章に関連する理論や概念

● 社会関係資本

　さまざまな定義があるが，個人や集団が利用できる善意のことであり，信頼，規範，社会ネットワークといった，相互利益のための調整と協力を促進するものである。平たくいえば，人々が他人に対して抱く「信頼」，「情けは人のためならず」「お互いさま」「持ちつ持たれつ」といった「互酬性の規範」，人や組織の間の「ネットワーク」のことである（稲葉[2011]）。

● 弱いつながりの強さ

　社会ネットワークには，弱いつながりと強いつながりがある。弱いつながりにおいては，人々の交流頻度が低いため，普段つながっていない人同士をつなぐという点で，情報を橋渡しする効果が生じる。一方，強いつながりにおいては，人々の交流頻度やつながりの密度がすでに高いため，情報の橋渡し効果は低い。つまり，強いつながりでは情報が親しい関係の中に滞留してしまうが，弱いつながりでは遠く見知らぬ人にまで情報を流せる可能性がある。したがって，幅広く情報を入手するには弱いつながりが適している。

本章では，中小企業と社会ネットワークについて，社会ネットワーク（第１節），地場産業などにおける中小企業と社会関係資本（第２節），弱いつながりの強み（第３節），中小企業のつながり方の課題（第４節）という順で見ていく。

1 社会ネットワークとは

社会ネットワークとは，一言でいえば，人（あるいは企業等）のつながり，人脈のことである。組織の中で，経営者や従業員は，各々がさまざまな人脈を有している。たとえば，営業・開発・製造およびスタッフといった形で部門分けがなされている会社を考えてみよう。業務に関する日々の情報交換や対話は，階層ごとの幹部社員同士あるいは一般の従業員同士や，各部門内の上司・同僚・部下の間で行われるだろう。人脈は，これらの人々の間に形成されていく。また，営業であれば，既存顧客と関係を強化したり，新規顧客と関係を取り結ぶなど，組織の外にいる人々にも接近していかなければならない。そうすると，人脈は社外にも形成される。

こうしたことは，企業の規模に関係なく生じる。したがって，中小企業の事業活動にも，種々の人間関係や取引関係が伴う。たとえ小さな商店であっても，商店主と仕入先や得意先との間には人間関係がある。それらの中で，新しい顧客を探しているときなどに，既存顧客や仕入先に紹介を依頼するといったことは十分に考えられる。多様な相手と取引のある仕入先は，自分の知らない情報を持っている可能性が高いからである。また，対象を広げると，共同開発の協力者，金融機関，地域住民などとの間にも，社会ネットワークを見出すことができる。

このように，現実の経済活動は，市場メカニズム（需要と供給）だけで決まるわけではなく，人脈を通して営まれている。中小企業は，日々の活動において，社会ネットワーク（人脈，つながり）をどのように活用しているのだろうか。以下では事例も交えながら，中小企業の社会ネットワークについて社会関係資本や弱いつながり・強いつながりといった観点から見ていくことにしよう。

2 地場産業等における中小企業と社会関係資本

　社会関係資本とは，人々の間の信頼・規範（互恵性）・ネットワーク等を指し，端的には人がつながることで得られる善意をいう。こうした社会関係資本は，私的財，クラブ財，公共財の3つに分類できる（以下，稲葉［2011］）。個人間または組織間のネットワークは私的財，ある特定の集団内における信頼・規範（互酬性を含む）はクラブ財，社会全体における信頼・規範は公共財であるといえる（**Column ⑩**）。ただし，信頼や互酬性は，開かれたネットワークにおいては社会全般に対するもの（見ず知らずの他人に挨拶を返す，など）になるが，閉じられたネットワークにおいては特定の人や組織に対するものになるという。

　このことを踏まえて，次に取引に伴う信頼関係を見ていくが，たとえば以下のようなことである。世界最大規模の豊洲（旧，築地）ほか地方各地にも存在する鮮魚の卸売市場において，通常，小売店（魚屋）や飲食店（鮨屋）が卸売業者から直接魚介類を購入することはない。近年，中央・地方問わず大手流通業者の中には卸売業者と直接取引する例も増えてきているが，一般的には小売店・飲食店と卸売業者の間に仲買人（仲卸）が介在する。

　鮨屋を例にとって考えてみよう。老舗の鮨屋であれば大概，店主は仲買人と顔なじみである（仲買人と卸売業者の間柄も同様である）。両者の間には長年の付き合いに裏づけられた信頼関係がある。こうした関係は，取引を繰り返す中で，店主は魚の品質等について仲買人を信頼し，仲買人は代金支払い等の確実さなどで店主を信頼することによって培われていく。互酬性の規範のもと，相手が窮状にあるときには，あえて割高な値段で購入したり，割安に販売したりといった形で助け合うことも，両者の関係を強固にする。それらの結果として，老舗鮨屋の店主は，優先的によい魚を仕入れやすくなっている。

　このような信頼関係に基づいた取引が行われている市場で，新規開店した鮨屋の店主が，いきなりよい魚を仕入れることは難しい。何度も同じ仲買人のもとに通い，得意先優先で後回しにされたとしても少しずつ取引を続け，信頼を得ていく必要がある。そうした中で，もしその仲買人を裏切ったり迷惑をかけたりすれば，たちまち市場全体に悪い評判が立ち，他の仲買人からも相手にされなくなってしまう。

　イタリアは南北格差が大きいことで知られる。工業が発展した北部と，繊維等の産地が多い中部は豊かであるのに対し，産業のない南部は貧しい。社会学者のロバート・パットナムは，イタリアの北部と南部との間では公共政策のパフォーマンスに大きな差異が生じており，その背景に社会関係資本の差があることを発見した（パットナム［2001］）。イタリア北部の地域共同体では，市民個人が社会・政治・経済への参画意識を高く持っているため，自発的な協力が生じやすく，信頼，互恵性，市民参加のネットワークといった社会関係資本が蓄積されていた。それに対してイタリア南部では伝統的に，自分の町や狭いコミュニティ（コムーネ）には緊密なつながりがあるが（イタリアには数千のコムーネがある），そこを離れるとつながりや参画意識が希薄だった。こうした社会関係資本の違いが，両地域の政策効果の差となって表れていたのである。

　イタリアは，19世紀半ばに複数の王国・公国が統合されて統一国家となったが，元来は異なる歴史を持つ国々の連合体である。ヴェネチア，フィレンツェ，ジェノバといった都市国家を生んだ北・中部では，平等な市民社会が形成された。一方，シチリア王国による支配が続いた南部において，人々は長く為政者と臣民という関係のもとにあった。人を信頼できることや，人々が協力できることは，当たり前ではなく，歴史の産物なのである。公共財としての社会関係資本の蓄積は，その社会・人々の歴史そのものといえる。

　そもそも鮨職人の独立・開店は，「のれん分け」という形をとることが一般的であった（たとえば，銀座の名店・すきやばし次郎も，日本橋・六本木・豊洲等にのれん分けした店舗を持つ ▶第11章Column❷）。親方（店主）―弟子の徒弟関係にも信頼という社会関係資本があるため，弟子が親方と喧嘩別れして独立しようものなら，さまざまな困難が伴う。上述のような卸市場の狭い人間関係のもとで不和を生じさせてしまい，仲買人と顔なじみの親方が「独立したアイツ（弟子）とは取引しないように」といった圧力をかければ，仕入れができなくなるだろう。これは，「独立するのならのれん分けを受けた上で」という暗黙の了解を破った者に対する制裁である。

　同様の関係性は，地場産業の中小企業にも見られる（▶第1章）。地場産業の産地では，同業者組合（地域内の業界団体）が結成されていることが多い。そこに参画する多数の同業企業は，競合しつつ協調している。組合内には老舗企業

Case4-① 神戸のパティシエの独立

　神戸の洋菓子業界には，職人の独立をめぐって暗黙のルールがあるという（森元［2009］）。実力のある洋菓子職人（パティシエ）が独立すると，その者が修業していた洋菓子店にとっても脅威となる。それを避けるために，修業に行っていた店と同じ商品はつくらない（模倣商品の禁止），その店の近くでは開業しないといったことが，暗に了解されている。業界内の監視により，ルールを破った者は制裁される。たとえば，かつてはパティシエにとって最も警戒すべきことの1つに，レシピの流出があった。もし，ある店の弟子が独立開業した新規店の商品が，修業した店と同じであることが判明すれば，裏切り行為として同業のパティシエや供給業者の間で噂となり，修業した店と取引のある原材料メーカーは，新しい店に材料を卸さなくなる。食材のみならず，店舗設備の関連業者や，容器等のメーカーからも，協力を得られなくなる可能性がある。

　また模倣商品は，修業した店だけでなく，顧客への裏切りにもなる。顧客は，パティシエの個性があふれる店に出迎えられることを望み，独創性のある商品をつくるパティシエを応援しようとする。職人を応援するパトロンのような存在になりたい贔屓客がいるのである。安易な模倣は，そういった贔屓客を裏切る行為であり，その結果，パティシエは支持を失い，顧客は店に足を運ばなくなるだろう。神戸を含む関西圏には，親子2代・3代にわたって定住し，同じ店に通うといった文化の見られる街がある。そうした街では，一時の流行よりも，末永く愛してくれる固定客が重要なのである。

　ただし，このように「模倣商品は贔屓客に対する裏切りである」といった規範が成立するのは，神戸が狭い街だからであるとも考えられる。東京のように流動性が高く，世代を超えた土着があまり見られない巨大都市では，こういった規範は成立しづらい。市場規模が大きくなれば，模倣商品を監視し，制裁を科すことは難しい。また，流動性が高い中では，固定客の獲得よりも，時代の流行に合わせた商品づくりが必要となる。常に流行を消費していく東京は異質ともいえるが，市場規模が大きく，いつも変化が求められている中では，模倣商品が売れ続けていくこと自体が考えにくく，模倣行為も潰し合いに直結しないのかもしれない。職人の世界に人間関係のもめごとは付き物であるが，こうした場所であれば，職人は修業した店と義理堅い関係を結ばずとも独立しやすいだろう。しかし，その半面，顧客も移り変わりやすく，閉店も頻繁に生じる。

や中堅企業を中心とする序列が見られ，信頼・互恵といった規範が共有されていることが多い。経営者同士，組合のみならず商工会議所の活動や出身校の同窓会などを通じて公式・非公式に交流している。祖父や父の代から続く付き合いも珍しくない。こうした狭い地域に集まる人同士の濃密な関係において，互いに親しみを覚えるのは必然ともいえ，深い対話もできるため，信頼を築きやすい。そのことが，従業員の引き抜きをしないといった規範の遵守につながっている。

　たとえば扉頁で見た東大阪地域における金型メーカーのネットワークには，もともと高度成長期に九州・四国等から集団就職で大阪にやってきた者が多く，人々の間に同郷・血縁のつながりがあった。同地の金型メーカーでは，雇用者が金型職人の独立を推奨しており，職人たちは各メーカーで働いた後，独立・創業した。独立した職人の事業所は，もといた金型メーカーの下請けになることが多かった。新しい事業所が創業間もないころから新規顧客と取引するのは難しく，狭い人脈の中では，もとの雇用者から仕事を受注するしかなかったのである。

　加えて，大企業との直接取引が難しい零細企業が，同業者からも仕事を請けるようになった結果，相互発注がされるようになっていった。同業の仲間が仕事を回し合う取引慣行である仲間型取引ネットワークは，こうして生まれたものである（加藤 [2016]）。このようなネットワークは，仲間に仕事を回しても，仕事を奪われる心配はないという信頼に支えられている。したがって，仲間の仕事を奪う行為は御法度で，禁じられている。仲間内では互いが行動を監視し合っており，仮に発注してくれた仲間を裏切って勝手に仕事を奪うようなことをすれば，周りにも噂が広まり，たちまち村八分にされてしまう。

　以上のように，地場産業のような狭い業界・小さな市場では，暗黙の了解・掟（規範）を遵守しているかについて，相互監視が行われている。暗黙の了解を破った者には業界内で制裁が科されることが多く，制裁の可能性によって利己的行動が抑制されている。

　というのも，暗黙の了解はクラブ財であり，関係者がその規範を守ることで成立する。もしルール違反をした者を制裁しなければ，関係者の誰もがルールを守らず，利己的行動に走ることになるだろう。たとえば金型の集積であれば，仲間同士が互いに仕事を奪い合って過当競争に陥り，価格競争が激化していく。その結果，技術力のあるメーカーまで淘汰され，優秀な技術者も他業界へ転職

といったことになれば，業界は衰退してしまう。

　このような話は巷にもある。いわゆる芸能界について，大手芸能事務所のタレントが独立すると，所属していた事務所の圧力でテレビ番組に出演できなくなるなどといった話が聞かれることがあるが，これも業界内での制裁の一例といえる。所属タレントの独立や他事務所への移籍を安易に許すと，芸能事務所はそのタレントの育成にかけた費用を回収できない。にもかかわらず引き抜き行為と移籍が横行すれば，誰も新人タレントの育成を手がけなくなる。結果的に実力のある芸能人が減ってしまえば，業界全体が先細っていくだろう。

③ 弱いつながりの強さ

┃ 弱いつながりと強いつながり ┃

　次に，社会ネットワーク（人や企業のつながり）について，病気や情報の伝播という視点から考えてみよう。ウイルスは人と人の接触を介して伝染していくし，フェイク・ニュースはツイッターなどを通して拡散されていくが，これは人のつながりが情報等を伝播する力を持つからである。このことを踏まえた上で重要となるのが，社会ネットワークに関して最も有名といってもよい**弱いつながりの強さ**（strength of weak tie）という概念である（Granovetter［1973］）。

　それでは，弱いつながりの強さとはどのようなものだろうか。ここでは強いつながりと弱いつながりを比較して考えてみよう。つながりの強さは，時間の量，感情の強さ，親密さ等で特徴づけられる。強いつながりとは，頻繁に会っている親密な関係のことをいい，職場の同僚，親友，家族等がこれにあたる。企業間でいえば，系列が該当する。系列関係ではつながりが強く（接触・対話の頻度が高く），信頼が生まれやすい（▶第 3 章）。

　しかしながら，すでにつながっている者同士では必然的に，情報共有の範囲が狭くなりやすく，遠くにある異質な情報をつかむことは難しい。読者のみなさんも自らの経験から，日ごろ頻繁に対話する学校のクラスメイトや職場の同僚から得る情報は，似たような内容が多く，異質なものが少ないと感じることはないだろうか。強いつながりでは，親しい関係者の中で情報がとどまり，互いに知っている情報がやりとりされがちである。フェイスブックのような

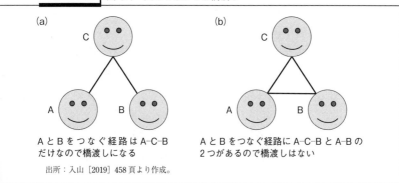

CHART | 図4.1 人のつながりと橋渡し

(a)
C
A B
AとBをつなぐ経路はA–C–B
だけなので橋渡しになる

(b)
C
A B
AとBをつなぐ経路にA–C–BとA–Bの
2つがあるので橋渡しはない

出所：入山 [2019] 458頁より作成。

SNSにおいても，つながりの強い同業の友人とは同じような話題ばかりで，新鮮味のある情報はあまり流れてこない。同窓会なども，親睦を深める上では役立つが，頻度が高まれば，そこで異質な情報を得るのは難しくなっていく。このように強いつながりでは，遠くの情報を入手したり，情報を遠くに届けたりすることが難しいのである。

　一方，弱いつながりとは，たまにしか会わないような関係，顔見知り程度の関係のことをいう。名刺やメール・アドレスを交換したことがあるのみといった程度の知人，互いによくは知らない以前からの顔見知り，SNS上で交流しているが実際に会ったことはない人などが，これにあたる。また親族であっても，親・兄弟姉妹を除いて冠婚葬祭以外に接点がない相手とは親しみや親密さを抱きにくく，弱いつながりにあたる関係が少なくない（近年は血縁のつながりが弱まり，両親・兄弟姉妹とも滅多に会わない人が多いかもしれない）。

　ところが，このような弱いつながりのほうが，遠くの情報を入手したり，遠くに情報を届けたりできる。このことは橋渡し（ブリッジ）と呼ばれる。弱いネットワークでは，人々のつながりの密度が低いために，遠くの見知らぬ人にまで，情報を効率的に流すことができるのである。

　このことを理解するために，まずは橋渡しについて考えてみよう（以下，Granovetter [1973]，入山 [2019] を参照）。橋渡しとは，「2つの点をつなぐ唯一の経路」があることである。図4.1(a)では，AとBをつなぐ経路はA–C–Bだけであり，この経路がAとBをつなぐ橋渡しである。一方，図4.1(b)では，AとBをつなぐ経路にA–C–BとA–Bの2つがあり，橋渡しは存在しない。

　この橋渡しは，弱いつながりでしか成立しない。それはなぜか。

図 4.1(a) において，A と C および B と C に強いつながりのある場合には，A と B もつながる確率が高まる。その理由は 3 つある。第 1 は交流頻度である。強いつながりでは人の接触頻度が高くなり，交流頻度が高くなるほど友情という感情が生じる。というのも，A と B が過ごす時間の量は，A と C および B と C がともに過ごす時間の量に依拠するので，仮に A と C が 60 ％の時間をともに過ごし，B と C が 40 ％の時間をともに過ごすならば，A と B がともに過ごす確率は 60 ％×40 ％＝24 ％となる。第 2 は心理的効果である。C と親しい関係にある A は，同様に C と親しい関係にある B にも親近感を抱きやすい。したがって，A と B は互いに親しみを感じ，つながる可能性は高くなる。第 3 は類似性である。人は似た者同士でつながりやすい。A と C および B と C がそれぞれ親しくし，互いに友情という感情（親近感）を育んでいくと，A も B も C に似てくる。彼らの間でさまざまな点が類似していく結果，A と B もつながりやすくなる。こうして A–B–C のいずれもが強いつながりになると，図 4.1(b) のように橋渡しが存在しない状態になってしまう。

　これに対し，図 4.1(a) における A と C および B と C の間に弱いつながりしかなく，A と C および B と C がともに時間を過ごす確率が 20 ％ずつだとすると，A と B がともに過ごす可能性は 20 ％×20 ％＝4 ％という，きわめて低い確率となる。したがって，親近感を抱くこともなく，類似性も低いままである。こうした関係においては，A–C–B が A と B をつなぐ橋渡しになる（入山 [2019] 458 頁）。

　以上からわかるように，弱いつながりの利点は，信頼を築くことではなく，つながっていない者同士をつなぐ橋渡しにある。実際，よく知らない縁遠い人とつながって得られた情報が役に立つことがある。グラノヴェッター [1998] は，転職者は転職に役立った情報を，身近な親友・家族からではなく，ちょっとした知り合いから得ていることを明らかにした。すなわち，学校や職場における人脈よりも，就職活動で知り合った他大学の学生や，パーティで知り合ったビジネスパーソンのほうが，異質な情報を持っており，就職・転職活動等にあたって思わぬ有益な情報をもたらしてくれることがあるのである。

　強いつながりと弱いつながりの間には，こういった絆の効果・橋渡しの効果以外にも，暗黙知と形式知（▶第 11 章）の共有・移転の面で相違がある。強いつながりでは，マニュアル化されていない暗黙知（勘やコツ）の共有・移転がしやすい。弱いつながりでは，マニュアル化された形式知を共有・伝達するこ

Column ⑪ 同業者の強いつながりと切磋琢磨

　同業者間の強いつながりということに関し，京都の料亭について見てみよう。婚礼等のハレの場で利用されてきた料亭は，地方都市においては官官接待等の需要に依存していたこともあって，バブル崩壊以降に廃業した例が多いといわれる。ところが，京都の老舗料亭には廃業が少なく，ミシュラン掲載の名店を含め，多数が残っている。

　京都には，料亭のオーナーシェフ（経営者兼料理人）同士の交流があるという（村田［2002］）。京都の料亭は，個々が事業承継（▶第2章）するにとどまらず，老舗同士で後継者育成の場を維持し，互恵的関係を保ち続けてきた（瓢亭，山ばな 平八茶屋，菊乃井，美山荘，木乃婦など）。そこでは，先輩が若手の後継者に助言し，世代を超えて文化が受け継がれている。これは，強いつながりによる相互扶助という，関係性の継承である。彼らは互いを競合ではなく仲間と捉え，ノウハウを公開し合って切磋琢磨してきた。

　接待・会合・婚礼・法事等には常に季節感が求められ，美的感覚が問われる。料亭では，料理の味そのものだけでなく，季節に合わせた器と盛り付け，生け花・掛け軸といった設え等に，おもてなしの心遣いを加える。その完成度を高めるには，さまざまな暗黙知（センス・感性）が不可欠である。たとえば「はんなり」という言葉があるが，その意味を正確に言語化することは難しい。曖昧で，季節や場の雰囲気を含めて表すようなところがあるため，場を共有しなければ伝えられないだろう。

　個々の料亭は京料理の伝統を引き継ぎながらも，立地や独自の歴史等を踏まえて自らの特徴を際立たせなければならない。そのために，仲間との対話を通して学びを共有しつつ，互いに差別化を促しているのである。一見すると同じような会席料理も，多くの料亭が共存して各々が差異化されていくと，京料理全体がグラデーションのように見えてくる。このことが京料理に奥行きの深さを与えている。京都の料亭の強みは，料亭同士の切磋琢磨を通じた技や美的感覚の学びによって，全体を底上げする力であるといえるかもしれない。

とはできても，暗黙知を共有・移転することは難しい。

　鮨職人の技を例にとって考えてみよう。東京・銀座の鮨店「すきやばし次郎」の店主・小野二郎は，伝説の鮨職人といわれるが，彼のレシピは『すきやばし次郎 旬を握る』といった書籍でも公開されている。しかしながら，そも

	メリット	デメリット
弱いつながり	橋渡しの効果（bridging） 遠くへつながることができる 多様な情報に接近できる	信頼の構築には不向き 暗黙知を共有・移転しにくい
強いつながり	絆の効果（bonding） 信頼を築きやすい 暗黙知（勘やコツ）を共有・移転しやすい	遠くへつながることはできない 多様な情報に接近できない

出所：入山［2019］458 頁より作成。

そも鮨の味自体が言葉で表せるものではなく，かつ，魚の捌き方・仕込みのコツ・鮨を握る塩梅なども長年の経験でしか得られない暗黙知であるため，レシピだけでは伝わらない。加えて，魚には個体差が大きく，季節によっても違いが大きいために，舌の感覚等に基づいた微調整が必要となる。こういった，鮨の味に大きな影響を与え，おいしさに違いを生み出す暗黙知を，精緻に文書化することはほぼ不可能であり，それらは師弟関係という強いつながりの中で体得・伝承されてきた。

　以上は，弱いつながり・強いつながりのメリットとデメリットとして，**表4.1**のようにまとめられる。弱いつながりのメリットは，遠くへつながる橋渡し効果である。半面，信頼を築くのに向かず，関係が切れやすく，暗黙知の共有・移転に不向きである点は，デメリットといえる。一方，強いつながりのメリットには，信頼を築きやすい絆の効果をあげることができる。暗黙知の共有・移転にも向いている。しかし，橋渡し効果の低い点はデメリットといえる。

弱いつながりを活かした事業転換：探索・活用の理論と弱いつながり・強いつながり

　前項で述べたように，弱いつながりには橋渡しという利点がある。しかしながら，弱いつながりさえつくれば，すべてがうまくいくわけではない。本項で弱いつながりを活かした事業転換について考えるにあたり，まずは**探索**と**活用**の概念を押さえておこう。

　探索（exploration）と活用（exploitation）の概念は，組織学習論の1つである。探索とは，新しい知識や技術の追求に重きを置いた学習を指し，サーチ（search），変化，リスクテイキング，実験，遊び，柔軟性，発見，イノベーションといった要素を含む。一方，活用とは，既存の知識・技術の再利用に重きを置いた学習をいい，洗練，選択，生産，効率，実行といった要素を含む

（March［1991］）。したがって，探索が新しい代替案を試みる活動であるのに対し，活用は既存の能力・技術の拡張や洗練を意味する。単純化していえば，探索は新しい知識を探すことであり，活用は既存の知識を利用することである。企業の開発活動も，新しい技術・商品・生産技術開発であれば新しい知識の探索の側面が強く，既存の技術・商品・生産技術開発では既存知識を活用する側面が強いといえる。

　探索は，試行錯誤・遊び・柔軟性・発見といった要素を含む活動であることから無駄が多い。試行錯誤を伴うため成功するとは限らず，トライ・アンド・エラーを繰り返す中で解を探し出していくしかないので，業務の生産性を高めるのには向いていない。費用対効果を考えるならば，知の活用のほうが効率的である。したがって企業は，新しい知見を得るための探索よりも，既存知識の活用（改良・改善等）が効率的であると判断し，活用のほうに傾斜しがちになる。たとえば，開発者の好奇心から偶然生まれたアイディアを商品化するより，既存商品の改良に向かいやすい。

　この問題を解決するには，探索と活用を両立する，**両利きの経営**を実践しなければならない。実証研究でも，探索と活用の両立は，企業や個人によい成果をもたらすことが解明されている。しかし，一企業の中に，新規事業のような探索活動と，既存事業における活用活動が混在すると，混乱を引き起こしかねない。それを避けるためには，組織を「探索部門」と「活用部門」に分離し，それぞれに独立性を持たせることである。たとえば，アメリカの大手新聞『USAトゥデイ』は，デジタル化に対応するにあたり，既存部門（新聞）と新規部門（インターネット配信）を分離して成功した。

　一方，個人による探索と活用の両立については，つながり方を使い分けることが考えられる。たとえば，あるプロジェクトで探索を志向するとき，経営者・技術者・商品開発担当者等は，既存の顧客・サプライヤーや同業者等にとどまらず，社内外の広い範囲に弱いつながりを求め，新たな知見をもたらす人々と試行錯誤するのが望ましい。しかし，プロジェクトが実現に向けて動き出し，活用を志向するときには，社内の各部門や既存サプライヤーとの強いつながりが必要になる。斬新なアイディアほど，反対を見越した根回しを要するため，社内調整に長けた人と連携しなければうまくいかない。

　こうした探索と活用の概念を踏まえた上で，弱いつながり・強いつながりの視点から，中小企業の**事業転換**について考えてみよう。具体的には，佐藤繊維

Case 4-② 佐藤繊維（1）：ニット糸の開発

　佐藤繊維（山形県寒河江市，1932年創業）は，ニット・セーター用の糸，ニット製品を手がける中小メーカーである（以下，谷山［2014］を参照）。2009年1月のアメリカ大統領就任式でミシェル・オバマ大統領夫人が着用したカーディガンが，同社の糸で編まれていたことでも知られる。同社は元来ニット糸の紡績とニットウェアの製造を主力事業としていたものの，企画・デザインはせず，下請生産に特化していた。紡績部門は，おもに商社の繊維部門の下請けとして，商社から委託を受け，原料を加工する。ニットウェア部門は，アパレル・メーカーの下請けとして，ニットウェアの OEM 生産（他社ブランドの受託生産）を行う。それが1990年代後半以降，自社企画のニット糸と自社製品への転換を図り，欧米の高級アパレル市場に参入して海外見本市等で成功を収めた。下請生産者から，独自技術を開発し，自社ブランドを持つアパレル・メーカーへと，事業転換したのである。本欄ではまず，ニット糸の開発経緯を見ていこう。

　1990年代後半に上述のような下請事業からの転換を迫られるようになった原因は，中国製の安価なニット糸との価格競争と，アパレル・メーカーによるニット製品の海外移管であった。1992年入社の佐藤正樹（現，4代目社長）は強い危機感を覚えていたが，1997年にイタリアのニット・メーカーの工場を訪問する機会があり，そこで大きなヒントを得る。きっかけは，糸を購入していたメーカーから工場見学の誘いを受けたことであった（弱いつながり）。現地で受けた衝撃を，佐藤は次のように振り返っている。「そのニット工場の職人たちは，われわれが使っているのと同じような機械を自分たちで改良し，古い機械の柔軟性も活かしながら，実にさまざまな種類や特徴を持つ糸をつくっていたんです。その発想や糸の色味など，全てが私の想像を超えたものばかりで，『こんなことができるのか』と目から鱗が落ちることの連続でした。（略）糸を製造している人たち自身が，自分たちのつくりたい製品を糸からつくっていたんです」（『Forbes JAPAN』2021年9月24日）。

　糸職人が自ら企画しトレンドを発信するイタリアのニット工場のあり方は，日本のファッション産業とは大きく異なるものだった。日本では，ヨーロッパの展示会やショーを参考に，アパレル・メーカーのマーチャンダイザーやバイヤーが次のトレンドを予測・分析する。アパレル・メーカーは，その予測・分析に基づいて商社に原料を発注し，ニット糸メーカーが生産する。イタリアとの大きな違いを痛感した佐藤は糸づくりを見直し，帰国後，イタリアと同様に自分たちしかつくれない自社オリジナルの糸づくりを模索し始めた。

翌 1998 年，佐藤の指揮のもとニット糸の開発・生産への挑戦が始まった。最初の特殊形状糸の開発には 5 年の歳月を要した。当初，現場の技術者は新しくデザインした糸（探索）について，つくることはできないと否定的だったが，佐藤は粘り強く説得した。開発・生産の中心を担ったのは，30〜40 年の現場経験を持つベテラン技術者たちであった（強いつながり）。彼らは日々の業務の中で糸を細くするために必要なノウハウ（紡績機のギアを改造する技術）を培っており，苦労しながらもそれを駆使して（活用），独自の糸の生産に成功した。

　それは，モヘア糸（原料はアンゴラヤギの毛）を限界まで細くし，アルパカ糸，ウール等を混ぜ合わせた独自の糸で，イギリス式・フランス式・イタリア式の 3 種類の紡績機を併用して生産される（活用）。機械は廃棄処分寸前の古いものだったが，それに目を付けたことについては，「最新の機械は，低コスト化・効率化の性能に優れているだけで，つくられる糸の品質が高いわけではない。一方で古い機械は，昔は粗悪な原料が多かったので，さまざまな原料にも対応する柔軟な構造になっている。逆転の発想で，古い機械を使うことで新しい糸づくりができるのではと考えました」と述べている（佐藤［2016］）。

　特殊形状糸は業界新聞の 1 面にカラーで掲載され，業界でかなり話題になった。しかし，汎用の全自動編み機には対応していなかったため，国内のニッター（編み立て業者）では加工ができない。佐藤繊維の糸は日本市場では受け入れられず，海外販売を試みることになった。

　ニット糸の海外展開は，**Case 4**-③で取り上げる自社ブランドの海外展開と密接に連携している。同社ブランドのニット製品がアメリカ市場で成功したことを契機に，ヨーロッパへの進出を果たしたのである。そしてヨーロッパでは，アパレル・メーカーからニットの OEM 生産の依頼を受けたが，それは断った。すると，イタリア最高峰の素材見本市（ピッティ・フィラティ展）への出展を勧められた（弱いつながり）。2007, 2008 年と出展したところ，ヨーロッパの高級ブランドなどと多数の取引が開始するに至る。ところが，リーマン・ショックの影響で急激に進んだ円高によって，輸出価格が 50 ％も上昇した結果，約 700 件あった海外ブランドからの注文は大半がキャンセルとなってしまった。厳しい状況に追い込まれたものの，大量に糸を発注してくれたシャネルとの取引により海外事業を継続できた。シャネルはコレクションで佐藤繊維のニット糸を使用した商品を大々的に発表し，これによって佐藤繊維は，高品質のニット糸メーカーとして世界のブランドから認知されることになった。

　ニット糸の開発・生産に成功した後，佐藤正樹は，そのニット糸を用いたアパレル製品をつくり，ノーブランドで自社販売を試みた。製品としては OEM 生産しているものと同等とはいえ，知名度がないため評価されなかった。そこで，妻でファッション・デザイナーでもある佐藤今日子が中心となって，自社ブランドの開発に着手した（探索）。佐藤繊維の特殊形状糸は通常の 3 分の 1 の軽さであり，ニット製品のデザインの幅を広げるものであった。

　しかし，自社のニット製品は，国内市場では，同社に生産を委託している既存顧客の製品と競合してしまう。顧客からも圧力をかけられて，当初狙っていた若年層からターゲットを変更せざるをえなくなり，ミセス向けの高級ブランドとした。そして 2000 年，日本で開催された国際見本市（JFW ジャパン・クリエーション）に出展したところ，そこで知り合ったアメリカ人バイヤーが商品を高く評価してくれた。そのバイヤーの紹介で（弱いつながり），アメリカの展示会への出展が実現し，アメリカで自社ブランド M.&KYOKO を展開できることになった。さらにニューヨークの展示会へ出展すると，今度はそこで知り合った日本人バイヤーを介して（弱いつながり），逆輸入の形で日本でも製品が認知されるようになった。

　海外進出にあたっては，高級品の価値を評価できるバイヤーが集まる，高水準の展示会に焦点を絞ったという。モヘア糸を原材料とする希少なニット糸を

という繊維メーカーにおける，ニット糸（**Case 4-②**），およびニット商品（**Case 4-③**）の開発事例を見ていくこととする。

4　中小企業のつながり方の課題

　技術・商品開発にあたって，中小企業はとりわけ，コア技術を見直し，自社の強みを再確認することが肝要である。安易に他社を模倣すると，自社の強みを否定することになりかねず，強みの再確認は必要不可欠である。また中小企業が，機械設備へ投資して大量生産を推進し，工場の稼働率を上げて生産性を高めるといった形の競争で，大企業に勝つことは難しい。デジタル化が遅れていることの多い中小企業にとって，IT 投資は避けられない課題ではあるもの

用いた日本製の商品を輸出すると，競合よりどうしても高価格になるからである。また，バイヤーの目につくように，2つのことに注力した。第1に，流行を追わず，トレンドとは異なる製品をつくり，しかもニューヨーク市場に狙いを定めた。働く女性をターゲットに黒を基調としたファッションが主流であった同地の市場に，他ブランドを模倣せず既存の通念から外れた色彩豊かでナチュラルテイストを基調とした製品で参入したのである。第2に，ブランドのストーリーや世界観をバイヤーにわかりやすく伝えることに努めた。新しいニッチ市場を切り開くには，新たな顧客層を発掘する必要がある。佐藤らは，「先代から受け継いできたニット糸の紡績，ニットウェアの製造技術をもとに，夫が世界中から厳選した原料を，妻がデザインし，ニットウェアを製造・販売する」というストーリーを前面に押し出した。

　ブランドの製品は，自社のアンテナショップのほか，百貨店や小売店などで販売している。また，アメリカの展示会でショップチャンネル（テレビ通信販売会社）の局員と知り合ったことが縁となり（弱いつながり），テレビ通販を始めた。その後，以前から行っていたインターネット販売を，テレビ通販に切り替えていった。より多くの顧客に，上述のようなストーリー・世界観を示しつつ自社ブランドを訴求するには，実感をもって伝えられるテレビショッピングが効果的だったという。

の，低付加価値作業の効率化だけでなく，高付加価値工程の効率化まで図ってしまうと，却って模倣が容易になる恐れもある。

　中小企業は高付加価値化を追求しなければ生き残れない。付加価値の高いニッチ分野に特化するには，人の手による作業，アナログ的な部分を残すのが大事になってくることも多い。とくに，人の感性に訴求する商品を創ろうとするならば，人の手による表現力を駆使し，作り手の思想・哲学を吹き込まなければならない。マニュアル化・機械化や，それに伴う量ではなく，質を追求すべきである。機械に代替されないことこそが希少性につながり，付加価値を高めるのである。

　Case 4-②・**Case 4**-③からもわかる通り，技術・商品開発は，アイディアだけでは実現できない。佐藤正樹がニット糸の開発に取り組んだのには，弱いつながりが契機となっていたが，それを商品化できたのは，佐藤繊維のベテラ

ン職人と強いつながりを有していたからである。イタリアでヒントを得たとしても，古い繊維機械を使いこなす熟練工の技術なくしては，到底ニット糸は開発できなかったわけである。

このように，知の探索を活かすには，知の活用が必要である。技術ノウハウを蓄積し，それらを活かす熟練工を抱える中小企業は数多い。アイディアを具現化するのに，社内の強いつながりは軽視できない。社内で技術ノウハウ（暗黙知）を伝承する上でも，強いつながりは不可欠である。

弱いつながりの強さを活かすには，幅広い人脈を持つ必要がある。SNSを活用したり，ちょっとした異業種の会合に出席したり，趣味のサークルや食事会に参加したりといった形で，社外とつながることも大切であるのは間違いない。しかしながら，弱いつながりを用いて探索活動を進めれば成功するというほど単純ではない。探索と活用を両立する両利きの経営こそ重要であり，それには弱いつながりと強いつながりが相互に補完する関係になければならない。どちらかだけでは技術・商品開発は難しく，事業転換を推進できない。

弱いつながりに囚われすぎると，強いつながりを軽視してしまうし，強いつながりに囚われすぎると，弱いつながりを軽視してしまう。両方を使いこなすには，足下を見失わず，バランス感覚を持つことであろう。

EXERCISE

① 地場産業が衰退した事例について，社会関係資本の視点から調べてみよう。
② 中小企業が事業転換した事例を調べ，弱いつながりと強いつながりという2つの視点から分析してみよう。

さらに学びたい方へ | 　　　　　　　　　　　　　　　　　　　　Bookguide ●

● 稲葉陽二［2011］『ソーシャル・キャピタル入門──孤立から絆へ』中公新書。
　　絆や互酬性といった社会関係資本がどのような役割を果たしているのかについて，さまざまなトピックをもとに学ぶことができる。

● ユーチューブ動画「BS テレ東 グロースの翼〜350 万社の奮闘記〜『ファッションの元を生み出す』」2021 年，24 分

　　Case 4-②・Case 4-③で取り上げた佐藤繊維が，自社で独自の糸・製品をつくるまでの開発ストーリー。

起業の民主化と理論的視角

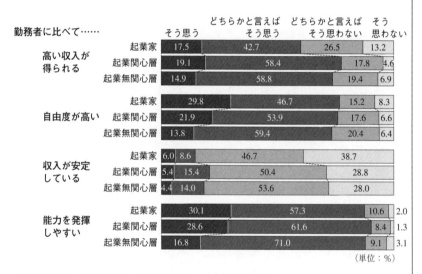

勤務者に比べて……		そう思う	どちらかと言えば そう思う	どちらかと言えば そう思わない	そう 思わない
高い収入が 得られる	起業家	17.5	42.7	26.5	13.2
	起業関心層	19.1	58.4	17.8	4.6
	起業無関心層	14.9	58.8	19.4	6.9
自由度が高い	起業家	29.8	46.7	15.2	8.3
	起業関心層	21.9	53.9	17.6	6.6
	起業無関心層	13.8	59.4	20.4	6.4
収入が安定 している	起業家	6.0 / 8.6	46.7	38.7	
	起業関心層	5.4 / 15.4	50.4	28.8	
	起業無関心層	4.4 / 14.0	53.6	28.0	
能力を発揮 しやすい	起業家	30.1	57.3	10.6	2.0
	起業関心層	28.6	61.6	8.4	1.3
	起業無関心層	16.8	71.0	9.1	3.1

(単位：%)

注：回答者数は，起業家 515 人，起業関心層 933 人，起業無関心層 524 人。
出所：日本政策金融公庫［2017b］より作成。

起業家のイメージ

　みなさんは，起業家と聞くと，どのような人物を思い浮かべるだろうか。上のグラフは，起業家に抱くイメージに関する調査結果である。これらから，起業家は勤務者に比べて「高い収入を得られるが不安定」で「自由度が高く」「能力を発揮しやすい」と見なされる傾向にあることがわかる。では，起業家とはどのような人物か，具体的に説明できるだろうか。どのようなプロフィールの起業家が，どのように起業し，どのような仕事生活を送っているのだろうか。

1. 起業は特別な行為なのか。起業家の実態はどのようなものか。
2. 起業家に関する研究はどのような展開を遂げているのか。起業を理解するための主要な視点はどのようなものか。

KEYWORD

起業（家）　規範　複業・副業

THEORY & CONCEPT

本章に関連する理論や概念

● 社　会　化

　ある社会に新規に参入する者が，その世界の価値や規範，すなわちどのような態度や振る舞いが望ましいのか否かを身につける過程。主として，個人が幼年期や青年期，成人期といった人生の各段階で，社会や所属する集団が求める態度・行動をいかに身につけていくか，また個人が市民や労働者，家族などの社会的役割をいかに学んでいくか，などに関する議論が重ねられている。

● バウンダリーレス・キャリア

　経営学者のアーサーによって提唱された，企業や職業の境界を横断しながら形づくられるキャリア。①個人のアイデンティティや信念が雇用主から独立している，②特定の組織外でも仕事関連の知識や技能を活用できる，③人的ネットワークが特定の組織を超えて職業や産業単位に広がっている，といった特徴がある。

本章では，起業に関する導入部として，まず，各種調査結果をもとに起業家のイメージではなく実像に迫る（第1節）。次に，複業など起業をめぐる近年の動向を概観する（第2節）。その上で，起業家という概念の整理と起業を理解するための理論的な視角を提示する（第3節）。

1 起業家とは Ⅲ▶英雄と市井の人々

　起業家と聞くと，どのような人物を思い浮かべるだろうか。今をときめくカリスマ経営者や，一代で莫大な富を築いた経営者が頭に浮かび，縁遠い存在に感じるだろうか。全国の大学（院）生を対象に実施された「最も尊敬する起業家・経営者ランキング」のトップは，ダントツでZOZOの創業者である前澤友作だった。ほかには，孫正義やスティーブ・ジョブズらがランクインしている。

　上記の調査のタイトルでは「起業家」と記されているが，「企業家」という表記も存在する。学問の世界で企業家といえば，新結合（新しい財貨〔モノ〕の生産，新しい生産方法の導入，新しい販路の開拓，新しい供給源の獲得，新しい組織の実現）を遂行し，経済社会にイノベーションをもたらす主体という，シュンペーターによる定義がよく知られている。このような表現を目の当たりにすると，市井の人々とは一線を画した傑出者が想像されうるだろう。実際，かつては，企業家が備える特別な動機や性質に注目する研究がさかんに行われていた。

　ただ，あふれる気概や才知をもとに顕著な成功を収めた経営者のみに注目してしまうと，その世界の全体像や多様性を見誤り・見落としかねない。（世襲などを除く）多くの経営者は，ある分野で起業し，何らかのモノやサービスを提供し，その対価を得るために日々長時間働いている。イノベーションの実現者はごく一握りで，一般的な雇用者と大きく変わらない収入で生活している。

　そのため近年は，**起業の全貌**を理解するために，アントレプレナー（entrepreneur）を新しく事業を始める人と定義し，**起業家**と表記したり，起業初期に注目する場合，ファウンダー（founder：創業者）と表現したりするようになっている。そこで以下（第**5**〜**8**章）では，イノベーティブな成果を上げた「企業家（と記される人々）」にとどまらず，広く「起業家」に目を向ける（以下では，特段の事情がない限り，「起業家」と表記する）。

起業の実像（1）社会における起業

　たしかに，起業家は私たちが抱くさまざまなイメージが投影されやすい存在かもしれない。そこで，まず起業をめぐる数字をもとにその実態を確認する。なお，関連調査は多数あり，規模や回答者の属性などによって結果に差異があることに留意が必要である。各調査結果の意義と限界を考慮しながら読み進めてほしい。とくに，COVID-19（新型コロナウイルス感染症）は社会の多方面に影響があり，今後，同種の調査で変化が確認されるかもしれない。

　まず，巨視的データとして，日本の開業・廃業率（非一次産業での個人企業と会社企業を合わせて算出）の推移を見てみよう（図5.1）。1975 年以降，開業率は波があるが低下傾向で，近年は 4 ％前後である。一方，廃業率は上昇傾向で，2000 年以降はおよそ 6～7 ％で推移している。また，日本の起業者（自営業主のうちの起業者約 343 万人と会社役員のうちの起業者約 134 万人）は約 477 万人で就業者全体（約 6621 万人）の約 7 ％である（総務省統計局［2018］）。

起業の実像（2）誰がどのように起業しているのか

　次に，どのような人がどのように起業しているのかを確認しよう。起業家の過半数（55.9 ％）は 30 代以下で，約 7 割（70.7 ％）は男性，約 6 割（58.4 ％）の最終学歴は大卒・大学院修了である。つまり，学士などの学位を取得していない起業家は約 4 割と決して少なくない。また，ほぼすべて（96.5 ％）の起業家が勤務経験者で，在学中の起業は稀といえる。勤務企業数は 4 社以下が約 7 割（66.0 ％），管理職（3 人以上の部下を持つ部課長またはリーダー職）経験者は約 4 割（41.0 ％）である。手がけている業種は，サービス業が 3 割超（31.7 ％）を占め，他の業種は 1 割以下である。なお，半数近く（45 ％）は立ち上げ時に勤務しており，うちほぼ全員（42.7 ％）は回答時も勤めながら事業を営んでいる。

　組織形態は，個人経営が 8 割超（84.5 ％）で，法人は 2 割に満たない（15.5 ％，個人と法人の違いは▶第 7 章）。なおこの結果は，別の調査を踏まえると，当人が積極的に選択したと推察できる。

　中小企業庁［2017］によれば，起業希望者・準備者の 8 割弱（76.4 ％）が，個人事業を目指している。また，彼らの大半は，事業の急成長を求めていない。上場や会社の譲渡・売却を視野に急拡大を目指す「高成長型」は，約 1 割（10.7 ％）である。一方，創業時の雇用や売上高を大きく変えようとしない「持

図5.1 開・廃業率の推移

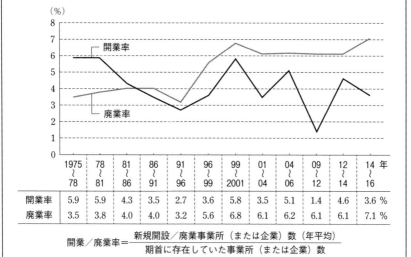

開業／廃業率＝ (新規開設／廃業事業所（または企業）数（年平均)) ／ (期首に存在していた事業所（または企業）数)

	1975〜78	78〜81	81〜86	86〜91	91〜96	96〜99	99〜2001	01〜04	04〜06	09〜12	12〜14	14〜16 年
開業率	5.9	5.9	4.3	3.5	2.7	3.6	5.8	3.5	5.1	1.4	4.6	3.6 %
廃業率	3.5	3.8	4.0	4.0	3.2	5.6	6.8	6.1	6.2	6.1	6.1	7.1 %

出所：中小企業庁［2021］をもとに筆者作成。

続成長型」は 3 割強（32.7 %），時間をかけて安定的に拡大を目指す「安定成長型」は約 6 割（56.6 %）にのぼる。

　事業従事者数は，7 割弱（65.6 %）が 1 人（本人のみ）で，9 割弱（85.8 %）が 4 人以下であることから，法人も大半は小規模企業である。主な営業場所は約 6 割（61.2 %）が自宅（一室または自宅に併設）である。自己資金のみで経営している起業家は 7 割弱（65.4 %）で，約 6 割（58.2 %）が 100 万円未満，2 割超（21.9 %）は費用をかけずに，それぞれ起業している。また，7 割強（74.7 %）の起業家は費用の調達額に満足している。売上（月）は，約 6 割（57.6 %）が 50 万円未満で，7 割超（73.4 %）が黒字基調である。

起業の実像（3）なぜ起業するのか

　それでは，なぜ起業するのか。非起業家と仕事への動機は異なるのだろうか。起業のおもな動機は，富と自らの事業や会社のコントロールであることが，アメリカや各国の調査・研究によって明らかにされている。他方で，非起業家は，安全や親和（帰属心）などに価値を見出していることも示されている。もちろん，やりがいや利他主義，仕事の範囲の広さなど他の動機も加齢とともに重視される傾向にある。しかし，自ら判断したいという裁量への欲求と，経済的利

　ネットフリックスは，1997年にマーク・ランドルフとリード・ヘイスティングスがシリコンバレー近郊で設立したIT企業である。DVDレンタルや映像コンテンツ制作・配信等を手がける同社は，今やGAFAと並び称されるほど成長している。ただ，どの起業家も，（とくに創業初期は）得てして，ままならない日々を重ねている。下記は，ランドルフの回想に基づく1998年のある1日である。

　5:00　次男が目覚める。今日は自分が朝食当番だ。寝ぼけ眼で息子をキッチンに連れていき，シリアルを彼の前に置く。PCを開き前日の取引データ（レンタルと販売の内訳など）を眺める。レンタル売上が芳しくない。サンドイッチをつくりながら改善案を考える。

　7:30　オフィスに着く。製品開発担当のクリスティーナがPC画面をこちらに向けた。オンライン投稿で埋まっている。事情をつかめずにいると，彼女は顧客担当のコーリーが17人もの架空人物を使って利用者の情報把握に努めていることを説明してくれた。

　9:00　執務室で東芝との契約条件（DVDプレーヤー1台にネットフリックスの無料クーポン3枚付与）を確認する（当時プレーヤーはアメリカで浸透しておらず，東芝側は機器の購入促進，ネットフリックス側は顧客情報獲得というそれぞれの目論見があった）。それから周辺のクリーニング店数軒に電話をかけた。服の預け先を忘れてしまったからである。

　11:15　DVD販売会社に協力を依頼するも，先方がシェア低下を懸念し話が進まない。次善策を考えていると，CTO（最高技術責任者）のエリックがランチを呼びかけにきた。2人の新人が緊張して待っているという。事業は成長期に入り，新顔が増えている。どうすれば彼らが早く溶け込めるか，思いを巡らせた。

益を得たいという富への欲求が際立つことが確認されている。これらの動機はキング（コントロールが大きく，経済的利益は小さい状態）とリッチ（経済的利益が大きく，コントロールは小さい状態）とも呼ばれる（表5.1）。

　キングとリッチの両立を望む者もいる。ただ，双方の間にはジレンマが存在する。キングを追求すれば，事業の運営過程で，自身の裁量権を脅かす可能性がある人材や資金調達に慎重にならざるをえない。結果的に組織は小規模にな

12:45　ランチから戻り，妻のロレインの伝言を受け取る。察しはついた。長男の私立幼稚園の費用だ。電話をすると案の定「どうやってお金を捻出するの？」と投げかけられた。「家を売ろう」が口癖の妻をなだめた。

14:00　広報担当のティーが訪ねてきた。ソニーとの提携交渉が難航しているという。彼女は修正だらけの草案を見せ，先方の承認獲得はほぼ不可能とぼやいた。今度はどこが問題か尋ねると「全部です！」と返された。数段階の承認と法務部の審査が立ちはだかっている。しかし DVD プレーヤー市場首位のソニーとの協力は絶好の機会である。「マイクに電話しよう，20 分くれ」と伝えた。

16:00　幸い担当者のマイクと前向きな約束を交わせて，ようやく取引データを研究できた。売上の 99 ％を占める DVD 販売か，伸び悩んでいるが大きな利益を見込めるレンタルか，焦点を絞るべきだが簡単に答えを出せない。

17:15　帰宅する。3 人の子どもを順に抱き上げる。妻の不安は落ち着いたようだ。いっとき事業のことが頭から離れる。

20:00　オフィスに戻ると業務担当のジムがピザを片手に出迎えた。レンタルDVD の梱包・郵送費用が悪化しているという。動揺したが驚かなかった。彼は「心配事を増やしてしまった」とこぼし，作業に戻った。ぼんやりと封筒をもてあそんでいると，あることを思いついた。

22:00　蓋の切り貼りなど工夫を施した封筒をジムに渡す。粗削りだがコスト改善のための試作品としては十分だ。まぶたが重くなってきた。そもそも封筒を改良する予定はなかったが，そういうものだ。常にやることが多すぎて ToDoリストをつくるのは時間の無駄である。去り際にエンジニアのスレーシュを見かけた。彼の妻も残業に付き合っている。帰宅しベッドに入るとロレインが仕事の首尾を尋ねた。ひとまず順調と答える。意識が遠のく中 6 時間もしないうちに目覚める次男の姿が浮かぶ。「明日は君が朝食当番だよ」と彼女に告げた。

りがちで，巨大な利益を上げることは容易ではない。一方，リッチを求めれば，通常事業の拡大を要するが，個人の知識・技能や，労働力・人脈・資金などの資本には限りがある。そのため，共同創業者や従業員，投資家などから，それらを調達する必要がある。ただ，個人経営と比べ，パートナーや部下，ベンチャー・キャピタルなどに資本を頼れば，その分事業の所有権（裁量）を手放さなければならなくなる。したがって多くの起業家は，当初またはある時期に，

		経済的利益	
		潜在的価値を下回る結果	潜在的価値を顕在化
意思決定のコントロール	脇役	失　敗	リッチ
	主役	キング	リッチ＆キング

出所：ワッサーマン［2014］453頁，図11-2を一部改変。

どちらかを選ぶことになり，とくにはじめての創業の場合，リッチ＆キングに至るケースはごく少数とされている（だからこそ，ビル・ゲイツやジェフ・ベゾスは英雄として讃えられ，彼らの物語は人々の関心を得ている）。

　以上から，起業家の印象は変化しただろうか。少なくとも，短期間で株式上場し，巨万の富を得る起業家は稀で，大多数は，学歴や職務経験，目標，仕事場所，収入などを見比べても，一般の人々とかけ離れていないことを確認できるだろう。実際，創業後5年以上10年以内の国内企業約3000社を調査した結果，約72％は創業から現在まで企業規模が変わらない（小／中規模事業者→小／中規模事業者），もしくは縮小（中規模事業者→小規模事業者）していた。一方，上場企業以上の売上高伸び率を示した企業は約4％だった（中小企業庁［2017］，この数値への評価は分かれるかもしれないが）。

2 現実的選択肢としての起業

　本節では，起業と社会的な価値や規範との関係を概説した上で，複業の広がりなど起業をめぐる近年の動向に目を向けよう。

社会化と起業

　起業の実態を概観することで，起業が必ずしも一般の人々にとって縁遠く非現実的でないことを確認できただろうか。それでも，起業は，経営者一族，クリエイターやプログラマーなど何らかの技能を備えた一部の職業人に限定されがちという意見も少なくないだろう。たしかに，起業という選択は周囲に影響されうることが示されている。たとえば，起業家は起業無関心者と比べて，親族や友人・知人に起業家がいる場合が多い（図5.2）。また，たとえば個人で仕

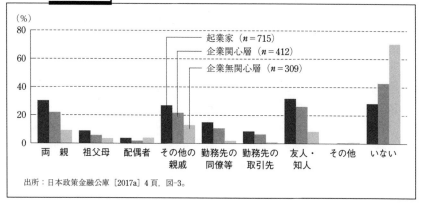

出所：日本政策金融公庫［2017a］4頁，図-3。

事を請け負うフリーランスに注目しても，デザインやITなど一部の職種が占める割合は，依然として相対的に高い。

　では，なぜこのような現象が生じるのだろうか。この読み解きに有用な概念の1つが**社会化**である。社会化とは，ある社会への参入者が，その世界の価値や**規範**すなわちどのような態度や行為が望ましいかを身につける過程である。

　そもそも，私たちは完全な自由意志で思うがままに活動できていない。家庭での躾や学校教育，採用慣行などを思い起こせば，私たちがいかにさまざまな制度や文化に潜む価値・規範に影響されているかを実感できるだろう。すなわち，新卒での就職と同様，起業という行為も社会的産物である。したがって，事業を営む一家で生まれ育ったり，先輩クリエイターやプログラマーの多くが30歳前後で独立するような職場で働いたりすれば，「（いつかは）独立・起業するもの」という規範を身につけ，起業に至ることは驚きではないだろう（Case 5-①）。

　ただ，私たちが身につける規範は，時間や空間を超えて変化しない普遍的な実体として存在するわけではない。私たちを取り巻く制度・文化と個々の認知が相互に影響しながら生成されたものである。これは起業家の世界に限定されない。つまり，大企業や省庁・地方自治体といった雇用者の世界でも離職と起業が異例とはいえない背景には，関連する制度・文化や人々の認知の変化がある。具体的に，人件費の抑制や，雇用の流動化，生活の安定だけでなく，働きがい，人生の充実の希求といった，労働・仕事観の多様化などが進展している。こうした変化は，たとえば経団連のトップによる「終身雇用を前提とした企業

　各務康貴(かくむ)は，1988 年に福岡県で生まれ 2016 年に大分大学医学部を卒業後，救急や在宅医療に従事していた。2018 年に転職し，医療に携わりながら電通グループの戦略コンサルに勤務していたが，2019 年に都内で歯列矯正マウスピースの開発・販売を手がける DRIPS を創業した。

　各務は，家族，とくに弟に触発されて起業した。そもそも，彼の祖父は福岡県養鰻漁業協同組合長を務めていた。息子（康貴の父）の秀人は大学卒業後，自分で商売を始める予定だったが，父親があるウナギ加工場の新設を取り仕切っていた縁でウナギの加工販売会社・福岡養鰻を営むことになった。1984 年設立の同社は冷凍蒲焼きを主軸としており，2018 年時点の売上高（単体）は 33 億円である。

　康貴の弟・栄作は京都薬科大学を卒業し，製薬業界を経て 2017 年に福岡養鰻の子会社に入社後，ベビーリーフなどの生産・加工・販売会社エフワイアグリを父の秀人と創設した。当初は農協を介して販売していたが，参入者の増加等で市場価格が下がり，採算がとれなかった。そこで，栄作は農家や小売店など約 1000 人もの関係者にヒアリングし，打開策を模索した。その結果，特定の小売店と直接契約し，一定量を決まった価格で販売する方式を取り入れた。加えて，耕作放棄地を活用することで生産コストを削減した。

　康貴は，事業経営で成果を上げつつある弟の姿を身近で目の当たりにし，起業への思いが湧き上がった。医療に携わる中で，口腔環境の不良で肺炎や糖尿病などを患い亡くなる人々が少なくなかったため，口腔ケアに着目した。ただ，関連商品・サービスは多様で絞り込む必要があった。彼は，弟と同じく医療関係者から丹念に情報を集め，歯並びが口腔ケアのポイントと判断し，歯列矯正マウスピース事業に着手した。業界の主流であるセラミックではなく樹脂製商品の開発に成功したことで，費用を従来の 4 分の 1 に抑えられた。加えて，ニッセイ・キャピタル等から累計 2 億円（2022 年時点）を調達できた。

　各務は，口腔ケアを起点に健康に資する事業の拡大を図っている。

運営は限界を迎えている」（2019 年 5 月）という発言や，次の第 3 節で触れる複業の浸透からも，象徴的に読み取れるだろう。

複業としての起業

　起業といえば，立ち上げた事業に専念するイメージを抱きがちではないだろうか。しかし，2010年代半ばから，企業に勤務しつつ独立・起業する人々に関する報道が目立っている。実際，第1節で起業家の半数近くが勤務していることを紹介した。仕事を掛け持ちする複業者[07]の台頭が指摘されているが，クリエイティブ関連業に従事するフリーランスなど，複数の企業と業務委託契約を結んで働く人々は古くから見られた。とくに新自由主義[08]が勃興した1980年代以降，欧米では特定企業との雇用契約に囚われない働き方をする人々が増大した。

　このような人々の仕事経験を理解・説明するための概念の1つとして，経営学者のアーサーが提唱したのがバウンダリーレス・キャリア（boundaryless career）である。境界のないキャリアという表現から推察できる通り，この概念は企業や職業の境界を横断しながら形成されるキャリアを指す。典型像として，①たとえばA社の社員XというよりエンジニアのXというように，個人のアイデンティティや信念が雇用主から独立していること，②仕事関連の知識や技能を組織外でも活用できること，③人的ネットワークが特定の組織内にとどまらず，職業や産業単位に広がっていること，があげられる。ほかにも，焦点は異なるがプロティアン・キャリア[09]など類似した概念が提示されている。

　ここで注目に値することは，これらの概念を適用できる現実の対象が近年広がっていることである。かつては，バウンダリーレス・キャリアといえば，おもに独立・起業者や転職者にあてはめられていた。もちろん，こうしたケースが依然支配的と考えられるが，勤務者の複業が徐々に浸透することで，ある企業と「雇用契約」を結びながら個人事業を営んだり，法人を設立したり，別企

glossary

07　複業・副業・兼業　いずれも漢字から意味を類推できるが，複業とは，複数の仕事を持つことである。副業とは，本業である主たる仕事に対する副次的な仕事である。兼業とは，本業の他に仕事を行う（仕事を兼ねる）ことであり，ここでの他の仕事は副業に相当する。ただ，いずれも複数の仕事を有している点では共通するため，本書では，基本的に複業を用いる。なお，必要に応じて字義をもとに使い分ける。

08　新自由主義　政府が個人や組織の経済活動への介入を抑制し，市場での自由競争を重視する考え方。この考え方に基づき，規制緩和や公共事業の民営化などが進展した。

09　プロティアン・キャリア（protean career）　個人主導で柔軟に形づくられるキャリア。プロティアンは，思いのままに姿を変えられるギリシャ神プロテウスにちなんでいる。

表5.2　複業を推奨（もしくは制度導入）している企業（例）

業　種	企業名
食　品	カゴメ，キリン
医薬品	ロート製薬
サービス	リクルート，DeNA
電気機器	コニカミノルタ，富士通，パナソニック
機　械	IHI
印　刷	大日本印刷
卸　売	双日
小　売	髙島屋
銀　行	新生銀行，みずほFG
化　学	ユニ・チャーム，ライオン，三井化学
保　険	東京海上日動
空　運	ANA
不動産	三菱地所
情報・通信	ソフトバンク，ヤフー，NTT西日本

出所：筆者作成。

業と「雇用」契約を結んだりするケースが，さまざまな業界で確認されている。メーカーや金融，不動産，商社など，企業への専従を前提とし，柔軟な働き方とは縁遠かった業界で複業（副業・兼業）を推奨・容認する制度が導入されつつある（表5.2）。たとえば，正社員（エンジニア）かつ起業家（営業支援業）の場合，規定の範囲で時間（たとえば週3日A社で働き，2日は事業に勤しむ）や空間（たとえば都市の企業に勤めつつ郊外で会社を営む）をマネジメントし，「日常的」に企業や職業の境界を横断しているといえる。

　加えて，国も働き方改革の一環で，複業を推進している。たとえば，厚生労働省は2018年に「副業・兼業の促進に関するガイドライン」を作成した。また，企業が参照する「モデル就業規則」も副業を容認する内容に改定した。さらに，これらの動きに呼応して，複業をマッチングする企業も台頭している。

　他方で，副業者率（雇用者に占める副業がある者の割合）の推移に目を向けると，長期的には上昇傾向を確認できない（図5.3）。具体的に，1980年代から2010年代初頭にかけて5％台から3％台へと低下し，2017年に若干高まった。また，実際に副業を導入する企業は約8％（学情・パーソル総合研究所［2018］），複業を推奨または容認している企業は20％という。すなわち，依然大半の企業は複業を認めていない。おもな理由として，過重労働による健康リスク，勤務時間管理の難しさ，利益相反，情報漏洩リスクなどがあげられている。

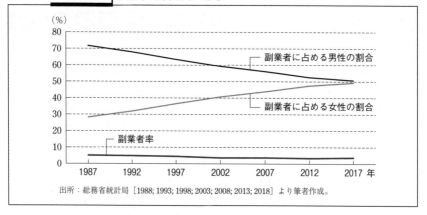

CHART 図5.3 副業者率の推移

出所：総務省統計局［1988; 1993; 1998; 2003; 2008; 2013; 2018］より筆者作成。

CHART 表5.3 事業者と労働者のはざま

	正社員	派遣・契約社員	パート・アルバイト	日雇い・非常勤	請負・委託	自 営
	労働者 ←———————————————→ 事業者					
契約形態	雇用契約				業務委託契約	業務内容次第
報酬の支払い	給 与				業務委託報酬	業務内容次第
指揮命令	あ り				な し	
時間・場所の制約	高				低	

出所：プロフェッショナル＆パラレルキャリア・フリーランス協会［2020］7頁の表を改変。

　ただ，AIの導入やCOVID-19などの影響で，大企業が複業を推進する（見方によっては推進せざるをえない）動きに拍車がかかっている（副業者の3割はコロナ下で開始したという調査報告もある）。

　なお，全体の副業者率は大きく変化しているといえないが（図5.3），副業者の男女比は顕著に変動している。1987年時点では7：3だったが，2017年にはほぼ1：1まで接近した。1980年代後半のバブル期以降，働き方や働く場所が構造的に変容していることを示唆しているのかもしれない。

　個人の働き方の今後の見通しは不透明だが，少なくとも組織人か起業家あるいは宮仕えか独立といった，かつての二者択一ではない方向に進みつつある。具体的に，正規従業員と事業者とのはざまの多様化と量的拡大が進んでいる（表5.3）。とくに，雇用契約ではなく業務委託契約を結ぶ層が増大しているという。

　ロート製薬は，1899年に大阪で創業された医薬品・化粧品・機能性食品等の製造・販売企業である。創業100年を超えるいわゆる老舗企業であり，売上高は1000億円を超え，社員は1500人にのぼる（2020年3月現在）。

　同社は，2016年に副業を認める「社外チャレンジワーク制度」を導入した。この制度により，休日や就業時間外に他社やNPOなど社外で働き，収入を得る道が開かれた。従来，就業規則で副業は原則禁止されていた。しかし有志が社員の新たな発想や行動力を育む機会の必要性を訴えた。会社側も後押しし，プロジェクト・リーダーのもと約40名の社員が半年間議論を重ね，制度をつくり上げた。募集対象は入社3年目以降の国内正社員で，希望者は副業の目的・内容・頻度を人事部に提出する。面談を経て承認されれば副業を始められる。とはいえ，競合企業に益する業務でない限り，厳密な審査は行われない。

　導入初年度は，幅広い年齢から60人以上の応募があった。2020年時点で，約80人が副業を行っている。中には，本業と両立できず取り止めたケースもある。副業先は，ドラッグストアや調剤薬局が目立つが，プログラミング教室や大学のキャリアセンターなどさまざまである。

　たとえば，新規事業開発を担当する女性社員は，デザイン会社を起業した。加えて80倍の選考を経て広島の自治体の戦略推進マネジャーも務めている。会社員と経営者を経験し，暮らしの課題に携われる行政に興味を持ったという。月に4回ほど現場に赴き，人口減少対策などを職員らに助言している。

　広報を担当する女性社員は，北海道の木材製品加工販売会社の取締役でもある。十勝を訪れた際に自然や人々に魅了された。現地の木材産業が輸入品に押され長期低迷していたため，地域の活性化に役立ちたいと奮起。貯金を出資金に充て，同僚や十勝の林業事業者，東京のIT企業社員ら7人で会社を設立した。毎週オンラインでメンバーと会議を重ねている。

　品質管理業務等に従事する男性社員は，奈良でクラフトビール造りに取り組んでいる。移住先に愛着が湧き地域貢献を考えるようになった。本業で得た液剤の製造・管理技術を活かす事業としてビールの製造・販売を思いついた。奈良市主催のビジネスコンテストで優勝し自信を深め，起業に踏み切った。現在は製造を外部委託しているが，地元米を用いたビールなどで着実にファンを増やしており，今後は自前の醸造所も設ける予定である。

　人事部は「現時点で本業への支障はなく，むしろ相乗効果が出ている」とし，副業制度を利用する社員を100人程度まで増やしたいと語っている。

複業としての起業の台頭も含め，起業の民主化（起業が社会的・制度的にいっそう身近になりつつあること）は社会現象の一側面であり，たとえば雇用問題とも深く関連する。前述の通り，経済界の重鎮が終身雇用の維持の難しさと雇用慣行の見直しに言及したことは話題となった。大手企業が複業を容認・推奨する動きは，このような事情と無関係ではない。誰でも起業が選択肢の1つになりうるということは，早期の起業を図る人々だけでなく正規従業員として働く人々にとっても，中長期的にかかわりうる問題といえるだろう。

③ 起業家研究の展開

本節では，第6章以降への足がかりとして，まず起業家という概念の特徴や変遷を整理する。次に，起業を理解するための主要な理論的視角を提示する。

▌起業家とは：特性アプローチの強化・維持と解体

起業家（アントレプレナー：entrepreneur）については，経済学を起点に心理学，社会学，経営学など，さまざまな領域で研究が重ねられてきた。その歴史は，フランスで活躍したリシャール・カンティヨンを端緒とすると，200年以上に及ぶ。各領域で膨大な蓄積があるため，その展開の詳述は筆者の力量をはるかに超える。ただ，誤解を恐れずに経営学の観点から概観すると，一方は，リスク負担やイノベーション，機会発見のような，被雇用者には見られない特性や役割を備える「企業家」像を強化・維持する過程であり，もう一方は，そのイメージを解きほぐしつつ多面性を加えていった過程といえそうである。

具体的に，たとえば経済学では，カンティヨンが不確実な状況下でのリスク負担（ある代金でモノを仕入れて，ある価格でモノを売ろうとしても，常に利潤を得られるとは限らない）という役割を示したことを皮切りに，シュンペーターが提示したイノベーションなど起業家ならではの役割が追加されていった（表5.4）。なおイノベーションとは，新しいモノの生産などを通して非連続的な変化（彼は，鉄道は郵便馬車の延長線上にはないと指摘している）による経済発展をもたらすことである。

ただ，1990年ごろから，起業家は何らかの特性や固定的な役割を備えた存在というより，新たな事業や企業を立ち上げる存在と見なされるようになって

きた。この背景として，起業家とマネジャーとの間でリスク負担性向に統計的に意味のある差が見出されないなど，特性を前提とする研究の限界が指摘されたことや，必ずしも事業の急成長やイノベーションを求めない起業家（自営業者等を含む）が欧米を中心に増大したことなどがあげられる。こうした動向は，各学問領域における近年の起業家の定義からも確認できる（表5.5）。もちろん，起業家を，リスクを負って事業の成長を図り，イノベーションをもたらす存在と見なす研究も依然存在するが，特性に囚われず，新たな事業・会社の立ち上げや運営過程に注目する研究が増えつつある。

　このような，いわば伝統的な「企業家」像を解体する流れが確認される一方，「起業家」の多面性が明らかにされつつある。具体的に，かつて起業家のプロフィールといえば，明示的・暗示的に「先進国で事業機会を見出し，経営資源を動員し，イノベーションや雇用創出をもたらした民族的に多数派の男性」が代表的だった（このような場合，おおむね「企業家」と記される）。今もなお起業家像のこうした側面は存続しているが，他方で，端的にいえば起業家のプロフィールが多様化している。たとえば，「発展途上国で社会問題の解決に向けた事業を営む民族的に少数派の女性」も，研究対象にされるようになっている。

　実際，起業やスモール・ビジネスに関する国際学術雑誌で高頻度の（期間は1970年代〜2010年代）論点から，こうした多様化の傾向を読み取れる（表5.6）。ここでの論点は，アントレプレナーシップ（起業家活動）の修飾語をまとめたものである。地域や農村，非公式[10]，社会的など，一見，起業家（活動）の典型像と乖離した言葉が目に入るだろう。こうした言葉が起業家（活動）の修飾語としてわざわざ選ばれることは，それらの側面に十分光が当てられていない，裏を返せば，それぞれの逆のイメージが（その時々の）アントレプレナーシップの基本的・支配的な前提であることを示唆している。

　たとえば，環境や教育，福祉などの社会問題の解決に寄与するソーシャル・アントレプレナーを見聞きしたことがあるだろうか。この用語は，経済的利益やイノベーションを追求する企業家ではなく，よりよい社会の創造を主導する

glossary

10　非公式な起業家（活動）（informal entrepreneur/entrepreneurship）　インフォーマル経済における起業家（活動）。インフォーマル経済では，フォーマル経済と比べて，たとえば賃金や社会的保護，安全・衛生といった労働条件が整備されていない。ただ，インフォーマル経済の規模は巨大で，世界の労働力の半数以上，中小企業の9割以上が属しているとされる（2015年時点）。

CHART 表5.4 起業家の主要な役割

役　割
01. リスク負担
02. 資本供給（投資）
03. イノベーション
04. 意思決定
05. 産業の主導
06. 経営・管理
07. 資源の調達・調整
08. 企業の所有
09. 生産要素（労働，土地，資本など）の利用
10. 請　負
11. 裁定（価格差による利潤獲得）
12. 資源配分

出所：Ripsas［1998］p. 106, table 1 を改変。

CHART 表5.5　各領域における近年の起業家の定義（例）

定　義	学問領域
企業を創設し，立ち上げ過程にかかわった人物	経営学
新たな企業を創設する人物	社会学
新しいベンチャーを設立する人物	心理学
新たにビジネスを始めた人物	経済学

出所：筆者作成。

CHART 表5.6　起業家活動に関する研究視角

視　角		先端的な論点（例）
時間（プロセス）	起業前後	なりかけ／初期（nascent）
空　間	地　理	国際（international），地域（regional, local），農村（rural）
	組　織	企業（corporate），大学（university）
状況・文脈	社会的事実	制度（institutional）
	経済体制	非公式（informal）
属　性	性　別	女性（female, women）
	出自・立場	民族（ethnicity），移民（immigrant, migrant）
	職業・職種	研究者（academic）
	経　験	初心者（novice），経験者（habitual）
目　的		必要性（necessity），社会的（social）
行　為	方　針	戦略的（strategic），持続可能（sustainable）
	事業運営	連続（serial），複数同時（portfolio），技術投資（technology）

出所：平野［2020］81-84 頁をもとに筆者作成。

存在を説明するために，1980 年代に誕生した。すなわち，起業家（活動）に関する研究は，時代や状況に即した諸問題と，それらに向き合う起業家や彼らの実践とを概念的に結びつけながら発展してきた。

　起業の多様化や民主化を捉えるためのさまざまな概念（修飾語）は，（当時の）

主流派や理論前提に一石を投じ，研究分野の知見を豊かにしてきた。一方，こうした動向は，概念の乱立を招き，理論の体系化を阻んでいるという批判もある。また，起業家（活動）という言葉は，どのような形容でも，私たちに社会的影響のある存在や活動を思い起こさせうる。そのため，それらの用語から英雄的なイメージをぬぐいさることは（良くも悪くも）難しい。今後も人々の多様な認識や利害，実践と結びつきながら，新たな概念が提示されるだろう。

起業を捉えるための理論的視角

　起業家（活動）に関する研究は，多様性を増していることが確認された。ただ研究の潮流を整理すると，そうした議論は，おもに，個人とチーム，機会，組織化，環境の4つの領域に分類されることが示されている。

　個人とチームでは，起業家（チーム）の特徴，個人とチームの関係などが検討され，機会では，事業機会の発見や創造の過程が探求されている。組織化では，資源の獲得や活用，組織的な仕組みの開発などが論じられ，環境では，国家的な創業状況や起業家活動を促す社会的・経済的要因などが焦点となる。

　すなわち，起業家（活動）研究は，おおむね，個人がどのような環境でどのように起業し，どのような組織をどのように設計・運営しているか，という過程に注目している。そこで，本章では，まず起業家という概念を概観した。次の第**6**章では起業家の認知（彼らは何をどのように認知しているのか），第**7**章で起業と組織（彼らはどのように組織的活動を行っているのか），第**8**章で起業をめぐる環境（環境は起業家活動をどのように制約し，どのように可能にしているのか）について見ていこう。

EXERCISE

① 　興味のある複数の起業家の経歴や仕事観・職業観をまとめてみよう。それらを比較した場合，どのような共通点・相違点があるだろうか。

② 　複業が可能な企業で働く場合，複業制度を利用するだろうか，しないだろうか。その選択に影響する規範やしがらみはどのようなものだろうか。

さらに学びたい方へ　　　　　　　　　　　　　　　　　　　**Bookguide** ●

- スコット・A. シェーン（谷口功一・中野剛志・柴山桂太訳）[2017]『〈起業〉という幻想――アメリカン・ドリームの現実（新版）』白水社。

  起業に関する各種統計データを用いて，アメリカの起業家の実態を浮き彫りにしている。「一代で大成功を収めた革新者」という世間で取り上げられがちな起業家のイメージを問い直す上で参考になるだろう。

- ポール・ウィリス（熊沢誠・山田潤訳）[1996]『ハマータウンの野郎ども――学校への反抗 労働への順応』ちくま学芸文庫。

  イギリスの労働階級出身の中等学校生が，卒業後に自ら進んで肉体労働の世界に踏み入る過程が詳述されている。私たちの労働観や職業選択が，家庭や仲間内の文化や教育制度にいかに影響されているかを読み取れるだろう。

映像資料紹介　　　　　　　　　　　　　　　　　　　　　　**Movieguide** ●

- 映画「ファウンダー ハンバーガー帝国のヒミツ」2016 年，115 分

  50 歳を過ぎてマクドナルドのフランチャイズ化に乗り出したレイ・クロックが，世界的ファストフードチェーンを築き上げる姿が描かれている。タイトルにもある「創業者」とは果たしてどのような人物か，考えてみてほしい。

起業家の認知

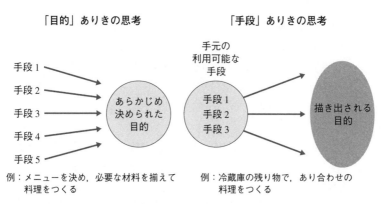

「目的」ありきの思考　　　　「手段」ありきの思考

手段1

手段2

手段3　　　　　　　　　　手元の
　　　　　　　　　　　　利用可能な
手段4　　　　　　　　　　手段

手段5

あらかじめ
決められた
目的

手段1
手段2
手段3

描き出される
目的

例：メニューを決め，必要な材料を揃えて　　　例：冷蔵庫の残り物で，あり合わせの
　　料理をつくる　　　　　　　　　　　　　　　料理をつくる

出所：Society for Effectual Action, "What is effectuation? Effectuation 101" より筆者作成。

目的に関する思考様式

　　上図は，目的に関する対照的な思考様式である。左側の様式では，あらかじめ
決められた目的の達成に向けて望ましい手段を選ぶことが示されている。一方，
右側の様式では，利用可能な手段をもとに達成できうる目的を描き出すことが示
されている。単純な例をあげれば，左側はレシピ通りに料理をつくることであり，
右側はあり合わせの料理をつくることである。会社を上場させるような成功した
起業家は，手段ありきの様式をとっているという研究結果が報告されている。み
なさんは，どちらの様式に則って，就職や起業などに向き合っているだろうか。

起業家は何をどのように認知し，起業家活動を行っているのだろうか。

起業意図　　（事業）機会　　コーゼーション　　類推　　ウェルビーイング

本章に関連する理論や概念

● エフェクチュエーション

インド人経営学者サラスバシーによって提唱された，自身が採用できる手段をもとに，新たな手段や目的あるいは（望ましい）結果を創り上げるための思考様式。あらかじめ選択された目的や機会に向けて手段を検討する，すなわち，「何をすべきか」を問う「コーゼーション」とは対照的に，「何ができるか」を問うことで行動につなげていく考え方。

● マインドフルネス

新しいものごとに能動的に気づくプロセスに注目した概念。気づきを得るために，「今，この瞬間の現実に向き合い，状況や全体像を捉える」ことの重要性が指摘されている。従業員や起業家など働く個人の厚生やパフォーマンスを高め，新しい知識の創造を促すための考え方の１つとして注目されている。

本章では，起業家の認知に注目する。まず，起業意図と起業行動の関係に焦点を当てる（第１節）。次に，起業家の機会認識に注目し（第２節），関連する起業家の思考様式を概観する（第３節）。最後に，起業家のウェルビーイングに触れる（第４節）。

1 起業意図と起業行動

何が起業という行為に影響するのか。いわゆる起業に至るプロセスは，起業に関する研究の中で，主要なテーマの１つとされる。近年は，起業の促進という社会的要請との関連で，起業家教育と結びつけて議論されることも多い。

起業家の特性から起業行動を説明する研究は，古くから行われていた。たとえば，リスクをとる性質（リスク負担性向）や，仕事上の役割が曖昧な状態に適応できる性質（役割曖昧性への耐性），容易でない目標達成を目指す動機（達成動機），開放性や外向性などの性格特性（ビッグ・ファイブ），があげられる。すなわち，「起業する人物は進んで高いリスクをとる」というように，ある特性が起業行動をもたらすとされた。しかし，起業行動を説明する普遍的な特性を特定することは容易ではなかった。

その後，**起業意図**の形成が注目され始めた。意図は，（意図によって統制可能な）行動をより確実に予測できると考えられ，合理的行動理論（theory of reasoned action）が提唱された。この理論では，意図は，行動への態度（attitude toward the behavior）と主観的規範（subjective norm）に影響される。

たとえば，起業家を輩出する企業で働く人物が，ある時期に起業意図を持つケースを考えてみよう。ここで，行動への態度とは，起業は，たとえば自身の働きがいを高めるため好ましいという態度であり，主観的規範とは，定年まで勤め上げず，いつかは起業するものと見なされている（と本人が認知する）こと，である。したがって，起業に好ましさを感じ，周囲がそれを行うべきと見なしていると捉えれば，起業意図が生じることになる。

後に，合理的行動理論は知覚行動制御あるいは行動統制感（perceived behavioral control）が加えられ，計画的行動理論（theory of planned behavior：TPB）へと発展した。知覚行動制御とは，行動の容易さを意味する。上述の例にあてはめると，たとえば，起業した元上司・先輩の人脈や助言を活用すれば

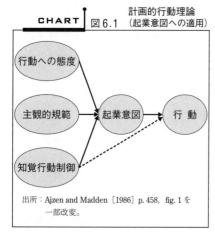

CHART 図6.1 計画的行動理論（起業意図への適用）

行動への態度 → 起業意図
主観的規範 → 起業意図
知覚行動制御 ⤏ 起業意図
起業意図 → 行 動

出所：Ajzen and Madden［1986］p. 458, fig. 1 を一部改変。

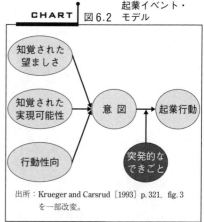

CHART 図6.2 起業イベント・モデル

知覚された望ましさ → 意 図
知覚された実現可能性 → 意 図
行動性向 → 意 図
突発的なできごと → 意 図
意 図 → 起業行動

出所：Krueger and Carsrud［1993］p. 321, fig. 3 を一部改変。

スムースに起業できそうという感覚にあたる。TPBでは，行動への態度，主観的規範，知覚行動制御が，起業意図や起業行動に影響するとされる（図6.1）。このモデルは多くの研究に適用され，これら3つの要因は一定程度，意図の形成を説明できるとされている。

　また，TPBの類似モデルとして，起業イベント・モデル（Shapero's model of the entrepreneurial event：SEE）があげられる（図6.2）。このモデルでは，起業意図は，知覚された（行動の）望ましさ（perceived desirability）と，知覚された（行動の）実現可能性（perceived feasibility），行動性向（propensity to act）すなわち自己決定に基づいて行動する性質（自分は実際にある行動をとるかどうかについての認知）から影響を受ける。

　TPBとの顕著な違いとして，このモデルは，経済的支援（例：親族や自治体などから支援を得た）や昇進（例：管理職ではなく技術者として開発現場に携わりたい），失業（例：勤務先が倒産した），病気（例：通勤や就業時間通りに働くことが困難になった）など，何らかの突発的なできごと（precipitating event）によって，起業意図の起業行動への影響が強められる可能性を指摘している。このモデルも，各国の研究で支持されており，とくに行動の望ましさと行動の実現可能性は起業意図の形成を促すとされる。なお2000年ごろからは，TPBと起業イベント・モデルを統合した枠組みの検証も進められている。

　他方で，2010年ごろから起業意図の要因に加え，「意図と行動の関係」が掘り下げられている。というのも，起業を意図しても必ずしも実行しないからである。実際，起業を意図した回答者の過半数が起業に向けて行動していなかっ

たという結果もある。そこで，意図と行動の関係を促す要因として，上述の突発的できごと以外に，当人の人的資本（知識・技能），社会関係資本（信頼に基づく人間関係），経済的資本（金銭的資源）などが注目されている。

起業家と機会

▌機会の発見と創造▐

機会（opportunity）は，起業家研究の草創期から今日まで中心的なテーマの1つである。だが，その定義はさまざまである。たとえば，新製品・サービスが利益を上乗せして販売されうる「状況」，起業家（チーム）による新製品・サービスの投入を引き起こす「環境条件」，起業家が発見または創造する「アイディア」などがあげられる。確固とした定義は共有されていないが，機会の活用や形成の過程には，有力な見方・アプローチが存在する。すなわち，①機会の発見（discovery）と②機会の創造（creation）である。

①では，機会は，技術や消費者の好み，社会制度の変化といった，外的要因によって生成され，起業家に発見される。この見方は，おもに次の3つの議論に支えられている。オーストリア学派の経済学と個人特性，機会認識である。

まず，オーストリア学派[11]の理論では，（消費者の）ニーズすなわち機会は起業家の行動とは独立して存在し，起業家はニーズやそれを満たす方法について「他者にはない」有用な知識がある，という前提が置かれていた。

次に，マクレランドらが展開した，起業家の個人特性に関する議論である。達成欲求やリスク負担性向，自尊心など，起業家の特質が探求された。その結果，起業家と非起業家の違いを説明する知見が提供された。

さらに，オーストリア学派のカーズナーが提示した機会認識である。彼は，起業家を「すでに存在する機会」に機敏に反応する個人，と明確に定義した。

以上の3つをまとめると，①は，非起業家とは異なる知識や特性を備える個人が，既存の機会を発見するという見方をとっている。

glossary
11 オーストリア学派　限界効用（ある財の消費を1単位増加した際に得られる消費者の効用すなわち欲求満足の大きさ）に着目し，理論的発展を図った学派。

②では，機会は起業家の行為によって創り出される。この見方は，主として進化論と社会構成主義に支えられている。

1つめの進化論は，変異・淘汰・保持といった一連の過程に力点を置いている。まず，生物の形状や性質の変異は，意図的または偶発的に生じる。次に，ある変異は残り別の変異は消え去る。さらに，残った変異は保持され増殖していく。ここで重要なことは，保持された変異（結果）は，当初の想定通りに（目的的に）形づくられたものではないということである。

2つめの社会構成主義は，個人や集団が自らの社会的現実をどのように構成するかに注目する理論的立場である。つまり，人々の外側に社会的現実が存在するのではなく，人々が相互に影響を及ぼす中で，ある対象や現象の意味づけ（現実）が形づくられると考える。たとえば紙幣は，物質的にはただの紙切れだが，私たちは社会関係を通して紙幣に購買や地位・権力などの意味を見出し，日常的に使用する。こうした一連の過程が紙幣の意味を維持している。

以上の2つをまとめると，②は，機会は，人々やものごととの相互作用を通して対象や現象の意味づけ（どのようなモノ・コトかの検討・特定）を行う中で「結果的」に創造されるという見方を採用している。

機会認識の要因

機会の発見と創造のいずれにせよ，なぜ，どのように機会を認識できるのだろうか。社会科学の諸分野の知見を整理すると，機会認識のおもな要因として次の6つがあげられる。すなわち，①事前知識，②社会関係資本，③認知／個人特性，④環境要因，⑤起業家的機敏性，⑥体系的探索，である。

①事前知識（prior knowledge）とは，たとえば，仕事や生活上の経験から得られる市場や製品・サービス，その提供方法，顧客などに関する知識である。これらの知識を状況に応じて適切に組み合わせることが重要とされる。

②社会関係資本（social capital）は，信頼に基づく人間関係である。たとえば，家族や知人から，①の知識の入手や，機会の発見・創造に役立つ人物や機関などの紹介といった支援を得るケースを想像できるだろう。

③認知／個人特性（cognition/personality traits）には，主として，個人の特性（遺伝的要因も含む）に基づく認知と，機会認識につながる認知の手法が含まれる。前者については，リスクの許容や，楽観主義，好奇心，オープン・マインド，曖昧さの受け入れなどが，機会認識に寄与することが報告されている。後

者については，たとえば，既存の事業と何らかのアイディアの比較検討（下記の類推の手続きも参照）が機会認識に結びつくことが示されている。

④環境要因（environmental factors）とは，社会・文化・経済・政治・地理などの状況を指す。たとえば，人口規模や通信・交通インフラ，慣習，経済成長率，所得格差，事業関連の制度や規制，産業集積などが，機会の発見・創造に役立つ情報の入手や生成に影響するとされている。

⑤起業家的機敏性（entrepreneurial alertness）とは，基本的には，上述のカーズナーが提唱した（潜在的な）機会に気づく，または機敏に反応する能力・資質を意味する。なお，機敏性は，事前の知識や経験，ネットワークなど他の要因の影響を受ける可能性が指摘されている。

⑥体系的探索（systematic search）とは，能動的な情報探索であり，機会の発見に役立つとされている。

3　起業家の思考様式

第2節で紹介した機会の発見と創造という概念は，事業を手がける起業家の思考様式と深くかかわる。機会は発見されると見なすか，創造されると見なすかは，当人の思考様式（モノの見方・考え方）に影響されるからである。ここでは，機会の発見や創造に関連する具体的な思考様式を見ていこう。

コーゼーション：目的ありきの思考様式

機会の発見は，起業家が既存の機会を発見・特定することを前提としていた。この場合，起業家は，目的に適う機会を発見し，市場や競合他社を評価し，事業計画を策定し，必要な資源や協力者を獲得し，変わりゆく状況に適応する，という過程を歩むと考えられる（図6.3）。このような，あらかじめ決められた望ましい目的に向けて，未来を予測しながら手段を検討する思考様式をコーゼーション（causation）という。料理にたとえれば，つくりたいもの（目的）を決め，必要な材料を調べて購入し，レシピ通りにつくることである。

コーゼーションは，目的が明確で未来の予測可能性が相対的に高い場合は，手段を絞り，活動を効率化できるため有効である。ただ，たとえば創薬やバイオ事業など，長期的で目標設定や展開予測が難しい場合，適用しづらい。

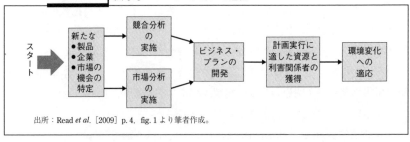

CHART 図6.3 コーゼーションの過程

スタート → 新たな
●製品
●企業
●市場の
機会の
特定 → 競合分析の実施 / 市場分析の実施 → ビジネス・プランの開発 → 計画実行に適した資源と利害関係者の獲得 → 環境変化への適応

出所：Read *et al.* [2009] p. 4, fig. 1 より筆者作成。

CHART 図6.4 エフェクチュエーションの過程

資源の拡大サイクル

スタート → 手段の評価
●私は誰か
●私は何を知っているか
●私は誰を知っているか → 私は何ができるか → 知っている／会ったことがある人物との交流 → パートナーの関与の獲得 → 新たな手段 / 新たな目標

制約の集約サイクル

新たな企業
新たな製品
新たな市場

出所：Read *et al.* [2009] p. 4, fig. 1 より筆者作成。

エフェクチュエーション：手段ありきの思考様式

　コーゼーションとは対照的に，経営学者サラスバシーが提唱した**エフェクチュエーション**（effectuation）は，手段ありきで目的や結果を創り上げる様式である。つまり，材料を揃えて計画通りに料理するのではなく，（事前に完成形は明確でないが）あり合わせの材料でなんとかつくることが目指される。

　具体的には，私は誰で，何を誰を知っているのか，私は何ができるかを自問し，関係者と交流し，適宜協力を得ながら（新たな手段を獲得し），望ましい結果を創る過程とされる（図6.4）。サラスバシーは「市場は発見されるのではなく，紡ぎ出される（fabricated）」と強調しており，エフェクチュエーションは，機会の発見ではなく「創造」に結びつくといえる。

Case6-① スタディサプリの事業化プロセス

　スタディサプリ（旧，受験サプリ）は，リクルートが2011年から提供しているオンライン学習サービスである。同サービスは，山口文洋によって生み出された。彼は，慶應義塾大学商学部を卒業後，定職に就かず，パチンコやアルバイトをしながら公認会計士予備校に通っていた。しかし，25歳のときに親から勘当されたことで方針を変え，ITベンチャーに入社した。職種はSEだったが，マーケティングや経理など，あらゆる仕事を命じられた。ビジネスの基礎を一通り学べたが，28歳のときに会社の売却に直面し，リクルートに転職した。ただ，リクルートが何をしているかも知らなかった。

　配属先は，人材派遣や販促などの花形ではなく，進路選択やキャリア支援教育の部署だった。業績は芳しくなく肩身が狭かった。山口は，自身の立場の確立と事業変革に向けて，ホットペッパーなどを生み出した新規事業提案制度（New Ring）に応募し始めた。落選し続けたが，6年目に受験サプリでグランプリを獲得し，事業化できた。

　ただ，このアイディアの源は，明確なサービス像や市場調査ではなかった。そもそも，教育機関を広告主とするリクルート社員が，教育産業との競合事業を思いつくことは容易ではない。計画というより偶然の産物だった。山口は，進学に関する市場調査の過程で，たまたま地方の高校生やその保護者の悩みを知った。周辺に塾がない，経済的な事情で塾に行けないといった声は，神奈川で育ち予備校に通っていた彼の想像以上に多かった。

　彼は，公共料金程度の価格でオンライン配信事業を展開すれば，収益化と同時に社会貢献にもなると確信した。しかし，New Ringの審査過程で，同社の基盤は広告事業であり，コンテンツ課金型事業で成功例はないと告げられた。加えて，この事業の成否は，教育コンテンツの核となるカリスマ講師の確保にかかっていると指摘された。心当たりは皆無だったが，探し続けた。知人を介して有名講師の肘井学（英語担当）にたどりついたが，肘井は他社も十分な成果を上げていないオンライン教育事業に懐疑的だった。山口の申し出を断ろうとしたが，熱意に押され承諾した。その後，肘井は数学が専門の山内恵介を紹介し，さらに2人は，最終審査前に所属先を退職し，事業に懸ける意思を示した。

　スタディサプリは，始動後サービスを拡充し，小学生から大学受験生に約4万本のコンテンツを月額980円から提供している。2020年12月末現在，有料会員は約160万人にのぼり，全国の半数以上の高校などに導入されている。

原　則	コーゼーション	エフェクチュエーション
目的達成に向けた行動の基礎	目的主導	手段主導
損失と資源についての考え	プロジェクトから期待できる利益を計算	許容できる損失を検討
外部者への態度	精緻な競合分析	すべての関与者とのパートナーシップを検討
予期せぬできごとへの態度	不確実な状況を回避	予期しない事態をテコとして活用
未来についての考え	未来の予測	未来の非予測（未来のコントロール）

出所：Yang and Gabrielsson［2017］p. 149, table 1, およびサラスバシー［2015］より筆者作成。

　エフェクチュエーションは，未来は予測できないという立場をとる。したがって，実践の際は，事業の期待利益の計算や競合者の分析を行わず，許容できる損失を定め，関係者との協力可能性を探りながら予期せぬできごとを活用することが重要となる（表6.1）。ただ，エフェクチュエーションがコーゼーションより優れているわけではない。学問の世界に飛び込む前に5つのベンチャーを立ち上げたサラスバシー自身も，状況に応じた使い分けが大切であると説いている。

マインドフルネス：能動的な気づき

　最後に，機会の発見と創造のいずれかではなく，両方に結びつく概念と見なされているのが，マインドフルネス（mindfulness）である。これは，ブッダが日常会話で用いたとされるパーリ語の「サティ」（sati）の英訳であり，「気づき」と訳される。概念的には「新しいものごとに能動的に気づくプロセス」を意味する。気づきを得るためには，「今，この瞬間の現実に向き合い，状況や全体像を捉える」ことが強調されている。この考え方の背後には，私たちの多くが惰性で日常を送りがちという現実がある（ある研究によれば，人は起きている時間の約半分は，取り組んでいるものごと以外について考えながら過ごしている）。

　マインドフルネスは，基本的に個人の認知に関する概念であり，医学や臨床心理学などで以前から注目されてきた。「今，ここ」に集中することで，現実の見方やものごとへのかかわり方が変わり，ストレスやうつなどの低減が期待されるからである。経営学や起業家研究でも，2010年代以降，働く個人の厚

生やパフォーマンスを高め，知識の創造を促す考え方として関心が高まっている。たとえばグーグルでは，マインドフルネスに基づく研修（心の動きや共感を高める方法などを学ぶ）が実施されている。また，各種メディアにおいても扱われる頻度が高まっている。とくに，瞑想やヨガなど心と身体を整えるための手法とともに取り上げられ，経営者やアスリート，芸能人などにも浸透しつつある。

　それでは，新たな気づきを能動的に得るための具体的な手段はどのようなものだろうか。ある研究によれば，**類推**（analogical reasoning）と対話（dialogue）があげられる。

　類推とは，いくつかの対象間に類似性を見出し，ある対象で成立する事実や知識を別の対象に適用・応用することで，問題解決や未知の事実などの予測・推定を図る思考方式である。平たくいえば，既存の知識や経験（ソース）から導出されるパターンを目の前の問題（ターゲット）にあてはめて考えることである。類推に基づくビジネスの成功例は，ビール工場のベルトコンベアから回転寿司を考案した元禄寿司や，プリンターなどの消耗品事業をヒントにコーヒーマシン向けのカプセルで収益性を高めたネスレ，シェアオフィスからヒントを得たシェアサロンなど枚挙にいとまがない（**Case 6**-②）。もちろん，私たちも日常で用いている。ただ，類推の際は，直面する問題を推論する上で参照するソースの検索（retrieval）と，ターゲットとソース間の対応づけ（mapping）が鍵となる。また，類推の質を高めるには，検索と対応づけの過程で類似性をいかに抽象化するかがポイントとされている。

　また，対話は気づきを促すが，その効果を高める手法として，非日常的なコミュニケーション様式，既存の考えやコンセプトの組み合わせ，内容の拡張や再分類などが提示されている。

　なお，マインドフルネスについては，関連する意識や思考と，それらのもととなる身体（body）やその使い方（たとえば呼吸法や坐法など）との関係なども検討されている。

　Amphico（アンフィコ）は，亀井潤によって 2018 年にロンドンで創業された
スタートアップである。

　亀井は 1990 年に大阪府で生まれ，親の仕事の都合で小学校から高校まで日本
とフランスを行き来する生活を送った。科学の勉強と一人暮らしがかなう東北
大学に進学後，東日本大震災を経験した。トライアスロン部に所属していたた
め，被災した沿岸部は自転車の練習でよく走っていた。また部活の合宿所は福
島第一原子力発電所の近くだった。

　震災をきっかけに，科学と自然との関係を深く考えるようになった。自然を
支配するのではなく，共生し調和する技術や製品への思いが芽生えた。偶然，
バイオミメティクス（生体模倣工学：人間や動物・植物・昆虫など生物の形
態・機能を技術開発に応用する学問）の先駆者が東北大学に在籍していること
を知り，研究室を志望。生物から着想を得る材料工学研究に取り組み，たとえ
ば食虫植物の滑る表面をヒントに汚れがつかないコーティングを開発するなど，
類推の経験を重ねた。しかし，大学院修了を控えるころ，実用化まで数十年を
要することもある素材開発の研究にもどかしさを感じていた。一方で，技術を
用いて製品・サービスを創り出すデザイナーに興味を抱き，デザインを学べば
自身の研究と社会を直接つなげられるのではないかと考えた。そこで，いくつ
か内定を得ていたものの，就職せずに知人から紹介されたイギリスのロイヤ
ル・カレッジ・オブ・アート（RCA）に留学した。

　亀井は，RCA で「水と人類との共存」について研究することにした。地球温
暖化による海面上昇の予測値に関する研究データをもとに，沿岸都市が水没す
る近未来を思い描き，水陸で両生類的に生活する人間のためのデザインを検討
した。研究を進める中で，マツムシというカメムシ目の水生昆虫の呼吸メカ
ニズム（撥水性の高い密生した毛によって保たれる空気膜で酸素と二酸化炭素
を交換）からヒントを得て，水中で呼吸が可能な「人工エラ」として機能する
服（マスクとベストで構成）Amphibio（アンフィビオ）を開発した。高撥水素
材の表面に開けられた多数の極小の穴から水中に溶けている酸素を取り込み，
二酸化炭素を放出できる。ダイバーなどから反響を得られただけでなく，RCA
からも特許申請とビジネスへの応用を勧められたため，イギリスで起業に踏み
切った。

　ただ，人命にかかわる人工エラを製品化するには，いくつものテストなどを

要するため年月がかかる。スタートアップとして短期的な事業方針の模索が必要だった。ちょうどコロナ禍以降，屋内接触を避けられるアウトドアやスポーツへのニーズが高まり，関連市場は着実に成長していた。こうした中，亀井らは人工エラの開発で培った「水は弾くが空気は通し，複雑な形状にも対応できる素材技術」が防水性と透湿性（生地の内側の蒸気状態の水分〔汗〕を外側に逃がす性質）が求められるアウトドアやスポーツウエアのテキスタイル（織物やその材料繊維）に応用できることを見出した。同社は，水を弾くハスの葉の構造からもヒントを得て AMPHITEX（アンフィテックス）を開発する。

　この素材は，防水性や透湿性，伸縮性だけでなく，有害物質をいっさい含まず 100 ％リサイクル可能という点でも優位性があるとされる。具体的に，従来の防水透湿素材の多くは，水や油を弾き熱に強いなどの特性を有するフッ素加工が施されている。しかし，有機フッ素化合物は環境や人体への悪影響が指摘され，欧米で規制が進んでいる。そのため，ゴアテックスを展開する W. L. ゴア＆アソシエイツやパタゴニアなど業界をリードするメーカーも，素材の代替に努めている。これに対し AMPHITEX は，同化合物を使用せずに生地に撥水性や防水性を持たせている。また，EU では生産者が使用後の製品の回収やリサイクルなどに責任を負うことを求める規制が数年後に導入されることが予想される。ところが，おもな透湿防水素材は 2 層に分かれ，それぞれが異なる原料で貼り合わされているためリサイクルに向かない。一方，AMPHITEX は 3 層からなり，すべてが同じ原料のため 100 ％リサイクルできる。

　このような特性を持つ新素材は，亀井と国籍の異なるエンジニア，デザイナー，知的財産の専門家などによる共同の成果である。彼は，多様な人材とチームを組むことで，視野を広げ予想外の解決策を生み出せると考えている。そのために，コミュニケーションを通してメンバーそれぞれの特徴や専門性を理解・尊重しつつ，それらを束ねることに努めている。

　同社は，2024 年に AMPHITEX をアウトドア・スポーツウエアとして商用化することを目指している。大手繊維商社・豊島などから 1.5 億円を調達して，ロンドンで開発し，北陸で量産する体制も整えつつある。「極端な想像や遠回りをしないと新しいことは生まれない」と語る亀井は，透湿防水市場の業界地図を塗り替えることだけでなく，より大きなクリエイションも見据えている。

4 起業家のウェルビーイング
▶ 人生における幸福と意義

　ウェルビーイング（well-being）という言葉を見聞きしたことがあるだろうか。平たくいえば，身体的・精神的・社会的に幸福な（満たされた）状態を意味する。専門的には，幸福な状態（hedonic well-being）と自身の能力を発揮している（人生に意味・意義を感じている）状態（eudaimonic well-being）に大別される。

　本章では，これまで起業意図や機会認識など事業の立ち上げや運営にかかわる起業家の認知を概説してきた。ただ，起業家も当然 1 人の人間であり，事業活動やその業績のためだけに生きているとは限らない。起業家個人の満足や幸福に迫る意義は，以前（1990 年代ごろ）から指摘されていたが，2000 年代後半から起業家のウェルビーイングに注目する研究が急増している。

　背景には，社会に変革をもたらす一握りの「企業家」というよりも，「起業家」全体への関心の高まりや，彼らのウェルビーイングの向上が事業への活力に寄与し，創出される経済的・社会的価値が増大するのでは，という期待などがあるといわれる。

　近年は，起業家のウェルビーイングの原因や結果を探る研究が積み重ねられ，たとえば，仕事上の自律性や金銭的報酬がウェルビーイングを高めることや，ウェルビーイングが事業の持続性や成果を促すことなどが報告されている。

　このように，起業家の営む事業だけでなく，生活を含めたより包括的な実像をつかもうとする動きも活発化している。

EXERCISE

① 興味のある起業家が，ビジネスを立ち上げた過程を調べてみよう。とくに，起業に影響したできごとや，機会の発見・創造に注目してみよう。
② Amphico（▶Case **6**-②）以外で，類推に基づくと考えられる新規事業の事例を探し，アイディアを生み出した過程を整理してみよう。

さらに学びたい方へ　　　　　　　　　　　　　　　　　　　Bookguide ●

- 細谷功［2011］『アナロジー思考──「構造」と「関係性」を見抜く』東洋経済新報社。

　　類推とは何か，どのように行うのか，が丁寧に示されている。とくに，類似点の抽象化の手続きは参考になるだろう。関連する専門書も紹介されている。

- サラス・サラスバシー（加護野忠男監訳，高瀬進・吉田満梨訳）［2015］『エフェクチュエーション──市場創造の実効理論』碩学舎。

　　エフェクチュエーションが提唱された理論的背景や経緯，成功した起業家に共通する原則などが，さまざまな事例とともに詳述されている。

映像資料紹介　　　　　　　　　　　　　　　　　　　　　Movieguide ●

- ドキュメンタリー「天才の頭の中──ビル・ゲイツを解読する」2019 年，全 3 話，各 50〜55 分

　　マイクロソフトの要職から退き，エネルギーや気候変動，伝染病といった社会問題に挑む，ビル・ゲイツの日常と人生に迫るドキュメンタリー。賛否ある典型的な英雄と見なされがちな彼の素顔，思考，現在地を垣間見ることができる。

第 **7** 章

起業と組織

野村證券　　　　トヨタ自動車

日清食品　　　　　　　　　　　　ファナック

キュライオ　　　　Preferred
Networks　　　　三井物産

　　　　　　　最高経営責任者
　　　　　　　　西川　徹
東映アニメーション　　　　　　　　　　　　ピクシブ（pixiv）
　　　　　　最高研究責任者　最高技術責任者
　　　　　　岡野原　大輔　　　奥田　遼介
ENEOS　　　　　　　　　　　　日立製作所

WFS　　　　　　　花　王

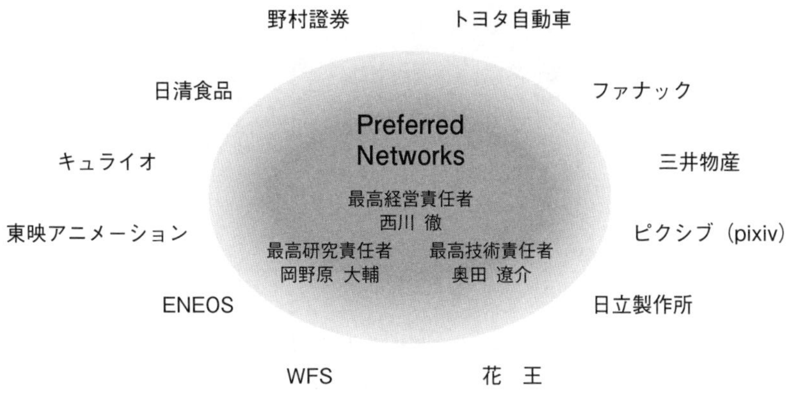

出所：筆者作成。

プリファードネットワークスの協業

　上の図は，日本を代表するユニコーン企業（設立 10 年以内で未上場，市場評価額 10 億ドル以上のスタートアップ。稀有なため，ユニコーンになぞらえられる ▶第 9 章）であるプリファードネットワークス（Preferred Networks）の経営陣と協業企業（例）を示している。同社は，深層学習技術の開発で世界的に高く評価され，設立当初より各分野の大手企業と協業するという，単一企業を超えた組織的活動を展開している。それでは，起業家はどのような組織を設計し，どのように運営しているのだろうか。彼らは他の主体とどのようにかかわりながら，組織的な実践を行っているのだろうか。

1. 起業家はどのような組織をデザインし，どのように運営しているのか。
2. 誰と，何と，どのようにかかわりながら組織的な実践を行っているのか。

協働　　法人　　合同会社　　有限責任事業組合（LLP）

本章に関連する理論や概念

● 活 動 理 論

　　ロシアの心理学者ヴィゴツキーらによって提唱・展開された，人間の能動的な活動に注目する理論。具体的には，人間（主体）が刺激に受動的に反応するのではなく，記号や言語など人工的な道具を媒介して対象に働きかける過程を捉えようとしている。

● アクターネットワーク理論

　　フランスの社会学者であるカロンやラトゥールらによって提唱・展開された，さまざまなアクターが特定の期間にわたって結びつくプロセスに注目する理論。ここでのアクターには，人間だけでなく，私たちを取り巻くあらゆる生命体や人工物が含まれる。

本章では，起業と組織の関係に注目する。まず，起業家が組織的活動に乗り出す要因を整理し（第1節），次に，事業の経営形態について概説する（第2節）。さらに，協働組織の設計に関する原理・原則を確認した上で（第3節），起業家の組織的な実践プロセスを理解する上で有用な理論を紹介する（第4節）。

1　単独か組織か

　起業家は，通常，何らかの知識や技能をもとに事業を起こす。ただ，基盤となる知識や技能とそれらの動員には限りがあるため，事業の発展を目指すほど，他者との**協働**を検討せざるをえなくなる。たとえば，個人経営の塾を拡大すれば，教育や関連業務は増大する。質の高いサービスの安定的な提供のためには，他の講師や経理などのスタッフ，学校関係者，司法書士・税理士，学習塾協会，生徒の両親など内外の他者や，入試制度，学習教材など関連するモノ・コトを巧みに関連づけることが求められる。

　とくにスタートアップの場合，単独創業は少数派である。たとえば，アメリカでの大規模な調査研究によれば，単独での起業は，テクノロジー業界で17.5％，ライフサイエンス業界で11.7％であり，大半が複数人で創業している（図7.1）。そのおもな理由の1つは，人的・社会的・経済的資本の不足である。もちろん，それ以外の理由もあげられる。たとえば，開発や販売など特定業務への専念を望んだり，共同創業者とのやりとりを通して製品・サービスの洗練や，楽しさの増大，寂しさの緩和を図ったりする起業家も散見される。

　ただ，共同創業者が多いほどよいともいえない。実際，単独創業が少ない業界でさえ，創業者が5人以上のケースは10％程度である（図7.1）。携わる人数が増えれば，情報共有や意思決定，役割分担に伴う調整コストが増す。加えて，株主資本の分割によるインセンティブの低下といった問題も生じる。これらのデメリットへの対策として，共同創業の長所・短所の具体的検討や，協働の仕組みの整備，試験的な協働期間の設定などがあげられる。

図7.1　創業時の人数

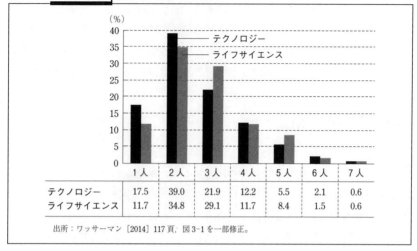

	1人	2人	3人	4人	5人	6人	7人
テクノロジー	17.5	39.0	21.9	12.2	5.5	2.1	0.6
ライフサイエンス	11.7	34.8	29.1	11.7	8.4	1.5	0.6

出所：ワッサーマン［2014］117 頁，図 3-1 を一部修正。

② 経営形態の選択肢

▎個人と法人▎

　経営形態の種類を概観する前に，個人と法人の制度的特徴を確認しておこう。事業活動の主体は，個人と法人に大別される。個人は法的には自然人と呼ばれ，生涯にわたり権利義務の主体として認められている。したがって，個人経営の際は，事業関連の重要事項（商号や事業目的，会社の所在地など）を法務局に届け出る，登記などの手続きは必須ではない。一方，**法人**は（自然）人と同様の資格（人格）を法的に認められたものである。法人を漠然と会社と理解している人もいるかもしれない。たしかに，会社は営利目的で設立された法人の一種であるが，法人には学校や病院，寺社などの組織も含まれる。これらの社会的な事業組織体は人でないため，権利義務の主体になれない。そこで，法的手続きを通して，自然人のように権利義務を負うことを可能にしている。

　総務省・経済産業省［2018］によれば，国内の個人経営（約 198 万）と法人（約 188 万）を合わせた企業等の数は 400 万弱である。

(1)　法人としての株式会社と持分会社

　会社すなわち営利法人は，株式会社と持分会社に分類され，その9割超（91.2％）は株式会社である（国税庁［2023］）。株式会社は，会社の所有権を株式に分割し，その保有者である株主は出資分に応じて事業上の権限と責任を負う。具体的に，株主は，経営者の選任等を行う株主総会での議決権といった運営関連の権利や，剰余金の配当といった利益を受ける権利などを有する。一方，仮に会社が損失を被った場合，取引先のような債権者に対してではなく，出資会社に対して出資額の範囲で間接的に責任（間接有限責任）を負う。

　持分会社は，合名会社，合資会社，合同会社に分けられる。これらの構成員は，持分という権利義務，具体的に社員（従業員ではなく出資者）としての地位や法人財産の分け前といった権利と，事業上の無限・有限責任を有する。無限責任とは，借入金の返済や購入代金の支払いなど会社の債務に制限なく責任を負うことである。合名会社は無限責任社員のみで，合資会社は無限責任社員に加え有限責任社員も参加でき，合同会社は有限責任社員のみからなる（表7.1）。

　このように，株式会社と持分会社は，制度上きれいに分けられていない部分もあるが，重要な違いの1つは，所有と経営の分離の程度である。株式会社は持分会社と比べて，会社を所有する人と経営する人が別々であることが多い。株式会社の場合，一定の所有権を有する各株主は経営せず，株主総会または取締役会で選任された（代表）取締役や執行役が会社を運営する。つまり，所有者と経営者の一致度が相対的に低く，株式の分散度が高まるほど経営者の持株比率は低まるため，所有と経営の分離は進む。一方，持分会社では，定款（事業活動に関する重要規則）で制限されない限り，無限・有限責任社員を問わず業務を執行できるため，所有と経営の一致度は相対的に高い。

(2)　合同会社と有限責任事業組合

　起業との関連で注目に値するのが，2006年に創設された**合同会社**である。設立数は年々増加しており，2017年時点で新設法人の5社に1社を占める。

　合同会社の特色は次の通りである。まず，有限責任社員のみからなることである。したがって，出資者のリスクは相対的に抑制される。また，株式会社と比べて，定款作成時の自由度が高いことである。株式会社の場合，損益配分は出資比率に応じるが，合同会社では自由に定められる。そのため，出資率は低

	個 人	法 人				組 合
		株式会社	持分会社			有限責任 事業組合
			合同会社	合資会社	合名会社	
出資者数	1人	1人以上		2人以上	1人以上	2人以上
責 任	無 限	有 限		無限・有限	無 限	有 限
所有と経営	—	原則分離		原則一致		一 致
資本金	—	1円以上	1円以上	規程なし		2円以上
出資内容	—	現金・現物		現金・現物・労務・信用		現金・現物
設立登記	不 要	必 要				
設立費用	—	約26万円	約12万円			約6万円
設立手続き	税務署への 届け出のみ	相対的に繁雑： 定款認証必要	相対的に簡易：定款認証不要			
最高意思 決定機関	—（本人）	株主総会	出資者（社員）			
役員の任期	—	最低10年	無			—
損益配分	—	出資比率 次第	自由（定款に基づく）			自 由 （組合契約書 に基づく）
課 税	所得税	法人税＋所得税（二重課税）				構成員課税
決算書の 公表義務	無	有	無			
社会的 信用度	相対的に 低い	相対的に 高い	相対的に高くない			

出所：筆者作成。

くても事業への貢献度が高い人物により多く配当することもできる。さらに，設立・運営手続きも株式会社と比べて簡易である。たとえば，設立時に定款を公証人に認めてもらう必要がなく，設立後も株主総会を開催する必要がなく，決算書類の公表義務もない。以上のように，他形態と比べて出資リスクは低いが，手続きや運営が簡易で柔軟性が高い経営形態といえる。

　そのため，資源が不足しがちな起業家には好適な制度であり，当初からソフトウエア制作や研究開発に従事する小規模事業者などによる活用が期待されていた。加えて，アップルやアマゾン，ワーナー ブラザースといった外資系日本法人の合同会社への組織変更などにより，知名度も高まっている。

　なお，法人ではないが，合同会社と類似した**有限責任事業組合**（limited

liability partnership：LLP）も 2005 年の創設以降，年々増加している。出資者は有限責任で，組織内自治の自由度も株式会社と比べて高く，出資比率を問わず利益や権限を配分できる。また，構成員課税が適用される。これは，組合ではなく構成員すなわち出資者に直接課税される仕組みである。法人の場合，会社レベルで法人税が課され，その後の利益配当時に出資者レベルで所得税が課される（二重課税）。さらに，LLP は損失が出た際，一定範囲で出資者の他の所得と通算して課税額が算出されるため，税負担を軽減できる。

LLP は，構想時から起業家と中小・大企業間の連携や IT・研究開発の共同事業，産学連携などを促す形態として期待されていた。実際，組合の業種に注目すると，学術研究や専門技術サービス業と情報通信業が占める割合が高い。

3 協働組織のデザイン

┃ 協働相手の選定 ┃

仮に，あなたが起業するなら，誰をパートナーにするだろうか。協働相手の性質は，たとえば同質性から説明できる。具体的に，共同創業者間で人種や性別，職務経験年数などの同質性が高いと指摘されている。そのメリットとして，コミュニケーションや意思決定の容易さ（コストの低さ）などがあげられる。ほかにも，リスク許容度や事業関与度が類似していれば，協働の実現や安定につながる。これらは，とくに創業初期に有益だろう。判断基準や行動計画を定めにくい中，事業の効率性に寄与するからである。

一方，同質性の高さはデメリットももたらす。共同創業者間の知識や技能，人脈が重なるほど，動員できる資源は限られる。環境変化への気づきや適応，製品・サービスの開発でも，有利とはいいがたい。さらに，創業チームの分極化（集団の意思決定が極端化すること）を招きかねない。

ただ，単純に異質性を高めれば，メンバーの対立や事業活動の停滞の恐れがある。そのため，強みは異なるが見方・考え方は似た人物の選択，起こりうる問題の対応策や権限と責任関係の明示，話題にしづらく先延ばししがちな問題の話し合いなどにより，付随するジレンマに対処することが求められる。

役割分担

　次に，起業家チーム・メンバー間の協働を概観しよう。協働の過程では，全体の仕事を役割に応じて各メンバーに振り分ける。ここでの問題は，各自の役割をどの程度明確化するかである。これは，協働相手の性質ともつながっている。メンバーの知識や技能，人脈が同質的な場合，仕事の職能的な分割は容易ではない。そのため，その都度調整・対処することが基本方針となる。ただ，役割が重なれば，全員が仕事の全体像を把握し，その内容や分量に応じて柔軟に分業しやすくなる。とくに，創業初期でチームが小規模の場合，この利点は大きい。一方，職掌が曖昧になる分，責任感やモチベーションが低下する恐れがある。また，人員が増えると仕事が過度に重複し，分担の再編が必要になるが，その過程でメンバー間に緊張や対立が生じかねない。

　仮に各メンバーの強みが異なり，それぞれが明確な職掌を求める場合，分担の決定自体は行いやすい。たとえば，統括，製品・サービス開発，財務といった専門に応じて，仕事に加え CEO（Chief Executive Officer：最高経営責任者），CTO（Chief Technology Officer：最高技術責任者），CFO（Chief Financial Officer：最高財務責任者）といった肩書きを付与できる。ただ，同質性が低く明確に役割を分担しても，創業当初の混沌期に，ある肩書きに応じた仕事に専念できる機会は乏しい。その状況を脱すると，各職掌での部分最適が優先され，資金調達など役割をまたぐ仕事での協力がおろそかになりがちとなる。この傾向は，縦割りの弊害として組織規模が拡大するほど顕在化しやすい。

協働の調整

　各自に振り分けられた仕事は，時間的・空間的に調整し，まとめ上げられる必要がある。その基本的な様式として，水平型と垂直型があげられる。

　メンバー間の平等を優先すると，合議が選択される。話し合いによる合意形成には，よりよい情報・知識に基づく意思決定や信頼関係の構築などの利点がある一方，調整の労力や責任の所在の曖昧さなどの難点もある。水平型の調整は，創業メンバーのキャリア・能力が類似し役割が重複しやすい場合や，トップが明文化されていない場合に生じやすい。他方，垂直型の調整の場合，公的な最上位者が存在するため，意思決定は迅速になり，責任の所在も明確になる。だが，メンバーの参加意識の低下やトップの負荷の増大を招きうる。

　メルカリ（旧コウゾウ）は，山田進太郎らによって 2013 年 2 月に東京都で設立された IT 企業である。フリマ・アプリ「メルカリ」は，2017 年に世界ダウンロード数が 1 億件を突破，2019 年には 100 カ国以上での越境販売開始など，世界的に拡大しつつある。

　以前から個人間（C2C）サービスに可能性を見出していた山田は，2012 年末，フリマ・アプリに焦点を定めた。ただ問題は，どのような体制でつくるかだった。経験上，中核人物が 1 人や 2 人では，テコの原理が効かず大成功に至らない。チーム構築に向けて，山田は，動画検索サービスの立ち上げ経験があり，思考が深く親交のある富島寛（取締役）を誘い，関連法務に精通し付き合いの長い猪木俊宏（顧問弁護士と社外監査役）や，山田のメンターでかつての出資者でもある松山大河（社外取締役）に協力を求めた。

　経営全般は山田が担い，開発は富島が主導した。プログラマーを 8 人確保したが大半は副業だったため，平日夜間・土日出勤，月曜休日とした。富島の資料をもとに議論と開発を進めたが，アプリの動作が向上しない。アプリはコンマ数秒の反応速度の差が使用感を左右するため抜本的な対策を検討した。

　並行して，アプリの規約整備に追われた。猪木は，一定期間を過ぎても売上金を引き出さない利用者にどう対応するかなど，あらゆる想定をもとに規約を整える地道な作業を担った。アプリのデザインは委託していたが，しっくりこないため 2013 年 4 月に元同僚の宮上佳子を迎え入れた。デザインを一新する時間はなく，宮上は不足部を補い開発速度を上げた。5 月には石塚亮が加わった。アメリカ進出を目指す山田は，現地で起業経験がありプログラミングに長けた石塚を誘い続けていた。彼は，開発に加え人事・経理も担当した。

　こうして，メルカリは 2013 年 7 月 2 日に公開された。計画より 2 カ月遅れで利便性も不十分だった。それでも山田は「正直，自信がある」と日記に綴った。だが蓋を開けると初日ダウンロード（DL）数は 400 だった。富島は「終わった」と思い，石塚は「しょぼーん」という感じだったと振り返る。

　しかし，アプリの修正や機能追加，デザイン変更などを重ね，全員で必死に DL 数を伸ばそうとした。調達資金も大半はインターネット広告に回した。これらが功を奏し，順調に DL 数が増え，12 月には 100 万件を突破した。ただ，この時点で販売手数料は未徴収で売上はゼロだった。加えて，顧客サポートや組織文化の醸成，大規模資金調達など，依然課題は山積していた。

注：文中の肩書きは一部当時のもの。

なお，当初は水平型を選択しても，通常，組織の拡大により垂直的な調整を導入せざるをえなくなる。いずれにせよ，当初の選択もその後の移行も容易とはいえない。この問題は権限と責任の（再）配分と深くかかわるからである。たとえば，友人同士で起業したケースを考えてみよう。ある者は合議を望んでも，メンバー間で発案や出資比率など貢献度に差がある場合，採用できないか，採用しても運用しづらいだろう。かといって階層を設けると，誰をトップ（CEO）に据えるかが問題になる。技能・人脈・出資・やる気などから，何を基準に誰に権限委譲するか検討しなければならない。友人関係に階層を持ち込む心理的抵抗にも向き合わねばならない。加えて，役職交代や降格に関する規則など，避けがちな事項の議論も望まれる。なお，先輩・後輩や元上司・部下など起業前から上下関係がある場合も問題は軽減されない。元の関係と事業上の関係に公式・非公式にねじれが生じると，円滑な調整は難しい。

　2つの様式のバランスを図るという相対的に好ましい選択肢もある。しかし，起業前の人間関係にかかわらず，複数人が経営上のコントロールを求めた場合，このような統合案でも必ずしも対立を抑えきれない。したがって，創業前に相手の起業への動機や協働可能性を検討することは重要である。

　歴史の長い大企業は，一般にピラミッド型構造をとり，役職者は全体から見れば少数である。一方スタートアップでは，創業メンバーの全員または大半が役職・肩書きを持つことは珍しくない。そのため，肩書きの差異や有無，それに付随する権限は各人にとって些事ではなく，その（再）配分は難しい。各自の資質・動機などが絡み合うため，権力闘争や空中分解も生じうる。

4 起業と組織のダイナミズム

　第3節では，協働組織の設計・運営に関する原理・原則などを確認した。ただ，起業家による組織的な実践は刻々と変化し，必ずしも自身の組織内にとどまらない。あるスタートアップと大学または企業との連携・協業など，特定の集団や組織を越境する多様な活動が至るところで行われている。

　そこで本節では，起業家による組織的な実践プロセスに関する概念・理論を概観しよう。

協働の生成・展開：活動理論

ロシアの心理学者ヴィゴツキーらが，1920年代以降に提唱・展開した，心理学を基礎とする**活動理論**（activity theory）は，動物の「直接的」行為とは異なる，人間の「媒介的」な活動に着目する。多くの動物（主体）の行為は，対象（または目的）と直接的な関係で結ばれる（図7.2）。たとえば，ゾウ（主体）が川の水を飲む（対象）場合，主体と対象は直接つながる。一方，人間（主体）は，コップなどを用いたり，何らかの加工を施したり（人工物を媒介）して，水を飲む（図7.3）。すなわち，人間は記号や言語，技術など社会や文化の影響下でつくられた人工物を「媒介」して対象に働きかける（主体→人工物→対象）といえる。このように，ヴィゴツキーらは，人間の活動は人工物を媒介するため，社会的・文化的に形づくられるという考え方を示した。

ヴィゴツキーらによる初期の研究群は活動理論の第1世代とされる。その後，第2世代にあたるロシアの心理学者レオンチェフは，個人で完結する行為ではなく，複数人による状況に応じた多様な行為をまとめ上げる協業のような集合的活動に着目した。また，フィンランドの教育学者エンゲストロームは，ヴィゴツキーらのモデルに，コミュニティ，ルール，分業という概念を取り入れ，それぞれが影響し合う関係を明示することで，集合的活動を説明しようした（図7.4）。ここでのコミュニティとは活動対象を共有する人々で，ルールとは主体（個人に加え組織も含まれる）とコミュニティを媒介する規範や慣習，分業とはコミュニティのメンバー間で対象に向けて分担される行為である。

大学での活動の場合，主体は教員，対象は学生（の学習），ルールは講義形式・時間割りや進級要件，コミュニティは大学の構成メンバー，分業は教員と事務職員との役割分担，人工物は講義用の施設や道具，とあてはめられる。コロナ禍の前後では，こうした活動システムの内容がダイナミックに変化したといえるだろう。たとえば，教員（主体）は，他の教職員との議論や学生からのヒアリングを踏まえて（コミュニティ），教員と事務職員間の追加的な役割分担をもとに（分業），対面・非対面講義の振り分けや時間割りの再編，オンライン講義の上限単位数などを確認・検討・変更し（ルール），対面向けの施設や道具，ウェブ会議ツール（人工物）を用いて学生（対象）に講義を提供するようになった，と説明できる。

なお，ルール，コミュニティ，分業は，主体・人工物・対象からなる上部の

CHART 図7.2　動物の直接的行為

主体 ——————— 対象

出所：楠見［2020］7頁，図2を
　　　一部改変。

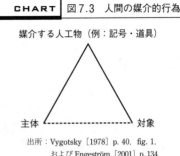

CHART 図7.3　人間の媒介的行為

媒介する人工物（例：記号・道具）

主体 - - - - - - - - - 対象

出所：Vygotsky［1978］p. 40, fig. 1,
およびEngeström［2001］p. 134,
fig. 1 をもとに作成。

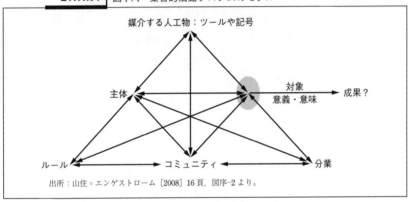

CHART 図7.4　集合的活動システムのモデル

媒介する人工物：ツールや記号

主体

対象
意義・意味　　　成果？

ルール　　　　　コミュニティ　　　　　分業

出所：山住＝エンゲストローム［2008］16頁，図序-2より。

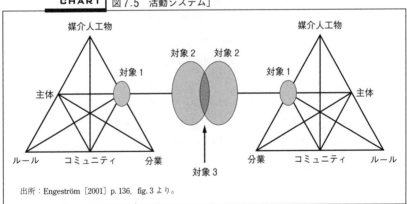

CHART 図7.5　第3世代の活動理論のための「最小限2つの相互作用する
活動システム」

媒介人工物　　　　　　　　　　　　　　　媒介人工物

対象1　　対象2　対象2　　対象1

主体　　　　　　　　　　　　　　　　　　　　主体

ルール　コミュニティ　分業　　分業　コミュニティ　ルール

対象3

出所：Engeström［2001］p. 136, fig. 3 より。

三角形（図7.3）を底辺で折り返した部分に配置されており，活動の社会・文化的な基盤にあたる。また，図中の楕円は活動の対象を示し，その意義・意味は目的や状況次第で変化することが示唆されている。

　ただ，現代社会での活動は特定の組織内にとどまらず，たとえば中小企業やスタートアップの多くは他企業と連携している。そこでエンゲストロームは，図7.4のモデルを発展させ，活動理論の第3世代にあたる「相互作用する活動システム・モデル」を提示した（図7.5）。このモデルでは，まず，対象1へ向けて活動する左右2つのシステムが，コミュニケーションや協働を通して，より集合的な対象2へ拡張される。その上で，対象2の共有やさらなる協働により対象3が発見・創出される。この対象3は，双方の活動システムの再生成や第3の活動システムとの相互作用の起点になる（モデル名の「最小限2つ」は，この拡張可能性を示している）。

　このように活動理論は，日常的に生成・展開される多様な組織的活動を具体的に理解するための1つの見方を提供している（Case 7-①）。

ネットワークの生成：アクターネットワーク理論

　活動理論の基礎は心理学だが，社会学でも起業家の組織的な実践プロセスの理解に役立つ理論が提示されている。その1つが**アクターネットワーク理論**（actor network theory：ANT）である。ネットワークといえば，通常，ヒトのネットワークやモノのネットワークなど同質的なものの結びつきが想像されがちだろう。しかし，ANTのアクター（actor）は，人間だけでなく他の生命や人工物などあらゆるものが含まれる（異種混交のネットワークと表現される）。

　起業家の場合，たとえば，共同創業者や部下，社外のパートナー，出資者だけでなく，日常的に利用するオフィス建物，コンピュータなどの機器，活動が記録された資料，参照する法制度，活動を支援する組織など，さまざまなものがアクターになりうる。ANTでは，これらのアクターがあらかじめ決められているわけではなく，また，あるネットワークが固定的・永続的に存在しないことに留意する必要がある。つまり，あるアクターによって見出されたさまざまなアクターが特定の期間結びつく過程が探求される。

　このような見方には，どのような意義があるのだろうか。私たちは，とかく行為のつらなりとして形づくられるできごと（結果）を特定の個人（または人々）から説明しがちである。たとえば，ある革新的な製品の誕生を，傑出した

Case7-① プリファードネットワークスとファナックの協業活動

　プリファードネットワークス（Preferred Networks：PFN）は，東京大学の同級生だった西川徹ら8人によって2014年に東京都で設立されたスタートアップである。深層学習（ディープラーニング）技術の高度化と，ロボットやバイオ，インフラなど多様な分野での自社技術の応用に取り組んでいる。従業員数約300人（2022年2月時点），推定時価総額約3500億円（2020年末時点）の日本を代表するユニコーン企業である。同社は"Learn or Die"（死ぬ気で学べ）という規範を掲げ，メンバーに継続的学習を求めている。

　深層学習とは機械学習（コンピュータに問題の正解例を大量に示すことで対象に潜むパターンを発見させる手法）の一種である。ただ，事前に人間が必要な情報を与える機械学習と異なり，深層学習は機械自身に特徴を発見させる点で発展している。すなわち，事前に厳格なルールを定めなくても多様な状況に一定程度自律的に判断・対応できるコンピュータといえる。こうした技術は，アップルのSiriやアマゾンのリコメンド機能など，身の回りに浸透しつつある。

　PFNは深層学習技術で世界的評価を得ており，設立当初より各分野の大手企業と協業する方式をとっている。ここでは，工場の自動化関連機器の開発・製造で世界をリードする，ファナックとの協業過程に注目する。

　ファナックは従業員数約8000人，連結売上高5000億円超（2021年時点）で，TOPIX Core 30（東証株価指数の算出対象銘柄のうち時価総額と売買代金が高い30銘柄からなる株価指数）にも選定されている。同社の商品は産業財（生産・製造用の機器）のため，製品開発の基本原則は顧客工場での機器の稼働停止時間の最小化である。この方針は，「壊れない，壊れる前に知らせる，壊れてもすぐ直せる」というスローガンにも示されている。

　西川は，ファナックと出会わなければ現在（2020年時点）のわれわれはないと語る。そもそも彼はファナックをよく知らず，同社が世界シェア首位に君臨する産業用ロボットに興味も知識もなかった。ところが，2015年2月にある会合で同社の稲葉善治社長（当時）に出会い，すぐに意気投合した。2人とも機械を高度化すれば機械がリアルタイムで協調するのではないかと考えていたからである。稲葉に誘われ同社工場を訪ねた西川は，見たことがない光景に衝撃を受けた。黄色のロボットが全自動でロボットをつくっていた。彼はロボットに魅了され，大きな将来性を見出した。ファナックのロボットに自社の技術を導

入すれば，さらに高度化できると思った。稲葉の見解も同じだった。

　両社の協業話はトントン拍子に進み，2人の出会いから4カ月後に共同研究が始動した。ただ，互いの事業を理解しなければ高度な協業は行えない。そこで，PFNの主要プロジェクト・メンバーは全員，ファナック学校（現ファナックアカデミ）でロボット操作の研修を受けた。加えて，現場視察を重ねファナック製品の動作理解に努めた。一方，ファナックも深層学習の研究組織を新設し，PFNの支援を受けながら相手の中核技術を学んだ。

　両社は，まずトレーに乱雑に積まれた部品を高速で拾う「バラ積み取り出し」に注力した。当時のロボットは，カメラの精度やアームの動きも不十分で部品をうまくつかめないが，たまに成功する。成功例と失敗例の画像をもとに「部品のどこをとればうまくつかめるか」を学習させた。約5000のデータを集めると，9割ほどとれるようになった。これは専門家による調整とほぼ同じ精度であり，この技術は2018年に実用化された。ほかにも両社は，ロボットの高速かつ精密な動きを制御するモーターの振動抑制技術や，工作機械の主軸の故障を監視する技術等を共同開発している。

図　PFN とファナックの協業

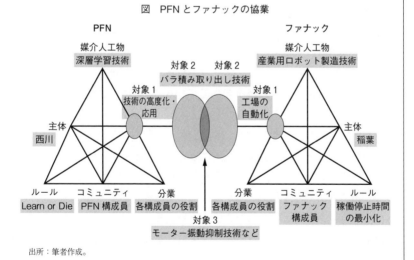

出所：筆者作成。

		海洋生物学者	ホタテ貝	漁 師	同分野の研究者
目的		ホタテについての知識の増大と保全	種の保存	長期的利益の確保	ホタテについての知識の獲得
翻訳過程	① 問 題 化	捕食者（ヒトデ）の存在	短期的利益の希求と生き残りの危機	ホタテについての情報の欠如
	② 関心づけ	養殖装置の設置	ホタテの激減に関する会議や文書を提供	同 左
	③ 取り込み	潮流や設置場所等を探り，養殖用網への付着を促進	―（実験の進展を注視）	養殖実験の結果や知見を提示
	④ 動 員	付着数として定量化され，論文等に掲載	付着結果を示し，支援を獲得	論文や学会を通してより多数の理解を獲得

注：詳細な相互影響関係は割愛。
出所：Callon［1986］pp. 203-219 をもとに作成。

起業家のひらめきと結びつけたり，起業家チームの寝食を忘れた尽力の賜物と捉えたりする場合があげられるだろう。しかし，社会学者のカロンやラトゥールらが1980年代以降に提唱・展開したANTでは，このような結果・状況を起業家（チーム）といった特定のアクターから生じたと見なさない。個人の能力やチームの特性，それらに基づく成果は，当人をめぐる人々や人工物などが結びつき協働することで生じたという立場をとる。言い換えれば，個人や人々の活動や成果は，特定の関係者から発現したのではなく，さまざまなアクターのネットワークから生成されたものと考える。

　こうした特徴を持つANTでは，翻訳と呼ばれる「あるアクターが他のアクターを戦略的に取り込む」過程を把握する方法が提示されている。翻訳の過程は，①問題化，②関心づけ，③取り込み，④動員という局面からなる。①問題化とは，各アクターの性質や彼らが直面する問題を明確にすること，②関心づけとは，他のアクターと安定した関係を築くこと，③取り込みとは，各アクターの役割を明確にし，関連づけること，④動員とは，目的に向けて他のアクターを動かすことである（Case 7-②）。

　カロンは，翻訳の具体例として，フランス・サンブリュー湾でのホタテの養殖化をあげている。ここでのアクターは，海洋生物学者（3名），ホタテ貝，漁師，同じ分野の研究者である。具体的には，3名の学者がホタテ貝の研究と保

全という目的のために特定した複数のアクターを戦略的に取り込む過程が描かれている（表7.2）。ただ，翻訳は常に成功に至るわけではない。この事例も結果的に失敗に終わっている（稚貝は養殖用の網である採苗器に付着しなくなった。彼は，ホタテの「裏切り」と記している）。

概念の多様性を知り，現象をよりよく読み解く

　活動理論やアクターネットワーク理論について，どのような感想を持っただろうか。とくに後者に面食らった人もいるかもしれない。社会科学には出自や前提の異なるさまざまな概念が存在する。個々の見方や考え方によって，ある概念への理解や共感の程度は変わりうるだろう。簡単ではないが，多様な概念や理論に目を向け，それぞれの特色を知り，現象をよりよく把握するために目的や状況に応じてそれらを使い分けようとしてみてほしい。

　齋藤優一郎は，アニメ制作会社スタジオ地図の代表取締役プロデューサーである。同社は，「時をかける少女」や「サマーウォーズ」などを手がけたフリーランス映画監督の細田守と，「DEATH NOTE」や「逆境無頼カイジ」などのアニメ制作で知られるマッドハウスでプロデューサーを務めた齋藤により，2011 年に設立された。翌年公開の「おおかみこどもの雨と雪」は興行収入 40 億円超とヒットし，2 人は新作に着手した。細田は，誰も観たことがない映画制作に毎回挑んでいる。しかし齋藤は，スタジオ地図には発注頼みではなく主体的な制作を続けるための基盤がないと考えていた。たとえば，「時をかける少女」など過去の作品は商業活用されず，経営の安定に寄与していなかった。そこに齋藤は自らの役割を見出し，細田作品をより広く長期的に届ける仕組みを生み出し，スタジオ地図という制作の場を維持・強化しようと決意した。

　細田は，つくりたいものをつくり続けることを望んでいるが，商業映画は 1本 1 本が勝負で失敗すれば次はない。齋藤の取り組みは細田にとって活動の支えとなる。齋藤は，「バケモノの子」の制作と並行して，細田の全作品の活用を統括する仕組みを模索した。しかし，スタジオ地図には関連知識・経験を備えた人材は不足し，財務状況も盤石ではない。そこで，日本テレビ・プロデューサーの高橋望に声をかけた。日本テレビにとって，細田は，幅広く支持される作品と興行成績を両立できる稀有な監督である。同社は「サマーウォーズ」から細田作品に出資し，次回作では細田作品の世界発信を目指していた。

　齋藤と高橋は，業界で普及する「製作委員会方式」（制作会社やテレビ局，出版社，映像ソフト会社などが映画製作に出資する方式）の難点を克服しようとした。同方式には，各主体の出資リスクの低減や強みに応じた作品の二次利用事業が可能という利点がある。ただ，映画の著作権は委員会メンバーで共有され，原則すべての事業にメンバーの合意を要するため，新規事業を迅速に展開しづらい。また，担当者の異動等により各メンバーが作品に長期的に対応しづらい。そこで彼らは，LLP という制度に目をつけた（▶第 2 節）。2005 年創設の LLP は，知名度が低く浸透していなかったが，出資額や権限を自由に配分できる同制度なら，スタジオ地図と日本テレビが種々の事業ごとに適した企業の参加を募り，素早く柔軟に長期的に作品関連事業の企画や運営を統括できる。これらを踏まえ，彼らは製作委員会方式で作品を「製作」し，その「利用」はLLP に一元化した。また，権利関係の異なる過去作品の著作権を LLP で一括管理・運用した。日本の映画界では前例がない試みだった。

スタジオ地図と日本テレビは、「日本テレビ・スタジオ地図LLP」を2014年に設立し、細田作品のDVD BOX販売など各種事業を開始した。さらに齋藤らはLLPを介したアジア以外の国際セールスに注力した。彼は、フランスの世界最古の映画製作・配給会社ゴーモン（Gaumont）の海外セールス担当であるヨハン・コントと2年間対話を重ね、相互理解を深めた。同社はアニメ事業に特化しておらず、日本人監督作品を扱ったことはなかったが、「おおかみこどもの雨と雪」がフランスで22万人を動員したことは魅力的だった。また、ゴーモンには個々の作品ではなく監督を評価するという方針がある。彼は以前から細田作品を注視し、同社CEOらも細田作品を高く評価した。こうした経緯で提携が実現し、2015年、日本テレビやスタジオ地図、KADOKAWA、東宝などが参画する製作委員会方式で「バケモノの子」は完成した。同作は、フランスでは前作の4倍のスクリーンで上映され、世界36カ国で配給された。

以上のように、齋藤はさまざまなアクターを取り込み、主体的に映画をつくり続けるための仕組みを創出しようと努めた。

表　齋藤優一郎の翻訳プロセス

		齋藤	細田	日本テレビ	製作委員会方式	LLP	ゴーモン
目的		主体的な映画製作を支える仕組みを創出	主体的な映画製作の継続	利益の増大、ビジネスの種の育成	方式の存続	制度の普及	利益の増大
翻訳過程	① 問題化		映画製作のリスク（失敗すれば次はない）	作品と興行の両立、作品の世界発信	他の方式や制度の台頭による影響力の低下	映画業界における浸透不足	アニメ事業の手薄さ、日本人監督作品の配給実績なし
	② 関心づけ		LLPの利点（主体的な映画製作を支える仕組み）を共有	LLPの利点（作品の円滑な商業利用）を共有	同方式の利点（例：製作時のリスク分散）の再検討	LLPへの注目と利点を把握	細田作品の魅力を説明
	③ 取り込み		LLPを共同設立	LLPを共同設立	LLPとの併用	日本テレビ・スタジオ地図LLPとして制度化	提携
	④ 動員		LLPを介した作品の二次利用事業で起用	共同で作品の二次利用事業を展開	円滑な製作基盤を獲得（LLPとの補完効果の発信に活用）	二次利用事業の活動基盤を獲得	フランスおよび各国で細田作品配給

注：詳細な相互影響関係は割愛。
出所：筆者作成。

Column ⑭ 世の中を認識する際の立場

　認識論という言葉を見聞きしたことがあるだろうか。認識論とは，「私たちはどのように世の中を認識できるか」についての考え方である。認識論には複数の立場があり，みなさんが知っている概念や理論も，何らかの認識論の立場をとっている。立場が違えば，それらの前提も異なる。みなさんがある概念や理論に触れたときの戸惑いや違和感，腑に落ちない感覚は，個々人が採用する認識論的立場の違いから生じていることもある。したがって，一見回り道に見えるかもしれないが，認識論に触れることは，社会科学の概念・理論の広がりや多様性についての理解を深めることにつながるだろう。

　抽象度が高いため，具体的に説明を進めよう（図）。認識論の基礎にあたるのが，存在論である。存在論とは，（自然現象ではなく）社会現象は，客観的に（個々人の見方や考え方から独立して）存在するかしないか，についての考え方である。存在論は，基礎づけ主義と反基礎づけ主義に大別される。基礎づけ主義は「社会現象は客観的に存在する」という立場をとる。すなわち，ある社会現象は誰が見ても同様に存在すると見なす。私たちの知識は，こうした揺るぎない真実を基礎にしていると考えるため，基礎づけ主義という。したがって，基礎づけ主義に基づくと，たとえば「過疎化」という社会現象は，客観的に存在することになる。認識論における「実証主義」は，この基礎づけ主義を前提としている。そのため実証主義では，過疎化という社会現象をおもに数量的な方法で客観的に（誰が見ても同じ結論に達するように）調査・分析し，その現状や因果関係を認識できると考える。

　対照的に，反基礎づけ主義は「社会現象は客観的に存在しない」という立場をとる。すなわち，ある社会現象は誰が見ても同様に存在せず，私たちの解釈次第で変わりうると考える。したがって，反基礎づけ主義に基づくと，過疎化は客観的に存在しないことになる（ある地域の「物理的な人口減少」は存在し

ても，「地域」の範囲や「過疎化」の定義は，政治的・社会的に規定されたもの
で，たとえば日本と海外，現在と過去や未来では異なりうる。そのため，客観
的現実とはいえないと考える）。認識論における「解釈主義」は，この反基礎づ
け主義を前提としている。したがって，解釈主義では過疎化という社会現象を
客観的に捉えられないという立場をとる。代わりに，人々がある状況下で過疎
化をどのように解釈しているのか，その解釈の違いが人々の関連する活動・政
策・制度などにどのように影響しているかを，詳細なインタビュー等を通して
理解しようとする。

　以上を踏まえて，あなたはどちらの認識論的立場に共感するだろうか。

図　存在論・認識論・調査手法の関係

存在論	基礎づけ主義	反基礎づけ主義
「社会」現象は客観的に存在するのか？	存在する →誰がそれを見ても同じ	存在しない（私たちの解釈次第） → 主体の価値観や考えによってできごとの意味づけが異なる可能性

認識論	実証主義	解釈主義
「社会」現象をどのように認識できるのか？	自然現象と同様に主として数量的アプローチで人間社会を認識できる	各主体の解釈や意味づけを把握することで社会現象の理解を目指す

調査手法	活用できる	限定される
量的手法を活用できるか？	→おもに質問票調査などを選択	→おもにインタビュー調査などを選択

出所：野村［2017］15 頁，図 1-1 をもとに筆者作成。

① 興味のある起業家が設立した会社の特徴をまとめてみよう。その上で，その会社の経営形態上のメリットとデメリットを考察してみよう。

② 興味のあるスタートアップの連携や協業の特徴をまとめてみよう。その上で，その事例を本章で紹介した理論を用いて説明してみよう。

さらに学びたい方へ | Bookguide ●

● ノーム・ワッサーマン（小川育男訳）[2014]『**起業家はどこで選択を誤るのか──スタートアップが必ず陥る9つのジレンマ**』英治出版。

　起業家が創業から成長の過程で直面する「人の問題」にかかわる9つのジレンマが，データや事例とともに丁寧に解説されている。富とコントロールをはじめ，いずれのジレンマも一筋縄ではいかないことを読み取れる。

● 吉田敬[2021]『**社会科学の哲学入門**』勁草書房。

　社会科学とは何か，社会現象をどのように捉えるか，など社会科学の見方や考え方の特徴や問題について，丁寧に解説されている。Column⓮に関心を持った読者は手にとってみてほしい。

映像資料紹介 | Movieguide ●

● ネットフリックス・ドラマ「**ビリオンダラー・コード**」2021年，全4話，各58～77分

　グーグルアースに先駆けて地球を3Dで仮想表現するソフトウエアを開発したアーティストとハッカーが，特許侵害でグーグルを訴えるという実話に基づく物語。2人の出会いから，開発チームの立ち上げ，出資者の獲得，開発成功，コード流出による事業の行き詰まり，2人の決裂という一連の過程は，組織運営の観点から示唆に富む。

第 **8** 章

起業をめぐる環境

←atama plus 株式会社
執務エリア
（提供元：atama plus，撮影：2023 年 7 月）

株式会社ビットキー
東京オフィス（執務エリア）→
（©Nacasa & Partners）

IT 関連スタートアップのオフィス風景

　上の写真は，いずれも国内で急成長を遂げている IT 関連スタートアップのオフィス風景である。みなさんはどのような違いを感じるだろうか。左上は一見してオープンな空間という印象を与える。一方，右下はデスク前方に間仕切りがあり，右手に衝立による空間の区分を確認できる。どちらも同業でスタートアップとして国内有数の企業評価額を誇るが，なぜこのような違いが生じるのだろうか。オフィスの物理的環境は，働く人々や事業活動にどのような影響を及ぼすのだろうか。また，起業家の意図はオフィス環境にどのように反映されるのだろうか。

環境は起業にまつわる行動をどのように制約し，どのように可能にしているのか。

オフィス　　ベンチャー・キャピタル　　インキュベーター
アクセラレーター

本章に関連する理論や概念

●可　視　性

　物理的・空間的環境に関する議論における可視性は，ある空間を見渡すことができる程度である。たとえば，壁や間仕切りのないワンフロアのオフィスは，可視性が高いということになる。可視性は，組織におけるコミュニケーションや業務の効率性，メンバー間の権力関係などに，深くかかわっている。

●正　当　性

　社会的な規範・価値・信念などと照らし合わせて，ある存在の行為が望ましい，適切，あるいは正しいと捉える，一般化された認知や仮定。

●制度的実践

　組織や個人といった主体が，広義の制度（法令などの社会制度だけでなく，社会的な規範や人々の信念なども含む）を参照しながら自身の目的を達成しようとする一連の行為。

本章では，起業家活動を取り巻く環境を3つの視点から概観する。まず物理的・地理的環境に注目し（第1節），次に社会的・経済的環境に触れ（第2節），最後に制度的環境を取り上げる（第3節）。その上で，各環境に関する近年の動向を述べる（第4節）。

1　物理的・地理的環境

物理的・地理的環境とは：個人・集団・組織・地域の視点

　「オフィスや工場を見ればその企業を推察できる」と記すと，驚くだろうか（「自宅や自室」ならいかがだろう）。身近で重要であるが見過ごされがちな物理的・地理的環境の概説から，そのこころを読み取ってほしい。

　物理的・地理的環境は，おもに4つの視点から捉えられる。すなわち，個人レベル，対人関係レベル，組織レベル，地域レベルである。個人レベルでは，オフィスや工場の温度・照明・音・色・香りなどの諸条件や，装置・机・椅子などの什器があげられる。対人レベルでは，作業空間や，空間内の机・椅子・機器・間仕切りなどのレイアウトがあげられる。組織レベルではオフィスビルのような建物やその配置，地域レベルでは建物の立地（関連する気候や地勢，人口，都市化・産業化などの状況）が，それぞれあげられる。

　経営学で物理的環境に関する知見といえば，ホーソン研究が名高い。この研究は，アメリカ・シカゴのウェスタン・エレクトリック社ホーソン工場で1920～30年代に実施された。当初，物理的環境が良好であれば生産性は高まると想定されたが，照明や休憩といった作業条件を実験的に悪化させても現場労働者の生産性は上がったことが明らかになった。通説では，ホーソン研究は「人間は機械の歯車とは異なり，組織から社会的な存在として配慮されたり注目されたりすると，悪条件下でもやりがいを見出し職務遂行に努める」と結論づけ，人間関係論の先駆けとして経営学説史上高く評価されている。しかし，ホーソン研究に批判が投げかけられ続けていることは意外と知られていない。

　たとえば，社会学者のホーマンズは1950年に，ホーソン研究の結果は人間関係という社会的影響によるものではなく，作業部屋の移動という物理的環境によるものと主張した。その後も，環境心理学や人間工学では，物理的環境が

注目され続けた。その結果,「人々は窓に好意的に反応する」「物理的作業環境は,メンバーの満足の維持や適切な生産に貢献する」などの仮説が提示された。

　一方,経営学では,ホーソン研究以降,組織と個人の関係や制度・文化など社会環境に注目する研究は蓄積されたが,1980年代ごろまで物理的環境に関する目立った理論的進展が確認されなかった。ただ,1990年ごろから物理的・地理的環境すなわち空間に焦点を当てた研究が現れ,2000年代以降はヨーロッパを中心に関連する研究が重ねられている。

▎近接性・開放性・可視性 ▎

　続いて,物理的・地理的環境に関連する基本的な概念を確認しておこう。まず,近接性が高いすなわち他者との物理的距離が近いほど,組織メンバー間のコミュニケーションは増えるとされる。たとえば協働者間の近接性が高いほど業務にかかわらない非公式な会話が生じる,という仮説が提示されている。

　また,開放性と**可視性**も基本的な概念にあたる。開放性は,ある空間内に間仕切りなどの物理的障壁がない程度であり,可視性は,文字通り空間を見渡せる程度である。したがって,壁や間仕切りのないワンフロアのオフィスは開放性と可視性が高い一方,パーティションや個室が設置されているオフィスは,開放性や可視性が低い。経営者や管理者にとって,開放的で可視的な空間は,一連の作業の効率性(ヒトやモノの移動や調整が簡便)や労働者の監視のしやすさなど,大いに利点がある(ちなみに,19世紀末に誕生した開放的な作業空間は,科学的管理法が浸透する下地にもなった)。

　なお,近接性は非公式なコミュニケーションを促すとされるが,開放的なオフィスでは,この関係は一貫していない。というのも,開放的なオフィスでは非公式な接触が増すこともあるが,秘匿性の高い会話も困難になるからである。また,間仕切りのある空間や個室と比べて,開放的なオフィスでは他者に近づきやすいため,仕事の中断や集中力の低下が起こりうる。実際,会議や秘密の会話,チームワークは,開放性が低いほど高まるという研究結果もある。このように開放性や可視性は,個人や集団レベルのプライバシーとかかわる。プライバシーの保護は,働く人々の物理的環境への満足度を高めるとされる。

　ただ,ここで注目に値するのは,開放性より可視性がコミュニケーションに影響するという知見である。たとえば,シリコンバレーのハイテク企業に注目した研究によると,開放性の高いオフィスで働く人々は,そうでない人々より

も他者との相互作用に費やす時間が少なかった。これは，開放的オフィスでは他者の仕事への干渉を禁止する規範が存在しただけでなく，可視性が高いため遠くから相手の様子を確認して話しかけるかどうかを決められるため，と説明されている（反対に，開放性の低いオフィスでは，様子を確認できない相手の居場所に向かう途中で，目的外のやりとりが自然に生じていたという）。

┃ 物理的・地理的環境の設計と解釈 ┃

物理的・地理的環境は，仕事場への生理的反応（快・不快）やコミュニケーション，組織成果に影響するだけでなく，人々の認識にも影響する。たとえば，「渋谷の超高層ビルに入居するスタートアップ」と聞くと，どのようなイメージを抱くだろうか。カリスマ経営者や，キラキラした従業員，最新の機器・什器，先端的製品・サービスの開発などを，なんとなく想像する人は少なくないだろう。これは，物理的・地理的環境は組織内外の人々に社会的な意味を伝え，私たちは知識や経験をもとにそれを解釈するからである。上記のような想像は，立地や建物に関する象徴的な情報と，受け手が抱く先進性・新規性・成長性といったイメージが結びつけられることで形成される。実際，立地の魅力度が優れた人員の採用に寄与することは理論的に指摘され，立地がよいほど応募者の質は高まると発言する起業家も少なくない。

これらから，起業家や経営者は，何らかの意図をもとに物理的・地理的環境を設計し，人々を統制しているといえる。さらに，ある物理的・地理的環境への人々の解釈が，起業家の認識や環境を設計する際の意図を再構築するという関係も見逃せない。具体的に，「ベンチャー企業の渋谷すごろく」というオフィスの移動パターン（最初のオフィスはX地区で，成長すればY地区，上がりはZ地区という認識）が関係者間で共有されているというが，これは単独の起業家の意図とオフィス設計ででき上がったものではない。時代を超えて，数々の起業家の意図的な設計と周囲の人々の物理的・地理的環境についての解釈や行動（どの地区をどのように評価するか），それを踏まえた起業家の意図的な（再）設計（人々の解釈をもとに，どこにどのような特徴のオフィスを〔再〕設計するか）といった影響関係が繰り返されることで形づくられたといえる（この一連の過程では，起業家が意図しきれなかった側面や，意図とは異なる人々の解釈が生じることもある）。

なお，このような物理的・地理的環境の（再）解釈や（再）設計は，時代や場所，立場などの条件・文脈によって変わりうる（たとえば，今や数多くのクリ

　ココナラは，東京都渋谷区を本拠とするウェブ・サービスの開発・運営会社である。友人を介して出会った南章行・新明智・谷口明依が，2011 年にウェルセルフを創業し，翌年個人の知識やスキルを売買するオンライン・プラットフォーム「ココナラ」を開設した。創業 10 年ほどで東証マザーズ（現グロース）に上場し，会員数は約 300 万人，出品されている知識・スキル数は 50 万件を超える（2022 年現在）。ここでは，創業から約 6 年間の同社のオフィス遍歴と，トップの南章行（現，会長）による物理的・地理的環境の設計に注目する。

　ココナラは，創業から 6 年弱の間に 7 カ所でオフィスを構えた。最初は池袋に近い大塚のオフィスを半年ほど借りた。当時は事業内容を試行錯誤していた。その後，知人が開設した五反田のコワーキング・スペースに移り半年ほど利用した。そこは間仕切りも鍵もなく，開放的な環境だった。

　ただ，ココナラの試用版を仕上げた南らは，もっと狭くて濃密なやりとりができる空間がスタートアップには必要と判断した。そこで渋谷・桜丘のオフィスに 1 年弱入居した。11 坪とワンルームとそう変わらない空間に 8 人が集い，トイレの壁もベニヤ板でプライバシーは皆無といえた。事業が本格化し従業員も増えたため，渋谷区内で移転したが人口密度は相変わらずだった。20 坪を最大 16 人で使った。「1 つの机を複数人で使い，誰かが風邪をひけば全員にうつる状態だった（笑）」という。そこで宇田川町（40 坪），再び桜丘（79 坪）と渋谷で移転を重ねた。その間に事業は拡大し，さらに倍の広さ（160 坪）を求めたが渋谷の賃料では手が届かず，2017 年に五反田に移った。

エイターやスタートアップなどが集うロンドンのショーディッチは，1990 年ごろまで有数のスラム街で犯罪が多発していた。また，オフィスにエレベーターが導入される 1870 年ごろまでは，建築構造上，またそれに関する人々の解釈上，アクセスのよい「低層」階が人気だった）。

社会的・経済的環境

　次に，2 つ目の視点である社会的・経済的環境に注目しよう。起業家は社会経済におけるさまざまな主体とかかわりながら事業を営む。とくに創業初期は，

移転を繰り返した理由について，「同じ場所に2年もいるのはあんまり……」「5つ目のオフィスは1年半借りていたが，俺たち成長してないじゃん，それはちょっと恥ずかしいと思っていた」「スタートアップは，1年で2倍のオフィスに移れるくらい急成長していないとダメ」と南は語る。

　また，彼は渋谷にこだわった理由として，次の点をあげている。まず，渋谷の街が放つ活気はスタートアップに適していること（青山も候補だったが落ち着きすぎている），次に，採用しやすいこと（スタートアップ志望者の多くは前職も渋谷で，業界で渋谷を敬遠する人は少ない），最後に，入居審査をパスしやすい物件が多いこと（渋谷はベンチャーがいち早く集積したこともあり，入居しやすい物件が多い。なお，結果的に，まずは桜丘，次は道玄坂といったベンチャー企業のオフィスの移動パターンを確認できるという），である。

　南は，7つ目の五反田オフィスを設計する際，費用は嵩むが開放的なガラス張り空間にした。従業員の様子を見渡せないと不安になり，サボっているのではと疑ってしまいがちだという。部下の働きぶりややりとりが見えると安心できるし，オープンな関係を保てると語る。また自身の仕事スペースの配置も工夫した。上司と部下の間に階層的な雰囲気が生まれないよう，自らが奥まった場所に陣どるのは避けた。「自分のパソコンは執務エリアの入口から丸見え」だという。南は，オフィスの設計からトップの思想や意図が垣間見えることが重要と強調する。なお，ココナラは2020年に再び渋谷の桜丘に戻り，21階建て1フロア300坪を超える超高層ビルに拠点を置いている。

資金・労働力・知識・人脈などの資源が不足しがちで，他の主体の支援を仰ぐことは珍しくない。ここでは，起業家活動の支援に携わる代表的な主体を取り上げる。起業家は，それらからどのような支援を得ているのだろうか，一方，それらと関係を結ぶことで，どのような制約を受けているのだろうか。

┃ 家族や親戚，知人 ┃

　具体的な起業支援として，真っ先に思い浮かぶものは資金だろう。じつは，創業資金については，国内外を問わず自己資金の割合が最も高く，過半数を占めることが複数の調査・研究で示されている。それ以外の主要な調達先の1つとして，家族や親戚，知人があげられる。

起業支援にかかわるメリットとデメリット

　家族らによる支援は，概して金額は小規模だが，調達は容易といえる。起業に関する知識や人脈の乏しい者の場合，事業内容・計画の精査から期待される経済的な見返りより，信頼や愛情を優先する彼らの支援は渡りに船といえる。

　しかし，こうした支援には相応のリスクも潜む。とくに，支援者と近しいほど，事業を営む過程で不和や対立が生じた際，親密な関係にヒビが生じうる。そのため，身近な人物からの支援は念頭にない起業家も少なくない。また，このようなリスクを承知で家族などから支援を受けると，その人物や事業は他者を説得できる魅力を備えていないというマイナス評価を持たれかねない。加えて，彼らが資金面以外の知識・技能や人脈に関する支援を提供することは，ビジネス関連の経験を備えていない限り相対的に難しい。

┃ ビジネス・エンジェル ┃

(1)　エンジェルによる投資

　ビジネス・エンジェルと呼ばれる個人投資家も，起業支援のおもな担い手の1つである。一般に彼らは，創業初期に資金を投じる。たとえば，1990年代にOS市場を席捲したサン・マイクロシステムズを立ち上げたアンディ・ベクトルシャイムは，出勤途中にグーグル検索エンジンのデモを見た途端，口座すら開設していなかったラリー・ペイジとセルゲイ・ブリンに10万ドルの小切手を手渡した。昔も今も，このような逸話は少なくない。

　彼らによる出資は，銀行などの金融機関による融資と異なり担保も求められず，支援を要する起業家にとってまさに天使である。ただ，天使だけに彼らと出会い救われる（出資を得る）ことは容易ではない。アマゾンのジェフ・ベゾスですら苦労した。彼はインターネット草創期の1993年にオンライン書店設立を決意した。100万ドルの資金を集めるために60回ものミーティングを行い，"What's the internet?" という質問を繰り返されながら投資家の説得に努めた。その結果，22人から救われたが40人から拒まれた。

(2)　起業支援にかかわるメリットとデメリット

　とはいえ，エンジェルから得られる経済的資本は，一般に家族らのそれを上回る。また，専門職や起業経験のあるエンジェルが，起業家や事業の成長のためにメンターの役割を担うことも少なくない。さらに，エンジェルによる出資という事実は，起業家や事業の社会的信頼性を高め，ベンチャー・キャピタル

のような大規模かつ組織的な支援に結びつく可能性もある。

　しかし，あくまでも個人投資家のため，専門知識や技能，人脈の質・量は，当人次第でバラツキが大きい。事業への理解・経験が不足する個人投資家との交渉や契約，その後のやりとりに悩まされる起業家は少なくない。

ベンチャー・キャピタル

(1)　その成り立ち

　特定の個人や一族による支援と比べ，多様な主体による組織的な起業支援の歴史は浅い。ベンチャー・キャピタル（venture capital：VC）すなわち成長を期待できる企業向け投資ファンドの運営組織は，20世紀半ばから勃興した。1946年に設立されたアメリカン・リサーチ・アンド・ディベロップメントはVCの草分けといわれる。同社は，世界的なコンピュータ企業に成長したDEC（Digital Equipment Corporation）をはじめ，数多くの起業支援を通じてプライベート・エクイティ（未公開株）投資の促進に貢献した。その後アメリカのVCは，先駆的にリミテッド・パートナーシップ（出資額分のみ責任と権利を負う投資形態で，広範囲から投資を募りやすい）などの仕組みを整えていった。

(2)　支援の仕組み

　それでは，現代のVCはどのような仕組みを有しているのだろうか。一般に，VCは無限責任があるジェネラル・パートナー（general partner）として，まずファンドと呼ばれる投資事業を行う有限責任組合を組成する。次に，金融機関や機関投資家（顧客から預かった資金を管理・運用する大口投資家），自治体などから出資を募り資金を確保する。これらの出資者は，リミテッド・パートナー（limited partner：LP）と呼ばれるファンドの組合員となり，出資額に応じた有限の責任と権利を持つ。その上で，VCは投資元本の一部（たとえば2～3％）を運用報酬として受け取りながら未公開企業に接触し，出資に適うか否か審査し，有望企業に投資する。その後，投資先やLPと密に連絡をとり，とくに育成支援（ハンズオン）型のVCは出資企業の成長を支援する。出資先が破綻する可能性もあるが，株式公開等に至った場合は，エグジット（出口）と呼ばれる保有株式の売却等により資金を回収し，得られた利益の20％程度をVCが受け取り，LPに対して元本と利益の80％程度を分配・配当する。

　なお，VCの成果に関するある研究によれば，9％が株式公開，26％は買収か合併され，15％は清算か倒産，19％は（最後の出資ラウンドから5年以上経過

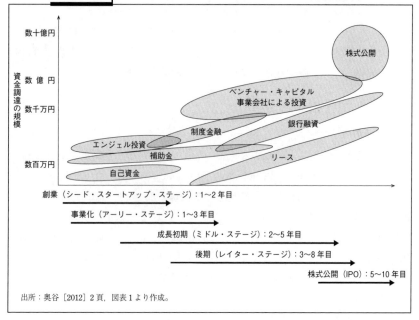

CHART 図8.1 ベンチャー企業の成長段階に応じた資金調達手法

数十億円

資金調達の規模

株式公開

数 億 円

ベンチャー・キャピタル
事業会社による投資

数千万円

制度金融 銀行融資

エンジェル投資

補助金 リース

数百万円

自己資金

創業（シード・スタートアップ・ステージ）：1～2年目

事業化（アーリー・ステージ）：1～3年目

成長初期（ミドル・ステージ）：2～5年目

後期（レイター・ステージ）：3～8年目

株式公開（IPO）：5～10年目

出所：奥谷［2012］2頁，図表1より作成。

しても）資金回収を期待できず，31％は非上場だった。すなわち，投資のプロといえる VC でさえ，果実を得るのはそれほど容易ではないといえる。

(3) 起業支援にかかわるメリットとデメリット

VC による経済的支援は，通常，家族らやエンジェルと比べ大規模で長期的である。そのため，研究開発や医療など多大な初期費用や運営費を要する事業の場合，きわめて魅力的である。加えて，人員の採用や追加資金調達に資する人脈利用，VC からの出資実績による社会的信頼性の向上といった利点もあげられる。

しかし，VC による支援獲得はきわめて難しい。世界の大半の VC が集中するアメリカでは，出資を得られる企業は1万分の1以下ともいわれる。また，出資と引き換えに企業側は株式の所有割合が低下し，裁量権が弱まる。その程度は，出資が大規模で長期に及ぶほど高まる。多額の設備投資を要する資本集約的事業の場合，複数回の投資を経て VC が過半数の株式を保有することも珍しくない。

ビジネス・インキュベーター

(1) カネの支援を超えて

以上の主体は，おもに経済的支援を担っていた。ただ，起業家が求める支援はカネだけではない。そこで，資金以外の支援も手がける主体の1つとして，ビジネス・インキュベーター（business incubator：BI）を見ていこう。

BIあるいはインキュベーション施設とは，創業期の起業家が必要とするオフィスやビジネス関連の知識・人脈といった包括的サービスを提供する施設である。インキュベーターには孵卵（卵をかえすこと）器などの意味があり，転じて起業家の育成・支援を指す言葉として用いられるようになった。世界初のBIは，1959年にアメリカ・ニューヨーク州で開設されたバタビア・インダストリアル・センターといわれる。同施設は倒産した農機具メーカーの土地・建物を有効活用したものだった。日本では，1980年代からアメリカで活発化していたBIを導入する動きが生じ，1989年に，かながわサイエンスパークが国内初の施設として誕生した。その後BIは各地で誕生したが，経済の停滞もあり短期的には拡大しなかった。しかし，産学連携やビジネスの種（シーズ）を持つ大学と企業の橋渡し役を担うTLO（technology licensing organization）の萌芽，IT事業者の増加などを背景に，1990年代後半から施設数が増え始めた。2000年以降はBIの細分化も進み，特定の業種・職種を対象とする施設の開設が相次いだ。2010年代以降は，民間主導のBIも増加している。

BIの要件は次の4点とされる。①起業家向けオフィス等の施設を持つこと，②担当者（インキュベーション・マネジャー）が支援していること，③単なる貸しオフィスではなく入居対象を限定していること，④退去企業の評価基準を設けている（独り立ちである卒業とそれ以外を分けている）こと，である。

(2) 起業支援にかかわるメリットとデメリット

起業家は，BIに入居することで，一定の社会的信頼を備えた仕事場を確保でき，施設によっては調達困難な実験・工作機器なども使用できる。また，関連知識や人脈など事業に資するサービスも享受できる。さらに，他の入居者との交流を通して，安心感を覚えたり刺激を受けたりすることもあるだろう。

一方，上述の要件③の通り，一般的なコワーキング・スペースなどと比べ，入居者は限定され，多様性が高いとはいえない。起業家なら誰でも入居可能ではなく，条件（創業年数や事業内容等）の適否に加え，書類・面接審査を経て該

Column ⑮　AnyPerk と Y Combinator

　AnyPerk（現 Fond）は，オンライン福利厚生サービスなどをグローバル展開している。ジムや映画鑑賞，携帯電話料金などの割引・特典サービスは，Salesforce などのグローバル企業に導入されている。同社は 2012 年にシリコンバレーで創業し，世界有数のアクセラレーターである Y Combinator（以下 YC）の支援プログラムを経て飛躍を遂げた。創業者の福山太郎は，1987 年に東京で生まれ慶應義塾大学を卒業後，シンガポールの IT 企業にエンジニアとして就職した。専門知識は皆無だったが，ゲームのコードをひたすら書きながら学ぶ一方，スカイプでつながっている人に事業の構想を投げかけ続けた。1 人があるアイディアに共感し事業化を強く勧めたため，2011 年に起業を決意し，退社後に渡米した。

　元・起業家でプログラマーのポール・グレアムらは，2005 年に YC を設立した。同社のおもな特徴は，ソフトウエア関連企業への一括投資（1 万〜2 万ドル投資し，平均 7 ％の株式を受領），3 カ月の支援プログラム（定期面談や著名ゲストを招いた夕食会等で事業を支援），デモデー（各国から集う数百人の投資家への成果発表機会）である。設立以来 2000 社以上支援し（2020 年現在），ドロップボックスやエアビーアンドビーなど急成長した企業を輩出している。

　福山は YC の選考を通過した初の日本人として，2012 年 1 月から参加した。グレアムから「これから 12 週中 10 週はコードを書くこととユーザーと話すこと以外やってはいけない」といわれた。当時は「友達の友達を紹介してもらうサービス」を手がけていたが，利用者は数百人で大半は知人だった。面談で利用者の声を徹底的に聴くよう助言され，聞き取り調査を行ったが結果は芳しくなく，開発断念を促された。参加して 3 日で構想は頓挫し，その後も妙案に至らず 7 回も方針転換した。夕食会で他の参加者から「まだ決まらないの」とからかわれた。グレアムからは「君たちは最悪のスタートアップだ。アイディア

当者が選抜される。選考を通過しても入居期間は有期で最長 3〜5 年程度である。さらに，国内では知識や経験に富むインキュベーション・マネジャーの供給は十分とはいえず，支援の質・量にはバラツキが見られるとされる。

┃ アクセラレーター ┃

　最後に，エンジェルや BI などと類似するが各国で増えつつあるのが，**アクセラレーター**（accelerator）である。"accelerate" とは加速させるという意味で，

もなく毎週やることが変わっている。資金調達できるわけないよ」と告げられた。その上で「アメリカになくて日本にあるものを考えろ。君たちの強みを活かせ。日本の先行事例を示せば成長性を証明しやすい」と助言された。

　試行錯誤の過程で3人のメンバー間には不穏な空気が流れたが，ジムの会費などYCが提供する200以上の特典の話題になり，「やっぱりここに来てよかった」と笑い合えた。その際，これはビジネスになるのではと気づいた。実際，日本には福利厚生関連の上場企業が4社あったが，アメリカには皆無だった。事業方針が定まった。プログラムに参加して1カ月が経とうとしていた。

　YCの教訓の1つに，「つくる前に売れ」がある。起業家は顧客と会う前に製品やサービスをつくりがちだが，それはニーズがないかもしれない。先に製品・サービスのコンセプトを顧客に伝え，評価されればそれは取り組む価値がある。そこで，YCの特典（perk）使用権を外部者に1人10ドルで提案すると，高確率で売れた。そのため，特典の提供企業を訪ね，大規模サービスを開発予定と伝え，同条件での提供を求めた。1週間で数十の特典を獲得し，YCの経営陣や他企業に月額5ドルで販売した。評価は上々で，20〜200人規模のスタートアップが強い関心を示した。彼らは大企業から人材を引き抜く際の特典を求めていたからである。YCは，最初は機能を最小限にし，とにかく早く仕上げろと助言した。利用者のフィードバックを早く得ることが何より大切だからである。3月1日に試作品を発表し，4週間で1200社以上から申し込みを受けた。

　プログラムの集大成であるデモデーを迎えた。2分半の発表のために2週間準備した。結果的に多くの投資家が同社に可能性を見出した。日本のサービスをアメリカに導入する試みは稀なため，関心を得られた。アメリカ以外で市場が成立している事実も大きかった。デモデーを通して146万ドルを調達できた。その大半は知り合いではなく，発表を目にした投資家だった。

アクセラレーターは一般に，創業初期の企業の急成長を支援する事業者や施設を指す。先駆けといわれるY Combinatorが2005年にシリコンバレーで設立されて以降，アメリカでは10年間で200近い事業者が生まれ，5000社以上が支援され，（支援後に追加資金を調達できた）企業の評価額は中央値で約3倍，平均10倍以上増加した。なお，日本でも2015年ごろから増加し，2019年時点で100以上存在するといわれる。アクセラレーターは短期間に事業への投資や助言，人脈，作業スペースなどを提供する（表8.1）。

CHART | 表8.1　アクセラレーターと類似主体との比較

	アクセラレーター	インキュベーター	エンジェル投資家
（支援）期間	3〜6カ月	1〜5年間	継続的（不定）
支援プログラムの特徴	体系的 （複数の起業家が集団形式で参加）	非体系的 （ニーズに応じてサービスを提供）	通常なし
ビジネスモデル	投資（通常） あるいは非営利	賃料，非営利	投　資
参加者の選抜	競争的，周期的	非競争的	競争的，継続的
支援対象の事業段階	初期（アーリー）	初期 または 後期（レイト）	初　期
教　育	セミナー	適宜，人事・法務等の関連教育を提供	通常なし
事業の遂行場所	現地（通常）	現　地	現地外
メンタリング	内外の関係者により集中的に実施	最小限，戦術的	必要に応じて実施

出所：Cohen and Hochberg［2014］p. 9，および中沢［2018］6-7頁より作成。

起業支援にかかわるメリットとデメリット

　元または現・起業家や投資家，大企業などによる上記の支援は，起業家が急成長を図る上できわめて意義深い。実際，上述の通り数多くの企業が，プログラムを受講後に飛躍を遂げている。他方で，支援の獲得は非常に競争的である。たとえば Y Combinator（1万6000社から400社を厳選）や Techstars の場合，プログラムの選考通過率は1〜2％程度といわれる。また応募するスタートアップは，投資と引き換えに通常数％の株式（すなわち所有権）を手放すことになる。

3　制度的環境

制度とその影響

　続いて，3つ目の視点である制度的環境に注目しよう。制度と聞くと，法律やルールなど社会的な取り決めをイメージする人は少なくないだろう。「制度的」環境という表記から，起業家が法制度から一方的に影響を受ける様子を想

像されるかもしれない。たしかに法律も制度だが，制度と組織の関係に着目する制度派組織論[12]では，制度は明文化された法制度や規則だけにとどまらない。社会で当然視された規範や信念なども含む，より広い意味合いを備えている。

　いずれにせよ，制度は私たちに大きな影響を及ぼす。制度派組織論が，1970年代以降，社会学者のマイヤーやローワンらによって展開するきっかけになったのが，「神話（myth）としての公式組織」という指摘や，組織の「制度的同型化」(institutional isomorphism) に関する議論である。「神話としての公式組織」とは，近代以降，軍隊や省庁，大企業など公式組織の典型である官僚制組織が社会に浸透した理由は，そうした組織形態（およびそこで採用される規則など）が経済的な合理性や効率性に結びつくからではなく，社会的に望ましいと見なされている，あるいは効率的と思い込まれているから，という意味である。つまり，「効率的な官僚制組織」は一種のフィクションで，経済合理的な事実に基づくというよりは，社会的に正当と認められた（**正当性**を獲得した）ものである，と指摘されている。

　このような制度的要因の影響で，組織の形態や規則などが類似することを説明するのが，制度的同型化という概念である。制度的同型化は，より具体的には，強制的同型化，規範的同型化，模倣的同型化，に分けられる。

　強制的同型化とは，法律や規制などから強制され類似した組織構造や制度を採用することである。たとえばコロナ下で，まん延防止等重点措置に基づいて，企業や自治体などが行動指針を定めることなどが該当するだろう。

　規範的同型化とは，専門家の規範が組織に持ち込まれ，成員間で共有されることで思考・行動パターンが類似することである。たとえば，経営者がアメリカの大学の MBA ホルダーだったり，社内で同様の専門家が増えたりすることで，株主至上主義が組織の行動規範になることなどがあげられる。

　模倣的同型化とは，成功している他組織の構造や制度を真似ることである。（成功の因果関係が不明瞭でも）好業績のライバルを真似てビッグデータや AI 等の技術を用いた組織変革（digital transformation：DX）の推進部署を新設することなどが該当する。

glossary

12　**制度派組織論**　　組織の仕組みや活動は，組織を取り巻く社会的な制度や文化に影響され，またそれらに影響を与えるという立場をとる組織理論。

しがらみと機会としての制度：起業家の制度的実践

　たしかに，制度的同型化にあたるケースはそこかしこで見つけられる。しかし，制度は私たちや起業家の行為を一方的に規定するのだろうか。それでは，なぜ同じ業界内でも異なる事業活動が確認されるのだろうか。さらに，私たちの行動を制約する制度そのものは決して不変ではないが（法制度すらたびたび改正される），どのように生成・維持・変化するのだろうか。これらの問題提起をきっかけに，「制度に埋め込まれた個人や組織といった主体が，どのようにその制度を変革できるのか」が検討されるようになった。

　たとえば，制度による埋め込み，すなわち制約の程度の大小などを根拠に説明する研究も見られた。具体的に，ある主体は制度にどっぷり依存していない（たとえば，ある業界慣行になじみのない新参者である）ため，他者と異なる動機や資源を備え，（たとえば，革新的サービスの開発など）制度変化につながる行動をとれるという論理である。しかし，こうした説明は，結局「（程度差はあれ）制度化あるいは制約されていない」主体を前提とするため，上記の論点とずれが生じている。言い換えれば，この説明では，ある業界になじんだ（埋め込まれた）主体は制度を変革できないことになる。

　そこで注目されるようになった概念の1つが，**制度的実践**である。制度的実践とは，組織や個人といった主体が規範や信念，法令などの制度を参照すなわち常に考慮しながら，目的を達成しようとする一連の行為を意味する。たとえば，あるスタートアップの新規事業が既存の規制Xに阻まれたとしよう。その際，その起業家は規制Xにかかわる利害関係者（省庁の官僚や事業者など）を把握する一方で，それとは異なる利害関係者（別省庁の官僚や競合他社，潜在的消費者など）を見出した。その上で後者と協調関係を築き，新規事業を促す法制度Yを活用して事業の正当性を実証実験で示し，規制Xの見直しを求めた。結果的に，規制Xは改正され新規事業も軌道に乗ったことで，Yにかかわる省庁から一連の取り組みは妥当とのお墨付きを得られ，法制度Yの強化につながった（法制度Yの具体的成果として評価された。**Case 8-②**）。

　このケースでは，制度の制約を受けていない主体が制度変化をもたらしたわけではない。むしろ既存の規制Xを理解・考慮し，目的のために利害が重なる他者を巻き込み，別の法制度Yを用いて規制Xの改正に結びつけた。すなわち，規制Xに埋め込まれた起業家によって，Xの変化（さらに法制度Yの維

Column ⓰ 起業の支援・促進に関する法制度

　日本では，これまで起業や事業創出の支援・促進に関する法制度が整備され
てきた（表）。とくに 1990 年代以降，投資や新技術の利用，会社設立などに関
する法令が矢継ぎ早に出され，その後も，開業やスタートアップ創出を促そう
と，さまざまな法令の公布が相次いでいる。

　これらの法制度は，時にしがらみとして関係者の活動を制約し，時に機会と
してそれらを促しもしてきた。関連する法令を垣間見ることで，制度の重要性
（製品・サービスの優劣のみで事業の成否は決まらず，ある制度が製品・サービ
スの開発・発展自体を可能にすること）を確認できるのではないだろうか。

表　日本における起業支援・促進に関する主要な法制度の展開

年	法　制	おもな目的
1963	中小企業投資育成会社法	中小企業の成長に寄与する投資育成会社の設立
86	民活法	民間の能力を活用した経済社会の基盤施設整備
89	新規事業法	画期的技術やノウハウ等の商品化を支援
94	独占禁止法の指針改正	ベンチャー・キャピタル投資先への役員派遣の規制撤廃
95	中小企業創造活動促進法	新製品・新サービスの創出支援
98	大学等技術移転促進法	TLO 活動の支援
	投資事業有限責任組合法	中小未公開企業への出資者保護（有限責任化）
	→LPS 法に改正（2004 年）	投資手法の大幅自由化と投資家保護ルールの導入
99	新事業創出促進法	中小企業者の新技術を利用した事業活動を支援
	中小企業経営革新支援法	経営革新を支援
	産業活力再生特別措置法	国の委託研究開発に関する知的財産権の利益を受託者に帰属
	中小企業基本法の改正	中小企業の多様で活力ある成長発展という新理念の提示
2003	中小企業挑戦支援法	最低資本金規制の特例（1 円起業）
05	中小企業新事業活動促進法	従来の個別法を整理統合し包括的に支援
	有限責任事業組合法	出資者全員の有限責任を定めた事業組合法（LLP 法）を制定
06	新会社法	最低資本金規制の撤廃，合同会社（LLC）の導入
07	中小企業地域資源活用促進法	地域資源を活用した新商品・サービスの創出支援
13	小規模企業活性化法	小規模企業への情報提供や資金調達等を支援
14	産業競争力強化法	新規事業関連の規制改革，ベンチャー投資活性化，創業・再生支援
	小規模企業振興基本法	事業の持続的発展を積極的に評価
16	中小企業等経営強化法	事業分野の特性に応じた経営の強化指針を策定
18	生産性向上特別措置法	規制改革の推進（規制のサンドボックス制度），先端設備投資支援
20	中小企業経営強化税制の拡充	業務のデジタル化（テレワーク等）の促進
21	産業競争力強化法改正	大型ベンチャーへの民間融資に対する債務保証制度創設

出所：筆者作成。

　Luup（ループ）は，東京都千代田区を拠点に電動キックボードなどマイクロモビリティのシェアリング事業を手がけるスタートアップである。CEO の岡井大輝は，1993 年に生まれ東京大学農学部を卒業後，コンサルティング会社に就職するが約 1 年で退社。大学時代の仲間と起業し，いくつかの事業に取り組むも頓挫する。中には介護版ウーバーという構想もあったが，最寄り駅などから介護士を依頼先に運ぶ交通手段がなく，事業化を諦めた。しかし，国内交通インフラの課題から着想を得て，2018 年 7 月に 5 人で Luup を設立。新世代の交通インフラ，すなわち JR など大手輸送会社がカバーしていないラスト・ワン・マイル（交通や物流の最後の区間）の短距離モビリティ・サービスの構築に乗り出した。

　ただ，この事業は街中で電動キックボードなどを走らせ，各所にポートを設置できて，はじめて価値を生み出せる。そのため，事業を進めるには政治家・地域住民・競合他社などさまざまな関係者を巻き込む必要があった。とくに地域住民や政治家と対話を数多く重ねた。当初は，地域住民に「よくわからないから会わない」と門前払いされた。「聞いたこともないスタートアップが人命を預かる事業を進めると聞けば，そのような対応もうなずける」と岡井は振り返る。しかし，各地域の利害関係者の声に粘り強く耳を傾けた結果，地域住民が直面する課題やニーズ，事業の問題点が浮き彫りになった。

　地域が抱える課題は，じつに多様だった。たとえば，交通手段の不足で観光客が滞留しない，フェリー往来時に路線バスが満員になる，などである。一方で，短距離移動への確かなニーズを各地で確認できた。2019 年 4 月に浜松市など 5 つの自治体と全国初の連携協定を結び，またサービスの実証実験を重ね，

持）が実現された。このように，制度的実践に基づくと，制度は起業家にとってしがらみとなり，（だからこそ）道しるべにも機会にもなりうるといえる。

 環境整備をめぐる動向

▶魅力ある舞台の構築に向けて

最後に，起業家を取り巻く環境に関する実務界の動向に触れておこう。まず，

試乗者の声をもとに安全性や快適性を高めていった。

　関係省庁にも事業の必要性を訴え続け，競合他社にまで声をかけた。関連規制が見直されなければ，そもそも各社は事業を軌道に乗せられない。新市場創出という各社すべてが利益を得られる構想を示すことで，ライバルとの協調にこぎ着けた。2019年5月に国内競合2社などとマイクロモビリティ推進協議会を設立し，岡井は会長に就いた。さらに，経済産業省主導の多様なモビリティ普及推進会議にて発表するなど，政治家と地道な関係構築・交渉を重ねた。

　その上で，最大の障壁である現行規制の見直しに着手した。電動キックボードは，道路交通法と道路運送車両法上，原動機付自転車にあたるため，乗車時のヘルメット着用や免許証携行などが求められる。そこで2019年10月に「規制のサンドボックス制度」（新技術等実証制度）に申請した[13]（同制度は国家戦略上，事業者に「まずやってみる」ことを促す目的で創設された）。月末にモビリティ分野で初認定され，政府から正当性すなわちお墨付きを得た。

　さらに，2021年4月に経産省主導の新事業特例制度に認定され[14]，より手軽に電動キックボードを公道走行させる道が開かれた。公道走行実験データの結果，翌年4月に道路交通法の改正案が可決され，2023年7月から，免許なしの乗車（16歳以上）やヘルメットの任意着用が実現する。

　2022年現在，同社は，東京・名古屋・大阪など7都市で電動キックボード（実証実験中）などのシェアリング事業を営み，累計調達額も90億円を超えた。同社の事業は，規制のサンドボックス制度および新事業特例制度の「成果」事例として，それぞれ内閣官房と経済産業省によって広く発信されている。

物理的・地理的環境については，立地やデザイン面で魅力的なオフィスの整備

glossary

13　規制のサンドボックス制度（新技術等実証制度）　　現行の規制の見直しを促す制度。IoTやブロックチェーンなど新技術の実用化や，プラットフォームなどに関する事業の実施が規制上困難な場合，事業者は規制官庁の認定を受けて実証を行い，得られたデータをもとに規制の見直しにつなげられる。

14　新事業特例制度　　新事業に関する規制の特例措置を認める制度。この場合，電動キックボード運転時のヘルメット着用の任意化などを要望し，規制官庁から公道走行実験を認定された。

に取り組む起業家・経営者は少なくない。とくにコロナ禍以降，適正なオフィスを求めて，拡張移転や都心部への移転だけでなく，縮小移転や郊外への移転も目立つ。並行して，リモート・ワークなど働きやすさに配慮した環境や制度整備を図る企業も確認される。つまり，起業家や経営者が，自身の理念・考え方と時代状況に即して戦略的な物理的・地理的環境の設計に取り組むことで，結果的にオフィス環境が多様化しつつあるといえる。

　また，社会的・経済的環境については，営利型起業支援事業者のサービスが多様化している。その結果，たとえばBIとアクセラレーターなど起業支援を担う主体間の境目が曖昧になりつつある。とくに2010年代以降，各主体がITを活用した事業拡張や戦略的連携等に取り組み，カネや空間，知識・技術，人材などから，起業家の福利厚生などの生活支援に至るまで，包括的サービスの提供に乗り出した。また，Plug and Playや500 Global（旧500 Startups）など世界有数のアクセラレーターが日本に進出するなど，支援者間の競争が激化しつつある。

　さらに，制度的環境については，国や地方自治体も起業家やスタートアップの創出・誘致に向けて，さまざまな施策を講じている。その結果，魅力的な事業環境や生活圏の創出に関する都市間競争が勃興している。中でも，シリコンバレー，ニューヨーク，ロンドン，北京，テルアビブ，ソウル，東京，アムステルダム，パリ，ベルリン，トロント，シドニーなどでは，人や事業が集まり，都市が発展するという好循環が生じている。日本でも，税制や言語，行政手続き，住宅・不動産，教育，飲食など，事業や生活関連の環境を改善することで，都市の魅力を高める取り組みが続けられている（●第12章）。

　以上の動向は，同業他社の振る舞いと同様，起業家の機会認識や経営判断に影響を及ぼしている。

EXERCISE

① 興味のあるスタートアップのオフィスについて調べ，特徴をまとめてみよう。その上で，その背後にある経営者の設計上の意図について考察してみよう。

② 興味のあるスタートアップが，どのような主体から支援されていたかを調べてみよう。その上で，その支援の事業活動への効果を考察してみよう。

③　Case **8**-②の Luup のように，制度的な制約に直面したスタートアップを探してみよう。その上で，その企業がどのように制約を克服したか考察してみよう。

さらに学びたい方へ 　　　　　　　　　　　　　　　　　　　　　**Bookguide ●**

- E. サンドストロム（黒川正流監訳）[1992]『**仕事の場の心理学──オフィスと工場の環境デザインと行動科学**』西村書店。

　　物理的環境と働く個人や集団の態度・行動，組織の成果との関係に注目した，膨大な調査・研究（出版年の関係で近年の動向は取り上げられていないが）が丁寧にまとめられている。

- マルク・レビンソン（村井章子訳）[2019]『**コンテナ物語──世界を変えたのは「箱」の発明だった（増補改訂版）**』日経 BP。

　　コンテナを起点とする輸送システムの刷新が，経済や社会に及ぼした影響（意図せざる結果も含む）を描く壮大な物語。起業家マルコム・マクリーンが，輸送業をめぐる規制や利害関係，規範にどう対峙したかにも注目してほしい。

映像資料紹介 　　　　　　　　　　　　　　　　　　　　　　　　**Movieguide ●**

- ネットフリックス・ドラマ「ザ・プレイリスト」2022 年，全 6 話，各 45〜56 分

　　音楽ストリーミング・サービス世界最大手であるスポティファイの創業ドラマ。起業家，音楽業界人，弁護士，プログラマー，共同創業者，アーティストという 6 人の視点から，同社がどのように誕生したのか，著作権問題や絡み合う利害とどのように向き合ったかが浮き彫りにされる。

第**9**章

ベンチャーとスタートアップ

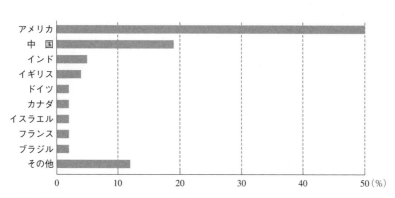

出所：*CB Insights*, "The complete list of unicorn companies".

国別ユニコーン数の比率（2022年）

　新規創業企業の中でも，「企業価値が10億ドルを超える，設立から10年以内の急成長をしている未上場企業」のことを「ユニコーン」と呼ぶ。ユニコーンとは，額に1本の角が生えていて馬に似た伝説の生き物で，めったに見られないとされる。投資家にとって，自分の投資を何倍にもしてくれる企業は，まさにユニコーンと同じくらい希少かつ重要な存在である。フェイスブック，ツイッター，ウーバーなども，かつてはユニコーンであった。

　2022年4月現在，世界には約1080社のユニコーンがあるといわれる。うち半数はアメリカ企業で，中国企業が19％，インド5％，イギリス4％と続く。これらに対し，日本のユニコーン数は10社で，1％を切っている。

　日本ではなぜユニコーン企業が生まれにくいのか，新規創業活動を取り巻く歴史や環境から考えてみよう。

1. ベンチャーとスタートアップの違いは何か。
2. 日本において，ベンチャーを取り巻く環境はどうなっているか。

ベンチャー　　スタートアップ　　ユニコーン　　出口戦略

本章に関連する理論や概念

● **新しさゆえの脆弱性**

　　新しい組織が既存の組織よりも高い割合で消滅する現象を指す。その理由としては，①新しい組織は，新たにスキルやルーティンを学習しなければならないから，②新しい組織が高い業績を上げるためには，組織内に新しい役割を開発し，それらの相互関係や報酬・罰則制度を整備する必要があるが，そういった取り組みには一時的な非効率が伴い，高いコストを払わなければならないから，③新しい組織は組織成員同士の信頼関係が弱いから，④新しい組織は顧客をはじめとした対外的な利害関係者との関係が安定していないから，といった点があげられる。

● **クローズド・イノベーションとオープン・イノベーション**

　　イノベーションの起こし方の違いを示す。クローズド・イノベーションとは，自社内の経営資源や技術に依存した，いわゆる自前の資源によるイノベーションのことをいう。これに対し，組織内のイノベーションを促進するために，組織の内部・外部を問わず技術やアイディアなどを相互作用させながらイノベーションを起こそうとすることを，オープン・イノベーションという。

新規創業活動を活性化させることが世界各国において重要な課題となっている。本章では，まず第１節で日本における新規創業活動の歴史と現状を他国と比較をしながら概観し，第２節はその環境と課題に，そして第３節では新規創業をめぐる近年の動向に言及する。

1 日本における新規創業活動

▎日本におけるベンチャーの特徴▎

　中小企業の中には「ベンチャー」「スタートアップ」と呼ばれる創業間もない企業が含まれるが，それらは，成長の速さや社会にもたらす価値の大きさから，同じ中小企業といっても異質な存在と見なされている。

　日本の歴史を振り返ってみても，多寡があるとはいえ，いつの時代にもこのような企業が現れ，新しい製品・サービスの提供を担ってきたことがわかる。江戸時代には三井高利（三越の前身），明治には岩崎弥太郎（三菱財閥），戦前には小林一三（阪急阪神東宝グループ），豊田喜一郎（トヨタ），出光佐三（出光興産）などが輩出した。戦後にも，ホンダ，ソニー，積水化学工業，パイオニア，オムロン，ワコール，村田製作所などが誕生した。これらの企業はその後，日本を代表する大企業に成長し，長く活動を続けている。

　ところが今日，日本には長寿の大企業が増え，それに伴って新規企業が現れにくくなっている。他国と比べると，現在の日本は開業率も廃業率も低い「少産少死」型社会であり，アメリカやイギリスのようには企業の新陳代謝が高くない（図9.1，図9.2）。

▎日本における戦後のベンチャー・ブーム▎

　昨今は開業率・廃業率とも低い日本においても，戦後，開業が増えた時期が3回あった（表9.1）。最初は，1970年から1973年の石油危機前までである。当時，日本は経済成長率が16％と活況で，開業率は7％と高水準を示していた（廃業率は3.8％）。この時期に設立された企業には，ファナック，セシール，パソナ，モスフードサービス，キーエンス，すかいらーく等がある。

　ベンチャー企業に投資をするベンチャー・キャピタル（VC）が現れたのも，

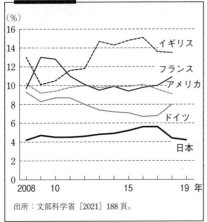

CHART 図9.1 日米英独仏の開業率の推移

(%)
16
14　　　　　　　　　　　　　　イギリス
12　　　　　　　　　　　　　　フランス
10　　　　　　　　　　　　　　アメリカ
8　　　　　　　　　　　　　　　ドイツ
6
4　　　　　　　　　　　　　　　日本
2
0
　2008　10　　　　　　15　　　　　　19 年

出所：文部科学省［2021］188 頁。

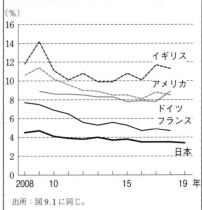

CHART 図9.2 日米英独仏の廃業率の推移

(%)
16
14
12　　　　　　　　　　　　　　イギリス
10　　　　　　　　　　　　　　アメリカ
8　　　　　　　　　　　　　　　ドイツ
6　　　　　　　　　　　　　　　フランス
4　　　　　　　　　　　　　　　日本
2
0
　2008　10　　　　　　15　　　　　　19 年

出所：図 9.1 に同じ。

このころである。1972 年に京都エンタープライズ・デベロップメント（KED），1973 年に日本合同ファイナンス（JAFCO）が設立されたのを機に，大手金融機関の子会社として，いくつもの VC が設立された。しかし，石油危機が起こったことで，最初のベンチャー・ブームは終焉を迎えた。

　第 2 次ベンチャー・ブームは 1983〜1986 年である。日本経済はバブル景気直前の時期であった。同じころ，アメリカのシリコンバレーやボストンのルート 128 といった地域で，半導体，ミニコンピュータ，ソフトウエアなど情報技術を基盤としたベンチャー・ビジネスが花開き，アップル，サン・マイクロシステムズ等の新興企業が大きく飛躍した。日本においても，ソフトバンク，ジャストシステム，エイチ・アイ・エス，カルチュア・コンビニエンス・クラブなど，情報およびニュー・ビジネスの分野で新企業が多数設立された。ところが，1985 年のプラザ合意[15]に伴う円高不況により，ベンチャーの大型倒産が頻発するなどして，ブームは徐々に収束していった。

　第 3 次ベンチャー・ブームは，1993 年から 2000 年にかけて起こった。別名「官製ベンチャー・ブーム」と呼ばれ，政府主導でつくられたともいえる。ベ

glossary

15　プラザ合意　1985 年，当時の先進 5 カ国が，基軸通貨であるドルに対して参加各国の通貨を一律 10〜12％幅で切り上げること，そのための方法として外国為替市場に協調介入することに合意したもの。ドル安に誘導し，アメリカの輸出競争力を高めて貿易赤字を減らすことが目指された。

CHART 表9.1 日本のベンチャー・ブーム

	第1次	第2次	第3次	第4次
時　期	1970〜1973年	1983〜1986年	1993〜2000年	2013年〜
開業率(注)	7.00 %	4.70 %	4.60 %	5.00 %
廃業率(注)	3.80 %	4.00 %	4.70 %	3.50 %
ブームが起こった理由	・欧米からの技術導入に頼らない，独自技術による製品・サービスの提供 ・「脱サラ・ブーム」による独立開業の増加，インフレ鎮静化による金融引き締め緩和，列島改造ブームによる建設・不動産関連への投資意欲の盛り上がり	・店頭登録市場の公開基準緩和 ・流通・サービス業を中心とした第三次産業の拡大 ・2度の石油危機による省エネルギーやいっそうの生産効率化の必要性から生じた，エレクトロニクス，新素材，バイオテクノロジーなどの技術革新への期待	・政府によるベンチャー優遇策，IPOしやすい仕組みづくり ・日本におけるバブル崩壊後の長期にわたる景気低迷と対照的に，ベンチャー・ビジネスの勃興により復活したアメリカからの学びと模倣 ・グローバル化の進展により緊急性が高まった産業構造高度化への取り組み	・金融緩和，官製ファンドの設立 ・大企業からベンチャー企業へのリスク・マネーの投入，コーポレート・ベンチャー・キャピタル設立 ・IT技術の普及によるインフラ・コストの低下 ・世界的なスタートアップ・ブーム ・社会的なインパクトを重視するベンチャーの登場
ブームが終わった理由	第1次石油危機による不況到来	1985年の円高不況などによる有力ベンチャーの相次ぐ倒産	ITバブルの崩壊，ライブドア事件などのベンチャー企業の不祥事の発生	―
有力企業	ファナック，アスキー，セシール，パソナ，モスフードサービス，アデランス，キーエンス，日本電産，すかいらーく，ぴあ，など	ソフトバンク，ジャストシステム，オークネット，スクウェア，エイチ・アイ・エス，カルチュア・コンビニエンス・クラブ，など	楽天，光通信，GMO，サイバーエージェント，DeNA，など	メルカリ，プリファードネットワークス，ユーグレナ，Sansan，Freee，など
投資サイドの動き	・JAFCOなど「先発8社」と呼ばれるベンチャー・キャピタルが設立	・金融機関が系列ベンチャー・キャピタルを相次いで設立 ・投資事業組合方式の導入	・生損保や事業会社系のほか，第二地銀系，独立系のベンチャー・キャピタルも増加 ・アーリー・ステージ段階への投資が増加	・クラウドファンディングなど，新たな資金調達方法の出現

注：開業率・廃業率ともに全産業・年平均。
出所：西澤［1998］を参照の上，筆者加筆修正。

Column ⑰　日本における新規創業の概念の変遷

　ベンチャー（あるいはベンチャー・ビジネス）という言葉は，和製英語であるといわれる。近年では，短期間で急成長を果たすということを含意した，成長志向性の高い，創業したばかりの企業のことは，**スタートアップ**と呼ぶのが一般的になってきた。

　日本で「ベンチャー・ビジネス」という言葉を定着させたのは，清成忠男，中村秀一郎，平尾光司である。なぜ彼らはあえて「ベンチャー・ビジネス」という言葉を用いたのだろうか。

　第二次世界大戦後の日本の産業構造は，大企業を頂点に中小企業がそれを支えるという「大企業と中小企業の二重構造」であり，両者の間には越えられない格差や分業があると見なされていた（▶序章）。また中小企業は，日本経済の「遅れた領域」として問題視され，政府の産業政策も中小企業の保護に重点が置かれていた。

　しかし，1970 年に入り高度経済成長が終焉を迎えたころから，中小企業の中に，リスクをとって独自の製品・サービスを開発し，固有の市場を創出するイノベーターが出現し始めた。清成らは，「ベンチャー」という言葉が英語では新規事業一般を指しているに過ぎないことを知りつつも，「小さいけれど，研究開発に特化した，知識集約的で，イノベーター的な企業を『中小企業』と一括りに呼ばないほうがいい」と考え，それら企業にあえて「ベンチャー・ビジネス」という呼称を与えたのである。そしてこれが日本で普及・定着していった。

　その後 2010 年ごろから，「ベンチャー」を代替するような形で「スタートアップ」という言葉が頻繁に使用されるようになった。図1は，インターネットにおける検索のトレンドを表すグーグルトレンドで，「ベンチャー」と「スタートアップ」という 2 語がビジネス分野でどれだけ検索されたのかを示したグラフである。ここからも，以前は「ベンチャー」が「スタートアップ」より多用されていたが，2012 年ごろから逆転したことが窺える。

　「ベンチャー」と「スタートアップ」という 2 語は，「新しいアイディアや技術をもとに，これまでになかった製品・サービスを生み出し提供する，創業まもない，成長志向の企業」を意味する点では共通している。加えて「スタート

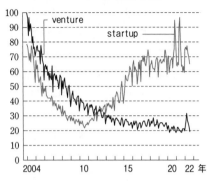

図1　世界における「ベンチャー」と「スタートアップ」検索人気度

venture
startup

注：数値は，本グラフ内での最高値である 2004 年 1 月における「venture」の検索頻度を基準値 100 としたときの，相対的な検索インタレストを示し，特定の地域と期間における当該語の人気度を表す。
出所：グーグルトレンドより筆者作成。

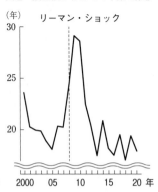

図2　設立後 IPO までの年数の推移

（年）
リーマン・ショック

出所：『日本経済新聞』2020 年 12 月 18 日。

アップ」は，それを「短期間に」達成することを含意している。したがって，この語が多用されるようになったのは，成長にかかる時間が重要視されるようになってきたことの反映と考えられる。

　1990 年代後半から，ICT 技術の発達によって，大きな固定コストをかけずに起業し，それを短期間に急拡大させることが可能なビジネスモデルが現れ始めた（プラットフォーム・ビジネスは，その一例である ▶第 10 章）。結果，企業設立から上場までにかかる時間は短縮した。たとえば日本において，その年数は 2000 年には平均 23 年であったが，2020 年には 6 年短縮されて 17 年になった（図2）。この間，変動はあったものの，全般的には上場に至るまでの時間が短期化していったことがわかる。

　このように短期間で急成長する新規企業を，通常のベンチャーと区別するために，「スタートアップ」が用いられるようになった。そして，スタートアップの中の優等生が，本章の扉頁で取り上げたユニコーンなのである。

ンチャーの資金調達環境を整備すべく，1995 年の中小企業創造活動促進法の施行やベンチャー企業向けの株式市場である第 2 店頭株市場の開設，1999 年の東証マザーズ開設などといった政策が打ち出された。また，インターネットが急速に普及した時期でもあり，アメリカではアマゾン，ヤフー，グーグルが設立されている。日本でも，楽天，光通信，GMO，サイバーエージェント，DeNA など，現在でも第一線で活躍する企業が続々と生まれた。

　しかし 2000 年ごろに世界的な「IT バブル」が弾け，景気が後退する中，ベンチャー・ブームに水を差す事件が起こった。大企業であるフジテレビに対して TOB[16] を仕掛けようとした堀江貴文率いるベンチャー企業，ライブドアが粉飾決算の罪に問われたライブドア事件[17]である。この事件が決定打となり第 3 次ベンチャー・ブームは終わりを迎えた。

　その後，2013 年ごろから日本は第 4 次ベンチャー・ブームのもとにある。背景には，ICT 技術の発達によるインフラ・コストの低下とビジネス機会の増加，金融緩和やベンチャー促進政策などがある。「失われた 30 年」と呼ばれた経済成長の停滞期にあって，グローバル社会における相対的地位も低下していく中，自己革新できない既存企業は，オープン化が進む産業構造の大きな変化についていけなくなっていった。そこで，新規性があり成長性をもたらす存在として，ベンチャーに対する期待が改めて高まってきているのである。

② 新規創業活動をめぐる日本の環境

　扉頁で述べたように，現在の日本にはユニコーンが少ない。その理由として，日本には，そもそも起業家になりたい人が少ないという要因に加え（Column ⑱），起業を取り巻く環境にも課題があるとされている。

　新規企業は，資源や知識に乏しく，社会からの信頼も獲得できていない。つ

---

glossary

16　TOB　　上場企業の発行する株式を，不特定多数の人に向けてあらかじめ買付期間・数量・価格を提示し，通常の市場売買でなく，市場外で一括して買い付けること。

17　ライブドア事件　　2004 年 9 月期の決算報告として当時ベンチャー企業であったライブドアから提出された有価証券報告書に，虚偽内容の記載があった疑いにより，証券取引法違反等 2 つの罪に問われ，法人としてのライブドアとライブドアマーケティングおよび当時の同社取締役らが起訴された事件。

まり，**新しさゆえの脆弱性**（liability of newness）があるゆえに，既存企業に比べ消滅する比率が高い。それでも新規企業が短期間で成長しようと思えば，外部資源への依存が避けられない。そのときに，起業家が資源や人材を調達しやすい環境にいるかどうかは，成長に影響を及ぼす。とりわけ資金調達環境が，企業の成長に与える影響は大きい。この観点から見ると，日本のスタートアップを取り巻く環境は，徐々に整備されつつあるものの，アメリカに比べれば途上にあるといわざるをえない。

▎ 日本のスタートアップの資金調達 ▎

資金調達の方法には，金融機関からの借入金や社債を含むデット・ファイナンス（融資）と，新株発行（増資）といったエクイティ・ファイナンス（出資）がある。

一般的にスタートアップはリスクが高いため，起業家自身の資金に加え，VCや個人投資家であるエンジェルからのエクイティ・ファイナンスを通じた資金調達を目指す。とりわけVCは，投資家から資金を集めて有望な企業に投資しているため，投資期間（10〜15年間）中にできるだけ企業価値を高め，投資家に還元しなければならない。だからこそVCは，投資先企業をヒト・モノ・カネ・情報というあらゆる側面から支援し，急成長させようとする。

ところが日本では，起業家自身の資金調達の次に多いのは，金融機関からの借入金である。VCやエンジェルからの出資を利用している割合は，1割に満たない。しかも，業種によって差はあるものの，成長するほど金融機関からの借入金の比率が増加する（本庄［2021］）。

融資には返済義務が伴うため，もし返済が滞れば，借り手である起業家は私財まで差し押さえられることもありえ，失敗するコストが高い。近年は，こうした点が日本での起業を抑制する要因になっていると問題視されていることもあり，2022年，創業5年未満のスタートアップへの金融機関からの融資については経営者の個人保証を免除する方針が打ち出された（『日本経済新聞』2022年12月23日）。

とはいえ，日本においてもVCやエンジェルを通じたエクイティ・ファイナンスによる資金調達は増加してきている。しかし，日本のVC投資額は，多数のユニコーンを生み出すアメリカや中国に比べると，その規模が著しく小さい（図9.3）。たとえば2020年のアメリカのVC投資額は日本の78倍以上，中国は

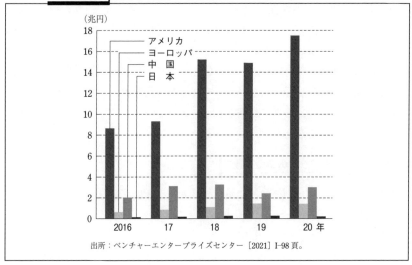

出所：ベンチャーエンタープライズセンター［2021］I-98頁。

約13倍であった。

　投資総額が小さいことに加え，日本のスタートアップは，1件当たりの投資規模が小さい上に，少額の投資を数多くの投資家から受ける傾向がある。投資家の数が多いほど，ステークホルダーの数が増えることになるので，合意形成が難しくなる。また，投資家であるVCの多くが金融機関の子会社であり，親会社の意向に左右されるケースも見られる。これらの点も，スタートアップの経営に必ずしもよい影響を与えない。

　また**出口戦略**についても日本は特徴がある。出口戦略とは企業が出資者に対して最終的に利益を確定させる方法であり，出資者にとっては投資した資本を最大限に回収するための方法である。日本のスタートアップは，8割が出口戦略としてIPO（initial public offering：株式公開）を選択する。一方，アメリカでは7割がM&Aで，IPOは3割に過ぎない。日本においてスタートアップの出口戦略が偏っている理由には，①IPO以外に大規模な資金調達の選択肢が限られていること，②アメリカと比べて株式公開の形式基準が緩やかなことがあげられる。

　つまり，日本にはエンジェルや投資家が少なく，投資総額も小さいので，スタートアップが大型の資金調達をしようとすると，上場する以外に手段がない。また上場の基準も，他国に比べると日本は緩やかなので，成長を志向する多く

のスタートアップは IPO を選択する。これに対し，アメリカには上場しなくても調達できる資金が豊富にあるので，未上場のままでも大型の資金調達を行い，企業価値を上げることも可能である。結果として，10億ドルの企業価値を持つ未上場企業，すなわちユニコーンが生まれやすいのである。

支援サービスや起業家教育の不足

日本では，投資に携わるプロフェッショナル人材および支援サービスの層の薄さも課題である。VC に金融機関の子会社が多く，実務担当者が親会社からの派遣であると，数年単位で異動があり経験の蓄積がしにくいという欠点がある。同様に，スタートアップに特化した弁護士や公認会計士といった専門家も少ない。しかし近年は，独立型 VC の増加や，海外からの投資家・弁護士事務所等の参入が見られ，状況は改善しつつある。

また日本では他国に比べると起業家教育が重視されてこなかった。起業に関する教育・研修の有無について創業者に聞いた結果を**表9.2**に示す。年齢にかかわらず創業者のうち半数以上が，義務教育や，それ以後の教育においても，起業家教育を受けていないと答えている。

また，起業経験のある起業家がメンターとなり後進を育てるという形の人材育成は有効だが，日本では経験豊かな起業家の数が限られるため，そうした人材育成が十分に機能しているとはいいがたい。今後，起業家数が増えていくとともに，メンターとなる起業家の増加も期待されている。

CHART｜表9.2　教育・研修の場（創業者年齢別）

教育・研修の場（複数回答可）	年　齢				
	20代以下	30代	40代	50代	60代以上
有効回答数	21	47	41	14	7
中学・高校	0.0 %	0.0 %	2.4 %	0.0 %	0.0 %
大学・大学院	28.6 %	25.5 %	17.1 %	14.3 %	14.3 %
専門学校ほか	4.8 %	0.0 %	0.0 %	0.0 %	0.0 %
民間会社等のセミナー	9.5 %	10.6 %	14.6 %	7.1 %	14.3 %
その他	9.5 %	6.4 %	19.5 %	0.0 %	0.0 %
教育は受けていない	61.9 %	66.0 %	51.2 %	78.6 %	71.4 %

出所：ベンチャーエンタープライズセンター［2021］I-42頁より作成。

スタートアップは創業当初，資源に乏しく，組織も脆弱で，環境をコントロールする力も弱い。まさに「新しさゆえの脆弱性」という特徴を有している。ミドリムシで有名になったユーグレナの設立当初も同様であった。

創業者の出雲充は大学生のころバングラデシュで貧困の現状を目の当たりにし，世界が抱える栄養問題に取り組む決意をした。サークルの後輩だった鈴木健吾のアドバイスから，ミドリムシ（学名：ユーグレナ）が豊富な栄養素や油分を含んでいることを知り，勤めていた銀行を辞め，ミドリムシに賭けることにした。

しかしミドリムシは量産が難しく，出雲は研究者や協力企業，出資してくれる投資家を探し，多数の人に声をかけたが，ほとんどから可能性を否定され続けた。あまりに斬新なアイディアを理解できる人がいなかったのである。しかし出雲はユーグレナの可能性を信じ諦めなかった。そんな中，大学の先輩で当時ライブドアの社長であった堀江貴文から支援を受けられることになった。堀江に励まされた出雲は，「人と地球を健康にする」という経営理念のもと，開発担当の鈴木および営業担当の福本拓元と3人で株式会社ユーグレナを設立した。その後，食用屋外大量培養に成功し，商談も入ってくるようになった。

ところが2006年1月にライブドア事件（●第❶節）が起こると，ユーグレナもライブドアに関係する会社と見なされ，それまで商談が進んでいた会社から次々と交渉を断られた。出雲は2年間で500社もの企業に営業したが，1つも売れず資金は底を尽きかけた。しかし諦めずに営業を続けたところ，2008年に伊藤忠商事からの出資が決まった。これをきっかけに新日石（現JX日鉱日石エネルギー），電通，清水建設，東京センチュリーリース，全日空といった大企業との提携が決まり，経営が軌道に乗り始めた。この後ユーグレナは，2012年に東証マザーズ（現グロース）上場を果たし，徐々に地歩を固めていった。

3　日本の新規創業をめぐる近年の動向

日本の起業をめぐる環境には，第❷節で述べたような課題があるものの，改善に結びつくような新たな動きも見られ始めている。中でも，スタートアップ

と大企業との関係の変化や海外投資家の参入は大きな潮流となっている。とりわけ前者については，イノベーションの起こし方が変わってきたことを特筆すべきであろう。

クローズド・イノベーションからオープン・イノベーションへ

　昨今，イノベーションの起こし方が，**クローズド・イノベーションからオープン・イノベーション**へと変わりつつある。これまで日本企業においては，できる限り自社の資源のみによってイノベーションを起こそうとするクローズド・イノベーションが主流であった。このことが，大企業とスタートアップとの関係の希薄さにつながっていた。

　しかし，リーマン・ショックをはじめとする経済危機や長引く不況，ますます短期間でコモディティ化していく製品，加速する技術革新などを前に，大企業であっても自社資源のみに固執していては，イノベーションを起こしたり，他社にキャッチアップしたりするには限界があることが明らかになった。一方でスタートアップの中には，大企業にはない技術や知識を持っていたり，小規模ながら成長可能性の高い市場に取り組んだりしているものが現れてきた。こうしてスタートアップとの連携が，大企業にとって可能性のある魅力的な選択肢と見なされるようになってきた。

大企業とスタートアップとの連携の活発化

　スタートアップと大企業との連携への期待は高く，とくに，日本では米中に比べると VC やエンジェルによるリスク・マネーが圧倒的に不足しているため（▶第❷節），それらに代わるものとして大企業（事業会社）による投資活動に期待が集まっている。

　大企業がスタートアップと提携する方法はいくつかある。大企業が主催するアクセラレーター・プログラムである**コーポレート・アクセラレーター・プログラム（CAP）**や，大企業が出資する投資会社である**コーポレート・ベンチャー・キャピタル（CVC）**などは，その代表例である。大企業は，こうした手段を通じて，これと見込んだスタートアップに出資したり自社の経営資源を使わせたりしつつ，それらの持つ有望な技術やアイディアにアクセスする。

　世界的にも CVC の設立数は倍増している。2016 年に行われた調査によると，フォーチュン 500 のうち 160 社が CVC を導入していると回答した（Bonzom

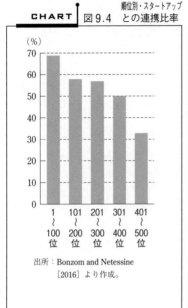

CHART 図9.4 フォーチュン500企業の
順位別・スタートアップ
との連携比率

(%)

出所：Bonzom and Netessine
［2016］より作成。

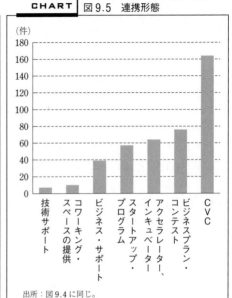

CHART 図9.5 フォーチュン500企業と
スタートアップとの
連携形態

(件)

出所：図9.4に同じ。

and Netessine［2016］）。しかも，同ランキングの上位企業ほど積極的にスタートアップと連携し（図9.4），また連携の形態としては，CVC が最も多く採用されているという（図9.5）。

　CVC は，自社の既存事業とのシナジー効果の獲得を目的とする点で，投資リターンの獲得を最大の目的とする VC とは異なる。スタートアップに投資し，関係を持つことによって，自社の製品・サービスの価値を高めたり，一緒に新たな価値を生み出したりすることが目指される。たとえば，スポーツ用品メーカーが，導電性繊維の開発をしているスタートアップと組んで，素肌から生体情報を取得できるスポーツウエアを開発しようとするなどの事例がある。また，スタートアップとの協働を通じて，企業家精神を学んだり，組織文化を変革させたりすることを期待する大企業もある。

glossary

18 コーポレート・ベンチャー・キャピタル（CVC）　既存の，おもに大企業が，自社の資金を提供してファンドを設立し，自社事業と関連のある企業，とりわけベンチャー企業に投資する組織のこと。アメリカで始まり，2010 年代になって日本でもさかんに導入されるようになった。

19 フォーチュン500　『フォーチュン』誌が毎年 1 回発表している，世界中の会社を対象とした総収益ランキングのこと。

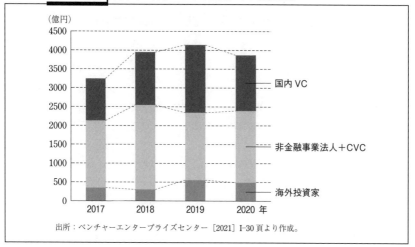

CHART 図9.6 日本における投資タイプ別投資額

出所：ベンチャーエンタープライズセンター［2021］I-30頁より作成。

海外投資家の流入

　スタートアップをめぐる他の動向として，海外から日本のスタートアップへの投資が増えてきていることがあげられる（図9.6）。その理由として，メルカリなど日本のスタートアップの魅力が海外に知られるようになったことや，スタートアップ自体も外国人や海外での事業経験者を採用して海外対応を巧みに行うようになったことなどが考えられる。

　スタートアップが海外投資家と組むメリットに，1件当たりの投資額が大きく，少数の投資家からまとまった金額の調達ができるという点がある。また，海外投資家の中には，分野ごとに高い専門性を持ち，豊富な投資経験とネットワークを背景に多様なサポートをしてくれる者がいる。さらに海外展開を考える際，こうした海外投資家との関係は有用である。これらのことから，日本のスタートアップが海外から資金調達を行う事例は，今後ますます増加していくものと見込まれる。

起業に対する価値観の変化

　日本社会におけるスタートアップに対する見方も変わり始めている。一般的には日本人は企業家精神が乏しいとされ，それを裏づける国際比較調査結果もある（**Column ⑱**）。

　日本は先進国の中でも著しく起業家が生まれにくいという評価を受けている。アメリカのバブソン大学，ロンドン・ビジネススクール，カウフマン財団によって 1997 年に始められた，GEM（Global Entrepreneur Monitor）という国別の起業家と起業意識に関する調査がある。世界各国が参加して毎年行われているが，その結果から日本は企業家精神指数で下位に位置するとされているのである。

　日本における企業家精神の低さには，さまざまな理由が考えられる。たとえば，生涯賃金を見ると自営業者に比べて大企業が優遇されているといった経済的な側面や，起業家教育が行われていないために知識がないといったことなどである。

　起業家に対する社会的な評価が低いという点も見逃せない。表に示した GEM 調査結果でも，「成功した起業家は尊敬されていると思うか」という問いに対して，2018 年以降上昇傾向にはあるものの，2021 年現在では 62.4 ％の人しか「はい」と答えていない。また，「起業家になることはよいキャリア選択であると思うか」という問いに対しては，24.0 ％しか「はい」と答えていない。

　起業に対する知識が普及し，社会の評価が上がらないと，起業家になりたい

　しかし，歴史をさかのぼってみれば，明治維新の前後や第二次世界大戦後など，日本にも多数の企業家が出現した時代があり（▶第１節），企業家精神が薄弱であることが日本人の気質というわけではない。その時々の環境や時代の気風（エトス）によって，企業家の出現頻度は変わるのである。

　日本社会の起業に対する意識の変化が指摘されたのは，2020 年ごろである。とりわけ，高度経済成長期から 2000 年代までは有名大学を出て大企業や官公庁で働くことを目指すのが主流であった若者の職業観が，徐々に変わりつつある。

　世界の大学生に起業に対する意識を尋ねている GUESS 調査によると，2021年，日本の大学生で起業したいという割合は調査 58 カ国中最下位だったが，起業家活動に関する授業の履修経験の割合は以前より高くなった。また，大学卒業後にすぐ創業者になりたいと希望する人は 3 ％にとどまるものの，5 年後のキャリアとして創業者を選んだ人が 9 ％に増加した。まずは大企業で働いてから起業したいという人が一定数いることが窺える（GUESS 日本事務局［2022］）。

人も増えない。起業家を増やすためには，社会全体の意識改革も不可欠である
ことが窺われる。

表　企業家的行動と起業に対する態度の国際比較

（単位：%）

国名 （調査年）	18歳から64歳の人口 10万人当たりの起業家 の割合	「成功した起業家は尊敬 されていると思う」と 答えた人の割合	起業家になるのはよい キャリア選択であると 思うかという問いに 「はい」と答えた人の割合
日　本 （2021年）	6.3	62.4	24.0
ド イ ツ （2021年）	6.9	82.7	50.6
アメリカ （2021年）	16.5	80.4	76.2
中　国 （2019年）	8.7	92.4	79.3

出所：GEM［2021］より作成。

　さらに，副業やフリーランスとして起業する「パートタイム起業家」の数
も増加傾向にあり，そのうち29歳以下が4割を占めるという。副業を許可
する企業も増えてきた（▶第5章）。こうした働き方の多様化に伴って，起業
も選択肢の1つと見なされるようになってきているのだろう（日本政策金融公庫
［2022］）。

　スタートアップやベンチャーに対する社会の見方や考え方は，徐々にではあ
るが変化しつつある。起業も，より身近な選択肢と捉えられるようになってい
くと考えられる。

EXERCISE

① 国内外のユニコーンと呼ばれる企業を探し，誰が創業して，どのように成長を
　遂げてきたのか調べてみよう。また，その企業が，どの段階で，誰からの投資を

受けたのかも調べてみよう。

② 周囲にいる留学生や海外在住経験が長い人に，起業をしてみたいかどうか，なぜそう思うのか，またその人の母国の人々は一般的にどう考えているのかなどについて聞いてみよう。

さらに学びたい方へ | Bookguide ●

- ベン・ホロウィッツ（滑川海彦・高橋信夫訳）［2015］『HARD THINGS ——答えがない難問と困難にきみはどう立ち向かうか』日経 BP 社。

     起業経験者でもあり，投資家でもあるベン・ホロウィッツの自伝。スタートアップの創業から成長に携わった経験と，そこで直面した困難にどう対応したのか，起業家の本音が記されている。

映像資料紹介 | Movieguide ●

- テレビドラマ「シリコンバレー」シーズン 1～6，2014～2019 年，各話 28～47 分

     シリコンバレーの大企業で働くエンジニアである主人公が，自ら開発した革新的技術をもとに起業し，成長させていくストーリー。コメディだが，シリコンバレーのスタートアップを取り囲む環境を，リアリティをもって描き出している。

プラットフォーム・ビジネス

順位	会社名	国籍	業種	時価総額	設立
1	アップル	アメリカ	情報技術	2.69 兆ドル	1976 年
2	マイクロソフト	アメリカ	情報技術	2.24 兆ドル	1975 年
3	サウジアラムコ	サウジアラビア	エネルギー	2.21 兆ドル	1933 年
4	アルファベット（グーグル）	アメリカ	コミュニケーション・サービス	1.78 兆ドル	2015 年
5	アマゾン	アメリカ	一般消費財，サービス	1.56 兆ドル	1994 年
6	テスラ	アメリカ	一般消費財，サービス	8996 億ドル	2003 年
7	バークシャー・ハサウェイ	アメリカ	金融	7086 億ドル	1839 年
8	エヌビディア	アメリカ	情報技術	6077 億ドル	1993 年
9	メタ・プラットフォームズ（フェイスブック）	アメリカ	コミュニケーション・サービス	6033 億ドル	2004 年
10	TSMC	台湾	情報技術	5550 億ドル	1987 年

出所：*Companies Market Cap,* "Largest companies by market cap".

時価総額世界ランキング・ベスト 10（2022 年 2 月）

　上表は，2022 年 2 月時点における時価総額世界トップ 10 企業である。現代のアメリカを代表する大企業，Google（アルファベット），Apple，Facebook（メタ・プラットフォームズ），Amazon は，頭文字をとって「GAFA」と呼ばれるが，これら 4 社もランクインしている。

　彼らのビジネスに共通するのは，「プラットフォーム・ビジネス」といわれるビジネスモデルを採用していることである。このプラットフォーム・ビジネスは，とりわけ急成長を果たすスタートアップによく採用されているが，そうした企業の成長とどのような関係があるのだろうか。

1. 短期間に急成長し，市場を独占するほど強大になるスタートアップが現れるようになったのはなぜか。彼らはどのように急成長したのか。
2. プラットフォーム企業はどのようなビジネスモデルを持ち，その競争優位はどうやって維持されているのだろうか。

KEYWORD　　　　先発者利益　　サイド間ネットワーク効果　　ツーサイド・プラットフォーム戦略　　ビッグデータ

THEORY & CONCEPT

本章に関連する理論や概念

● プラットフォーム

　　異なるユーザー・グループを結びつけ，1つのネットワークを構築するような製品やサービス。また，そのような製品・サービスを提供する企業は「プラットフォーム企業」，プラットフォームを用いたビジネスモデルは「プラットフォーム・ビジネス」と呼ばれる。

● ネットワーク効果

　　ある財を使用する人が増えれば増えるほど，顧客がその財から得られる便益が増加すること。ある財が価値を発揮するときに，自己完結的ではなく，他社と連携しなければならなかったり，使用に際して補完財が必要であったりする場合，ネットワーク効果が生じやすい。

● 拮 抗 力
（きっ こう りょく）

　　経済社会の中に存在する経済権力に対抗し，それを相殺する力のこと。経済学者 J. K. ガルブレイスは，独占・寡占企業に対しては必ずやそれに対抗する力である拮抗力が現れ，独占・寡占企業の行きすぎた活動を抑制する現代資本主義に備わる自己調整機能の存在を指摘した。拮抗力は競合企業，政府，流通，消費者，労働組合などの利害関係者から生じる。

スタートアップのビジネスモデルとして，プラットフォーム・ビジネスがあげられる。本章では，その特徴やメカニズムについて説明する。第1節でプラットフォームとは何かを定義し，第2節ではプラットフォーム・ビジネスの背後にあるネットワーク効果という現象について，第3節では複数部門間で働くネットワーク効果であるサイド間ネットワーク効果について，第4節ではプラットフォーム・ビジネスが抱える課題について検討していく。

1 プラットフォームとは

　もともとプラットフォームとは，「駅で旅客の乗降や貨物の荷役を行うための台状の設備」を指す言葉だったが，現在は，あらゆる分野において多様な意味で使われるようになった。たとえば，製品開発においては部品を載せる車台，IT業界では動作環境，政策などの基盤，ビジネスの場など，さまざまに転用されている。

　経営学では近年，プラットフォームを「異なるユーザー・グループを結びつけ，1つのネットワークを構築するような製品やサービス」と定義し（アイゼンマン＝パーカー＝ヴァン・アルスタイン［2007］），そのような製品・サービスを提供する企業のことを「プラットフォーム企業」，さらに，プラットフォームを用いたビジネスモデルを「プラットフォーム・ビジネス」と呼ぶ。プラットフォームは昔からあり，売り手と買い手が集まる場を提供する市場や，複数の店舗を集めるショッピングモールも，プラットフォームといえる。

　プラットフォーム企業は，仲介者としての役割を果たすだけでなく，複数の異なるグループの円滑な相互交流を促すためのインフラとルールを提供する。たとえばアップルは，パソコンやiPad・iPhoneなどの（ソフトウエアを搭載した）ハードウエアを顧客に提供しているが，それだけではない。アプリやコンテンツの製作者と利用者を結びつけるプラットフォームも提供している。このプラットフォームは，共通の開発言語やアプリ，共有されたルールによって運営されており，アップルはこれを管理し，そこから収益を上げている。

　情報通信技術（ICT）の発達によって，プラットフォーム企業は大きな資金を持たなくてもビジネスを始められ，参加者が1人増加してもそれに対するコストはほとんど生じない。そのため，プラットフォーム・ビジネスはスタート

ラクスル（RAKSUL）社は，2009年9月に松本恭攝によって，新しい印刷発注の仕組みづくりを目的に，資本金200万円で設立された。松本は，大学卒業後，コンサルティング会社勤務を経て，ラクスルを設立した。同社は2018年5月，東証マザーズ（現グロース）に上場している。

ラクスルは，中小印刷業者と，印刷を注文する顧客とをつなぐプラットフォーム・ビジネスを展開する。インターネットを用いて，個人・企業から名刺やチラシの注文を受け，提携する中小印刷工場のうち，その時点で遊休設備を持つところへ発注するという仕組みである。ラクスルが介在することによって，印刷業者は非稼働時間を減らすことができ，注文する側は短納期で安く印刷物を入手できる上に，中小印刷業者を探すという作業も削減できる。こうして，両者にとってよい関係ができるのである。

もともと印刷業界のビジネスは繁閑の差が大きく，印刷会社はその変動に対処するのに苦労してきた。折からのデジタル化の流れもあいまって，この変動に対応できない会社が倒産に追い込まれる事態も散見された。それがラクスルのプラットフォームの登場により，仕事が入りやすくなって遊休設備も減ったため，印刷会社は価格を下げても元がとれるようになった。

ラクスルはさらに，同様のプラットフォームをトラック業界にも応用し，空いているトラックとモノを運んでほしい顧客とをつないだ。顧客から注文が入ると，ラクスルが登録されているトラック会社に連絡し，積載に余裕がある業者から返事を受けて，そこへ仕事を依頼する。国土交通省によると，トラックの積載効率（輸送能力で実際の輸送量を割った値）は4割程度で，残りの6割

アップに適したビジネスモデルと見なされるようになっている。

２ ネットワーク効果とプラットフォーム・ビジネス

それではなぜプラットフォーム・ビジネスは有力なビジネスモデルなのか。プラットフォームの強さを説明する理論として，ネットワーク効果（またはネットワーク外部性[20]）を説明する。

は何も載せずに走っているという。ラクスルのサービスがあれば，トラックの積載率を上げられる可能性がある。このビジネスモデルに注目したヤマト運輸は，ラクスルに出資し，共同で新システム開発に取り組んでいる。

　このようにしてラクスルはプラットフォームを提供するビジネスを確立してきた。創業者の松本は，「当社は印刷業者でも物流業者でもない。ネットを使って世の中の仕組みを変えていく会社だ」（『日経産業新聞』2018年11月15日）と語っている。

図　ラクスルのビジネスモデル

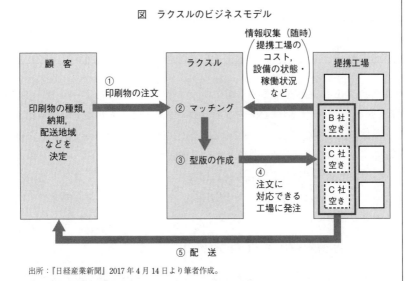

出所：『日経産業新聞』2017年4月14日より筆者作成。

ネットワーク効果とは

　ネットワーク効果とは，「ある財を使用する人が増えれば増えるほど，その財から得られる便益が増加する」という現象である。たとえば LINE を考えて

glossary

20　メトカーフの法則　　ネットワーク外部性のことを，「メトカーフの法則」と呼ぶことがある。この法則によると，ネットワークの価値は，そのネットワークに参加するユーザーの数の二乗に比例するとされており，ネットワーク外部性のプラスの側面に焦点を当てたものといえる。スリーコム社の創業者で実務家のロバート・メトカーフにちなんで名づけられた。

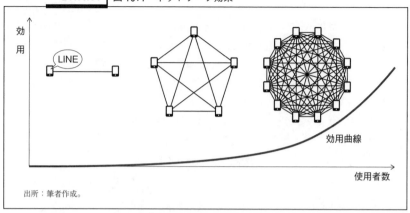

CHART 図 10.1　ネットワーク効果

効用

使用者数

効用曲線

LINE

出所：筆者作成。

みよう。LINE は連絡をする相手がいて，はじめてその機能（＝メッセージを受ける・送る）を発揮する。LINE をダウンロードして使う人が増えれば増えるほど，多数の人とつながることができるようになり，ユーザーが LINE から得られる効用は大きくなる（図 10.1）。LINE を使わない人がいたら，その人のために別の手段を使って連絡をとらなければならなくなり，時間やコストが余計にかかるようになるだろう。よって LINE は，ネットワーク効果が働きやすい財だということができる。

ネットワーク効果を有しやすい財の特徴

このようなネットワーク効果を発揮する財というのは，その財だけ独立に存在して機能を発揮するものでなく，別の財と組み合わされて機能を発揮するという特徴がある。この「別の財」のことを，「補完財」と呼ぶ。

たとえば，PC にインストールされているソフトウエアは，ネットワーク効果を有する。もし，みなが PC を持っていても，それぞれに別々の OS がインストールされていたら，自分の PC でつくったデータを他の PC で読み込むことができない。しかし今日，ほとんどの PC にはマイクロソフトのウィンドウズやアップルの iOS がインストールされているので，たとえばワードやエクセルで作成されたファイルは，ウィンドウズ，あるいはそれに対応したアプリケーション・ソフトがインストールされている PC を使えば，誰でも読み込むことができる。ウィンドウズを使っている人が多ければ多いほど，この利便性は高まる。したがって，マイクロソフトのウィンドウズはネットワーク効果の

高い財といえる。

ネットワーク効果を有する財の競争の特徴と先発者利益

　ネットワーク効果を持つ財が扱われる市場での競争は，「できるだけ早く，多数の採用者を抱え込むこと」が重要であるといわれている。つまり，ネットワーク効果が働く財では，「その財を採用してくれる人の数」，より正確にいえば「その財によって生み出されるつながりの数」が，その利便性を決定するのである。とくに，ライバルの財と併用されにくい場合，すなわち，どちらかの財を選ぶと他の財を選べなくなる場合，このことはより顕著になる。

　このような場合，いち早く市場に参入して，先発者となり，ある程度の数の利用者を囲い込んでしまうことが必要となる。先発者は，「最初に市場に参入したからこそ得られた便益」である**先発者利益**を享受することができる。

　ネットワーク効果が働く財の場合，クリティカル・マス（閾値）を超えると爆発的に普及が進み，最終的には独占的な状態になる。これを「直接ネットワーク効果」が発揮されたという。ライバルより早く閾値を超えた先発者が，ネットワーク効果を享受し，それによってまた新たな顧客を引きつける，という好循環が生じやすい。たとえば，多数の人が使っている SNS のほうがつながる人の範囲が広く利便性が高いという理由で，新しく SNS を使う人々は，そのサービスに好んで登録するようになる。登録者数が増えると，SNS の利便

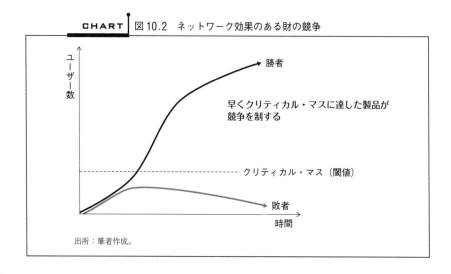

CHART 図10.2　ネットワーク効果のある財の競争

出所：筆者作成。

性はさらに上がる。こうした好循環が回り始めるのである。

　他方，このような市場における競争では（複数サービスの併用が可能なことをマ
ルチホーミングと呼び，その場合は除く），普及の最初の段階で少数派になると，
多数派との差を挽回するのは非常に困難となる。普及する過程で，最初の２％
の勝敗が，その後の展開を決定するというシミュレーションもある（図10.2）。

３ サイド間ネットワーク

┃ サイド間ネットワーク効果とプラットフォーム ┃

　プラットフォーム企業は通常，複数のユーザー・グループを相手にビジネス
を行っている。単一のユーザー・グループの中で働くネットワーク効果をサイ
ド内ネットワーク効果と呼ぶのに対し，複数の異なるグループの間で発生する
ネットワーク効果のことを**サイド間ネットワーク効果**と呼ぶ。

　たとえば，ゲーム機とゲーム・ソフトは，まさにこの関係にある。ゲーム機
を提供する任天堂と，そのゲーム機向けにソフトを提供するベンダーは，異な
る主体である。しかし彼らは相互依存関係を維持している。つまり，ゲーム機
が普及すればゲーム・ソフトも売れるし，またゲーム・ソフトの数が多くなり，
しかも魅力的なソフトが増えれば，そのソフトで遊びたい人はゲーム機を買う。

　プラットフォーム企業は，このような関係が成り立つような複数のグループ
をいち早く見つけ，これらグループを巻き込むようなプラットフォームを形成
できれば，サイド間ネットワーク効果を享受できる。さらに，サイド間ネット
ワーク効果をうまく使うことによって，サイド内ネットワークをも効率的に拡
大することが可能になる（図10.3）。換言すれば，サイド間ネットワーク効果
がサイド内ネットワーク効果を加速化するのである。

　また，複数のプラットフォームをユーザーが使う，前述のマルチホーミング
と呼ばれる状態が生じると，競争はゼロサム・ゲームにはならず，複数のプラ
ットフォームが併存することになる。マルチホーミングは，プラットフォーム
間の移動にかかるコストが低い場合に起こりやすい。たとえば，インターネ
ット通販のアマゾンと楽天の両方を使う人は少なくないが，それは，初回の登録
を除いては，両方に参加しても大してコストがかからないからである。一方，

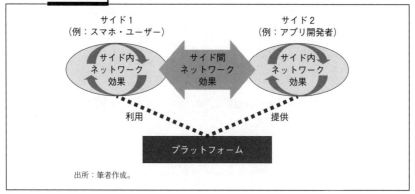

サイド1
（例：スマホ・ユーザー）

サイド2
（例：アプリ開発者）

サイド内
ネットワーク
効果

サイド間
ネットワーク
効果

サイド内
ネットワーク
効果

利用

提供

プラットフォーム

出所：筆者作成。

ある1つのプラットフォームに参加するのに高額な費用が発生する場合には，マルチホーミングは生じにくくなる。

ツーサイド・プラットフォーム戦略

　そうしたサイド間ネットワーク効果を利用するプラットフォーム企業がとる戦略として代表的なものに，**ツーサイド・プラットフォーム戦略**がある（2つ以上のグループを相手にする場合をマルチサイド・プラットフォームと呼ぶが，ここでは2つに限定して説明する）。これは，直接的には関係のない2つのグループをプラットフォームを介して連結することにより，相互にサイド間ネットワーク効果を及ぼし合う関係を築くことで，効率的にネットワークを拡大させていくというものである。これによって，すべてのユーザー・グループに働きかけなくてもプラットフォームを拡大させられるようになる。すなわち，片方のユーザー・グループの拡大に注力したり，そのグループを優遇したりすることで，もう片方のグループのメンバー数を増加させられるのである。

　たとえばアドビは，PDFファイルを閲覧するためのアクロバット・リーダーを無償配布する一方で，文書を作成するアドビ・アクロバットDCを有料で販売している。そうすると，無償のアクロバット・リーダーをダウンロードしている多数の読み手に読んでもらうために，文書の作成者がアドビ・アクロバットDCを利用するようになる。

　このように，ツーサイド・プラットフォーム戦略は，通常プラスに働く（プラスのネットワーク効果をもたらす）が，時にマイナスに働く場合もある。たとえば民間のテレビ局は，スポンサーが増えれば番組制作資金を潤沢に得られて

番組の質を高め，視聴率を上げられそうに思うかもしれないが，そのことに伴ってスポンサーの CM の時間が長くなってしまえば，番組の質とは関係なく視聴者が不満を募らせる可能性もある。これは，ツーサイド・プラットフォーム戦略がマイナスに働くケースといえる。

ツーサイド・プラットフォーム戦略におけるチキン＆エッグ問題

サイド間ネットワークは，複数の異なるグループ間の相互作用によって，片方が増えればもう片方も同時に増えるという関係をつくり出す。しかし，どのようにすればそうした好循環を生み出す最初のきっかけを得られるのかという問題，すなわち「卵が先か，鶏が先か」（チキン＆エッグ問題）がある。

この問題を解決するためには，初期段階で企業が両方のグループに関与し，好循環を生み出す取り組みを行うということが考えられる。任天堂が，ゲーム機の発表初期にゲーム・ソフトも自社供給したのは，その一例である。ただ，こうした取り組みには，一定以上の資金や経営資源が必要となる。資源が乏しい中小企業の場合は，他人が気づかないような顧客間の関係を見出して利用することで，ツーサイド・プラットフォームを実現できる可能性がある。

プラットフォームとビッグデータ

プラットフォームは非常に強力な囲い込み戦略であり，場合によっては独占を生み出すともいわれる。とりわけ昨今の情報通信技術（ICT）を用いたプラットフォームは，ビッグデータと呼ばれる大量データの収集手段と見なされている。それではプラットフォーム企業は，集めたビッグデータをどのように活用し，独占を生み出すのだろうか。

プラットフォーム企業は，プラットフォームを運営している立場上，そこでのやりとりや参加者についての情報を得ることができる。プラットフォームの利用者から得られる大量の顧客データは，将来を予測する材料になり，次にどのような事業をつくり出すかのヒントを与えてくれる。プラットフォーム企業は，取得したデータをもとにサービスの品質向上を図り，顧客満足度を高め，それによって利用者をさらに増やすことができるのである。

　ネットフリックスは，1997 年，リード・ヘイスティングスによって DVD レンタル・サービスを提供する企業として設立された。当時のレンタル・ビデオ最大手・ブロックバスターが店舗を中心に展開していたのに対し，同社は店舗を持たず，郵送で DVD をレンタルしたのである。その後，2000 年代にオンライン・ストリーミングが普及すると，2007 年に動画配信サービスに進出，他社が制作した番組や映画の配信サービスを提供するようになった。

　この動画配信サービスを展開する中で，ネットフリックスには顧客の視聴行動に関する大量のデータが集まってきた。これに目を付けたヘイスティングスは，その情報をもとに自社オリジナルの番組制作に乗り出した。このころ，サブスクリプション（定額制）の導入や「一気見」という視聴行動の提案によって，同社の収益は安定し，次なる事業を展開するための資金的余裕ができていたことも追い風となった。結果，アメリカで制作された「ハウス・オブ・カード」，日本で制作された「全裸監督」といった大ヒット作品が生み出された。

　当初，作品は国ごとに制作されていたが，各国で人気の出た作品を最大 24 言語で吹き替えたり，500 以上の字幕を付けるなどの言語対応をし，全世界で配信されるようになった。そうした作品のいくつかは世界的な人気を博し，それが契約の増加につながった。契約者の増加は，世界の視聴者についての情報蓄積をもたらし，それによってネットフリックスは人気コンテンツを制作できる能力をさらに向上させていった。

　このようにネットフリックスは，ビッグデータをもとに視聴率の高い番組をつくり，それがさらに契約を増やしビッグデータを充実させるという，視聴者と番組制作者という 2 つのグループを結びつけ，好循環を形成し，ツーサイド・プラットフォーム戦略を実行していったのである（▶Movieguide）。

4　プラットフォームの課題

プラットフォームがもたらす独占とその弊害

　プラットフォーム企業は，異なるグループをつなげることでユーザーに付加

価値を提供するとともに，そこから自らの収益を上げてきた。しかし，それは同時にネットワーク効果による強力な独占を生み出すため，公正な競争を阻害すると見なされ，問題視されるようになってきている。

　プラットフォーム企業が既存事業に破壊的な影響を及ぼした例として，空き部屋の提供者と，安い宿泊施設を探す旅行客をマッチングするサービスを提供するエアビーアンドビーがあげられる。エアビーアンドビーは，190 カ国 に展開して宿泊場所を斡旋する世界的な事業者に成長しているが，ザーバスらの研究によると，「エアビーアンドビーの拡大によって既存のホテルの収益が減少している」という (Zervas, Proserpio and Byers [2017])。

　このようなプラットフォーム企業の独占や寡占に対し，反発する力，つまり**拮抗力** (countervailing power) が現れ出している。2021 年には，アップルがアプリ売買の仲介サービスとして提供しているアップストア (App Store) が，特定のアプリを排除したことが裁判となった。人気ゲーム「フォートナイト」の開発元であるアメリカのエピック・ゲームズ (Epic Games) は，自社の製品・サービスを，当初アップストアで販売していた。ところが，後にアップストアを介さず配信を行おうとしたところ，アップルはエピック・ゲームズのアプリをアップストアで配信停止にするという措置をとった。これに対しエピック・ゲームズは，「アップストアが自社のアプリ配信サービスや決済システムの利用を義務づけていることは独占にあたる」と主張し，配信停止を無効とする訴訟を起こした。同社のみならず音楽配信サービスを提供するスポティファイ (Spotify) も，欧州委員会に対して，アップルがプラットフォーム企業の地位を乱用し，競争を阻害していると訴えており (『日本経済新聞』2020 年 10 月 19 日)，こうした動きは今や珍しくなくなっている。

　各国政府も 2020 年以降，プラットフォーム企業の行きすぎた独占や，地位の乱用に対して，規制を強めている。EU では，オンライン・プラットフォーム事業者に規制を課す，デジタルサービス法案とデジタル市場法案が可決された。これらは，プラットフォームを運営する企業に対し，オンライン上での消費者保護や，プラットフォーム・ビジネスにおける透明性の確保を求めつつ，ヘイトスピーチ，児童ポルノ，テロを誘発する動画等の違法コンテンツおよび偽情報，海賊版など違法商品の排除を義務づけた。その上で，公正かつ開かれたデジタル市場を目指すため，プラットフォーム企業に責任を強く求めている (『日本経済新聞』2022 年 4 月 24 日)。

中国政府も 2020 年に法改正を行い，大手ネット企業の独占行為などの取り締まりを強化する方針を打ち出した。その直後に中国における電子商取引最大のプラットフォーム企業であったアリババが，市場における支配的地位の濫用を理由に，巨額の罰金を科された（『日本経済新聞』2020 年 12 月 24 日）。翌年の2021 年 2 月には「プラットフォーム経済分野における独占禁止ガイドライン」が発表され，プラットフォーマーを規制する方針が明確化された。日本においても，巨大 IT 企業の取引の透明化のために規制を強めようという動きが出てきている（川島 [2021]）。

▌プラットフォーム企業の義務

　プラットフォーム・ビジネスは，社会に対する影響力の大きさゆえに，今後起こりうる問題への対応も義務づけられている。たとえば，これらのサービスは，不正取引や詐欺の温床になる可能性がある。メルカリで，現金が額面以上の値段で取引されたり，違法ドラッグが取引されたりすることは，そうした一例である。プラットフォーム企業には，こうしたことが起こらないよう事前に対応する義務がある。

　また，プラットフォーム企業が収集した個人情報の取り扱いについても，問題が指摘されている。前述の通り，プラットフォーム上で収集した個人情報こそが，これら企業にとって価値創出の源泉となるわけだが，同時に，それらを外部に流出させず適切に管理・利用することは，プラットフォーム企業の義務であり責任であるという認識が広まってきている。

▌プラットフォーム・ビジネスの限界と課題

　プラットフォーム・ビジネスは，これまでの競争とは異なり，一度優位が確立すると，逆転はなかなか困難である。しかし，ネットワーク効果によって得られた競争優位が，必ずしも未来永劫続くわけではない。プラットフォーム・ビジネスで提供していた財やサービスの根底を覆すようなイノベーションやサービスが出現した場合，そのプラットフォーム自体が成り立たなくなることもあるからである。

　たとえば，PC の OS ウィンドウズを販売するマイクロソフトは，ネットワーク効果を享受してきた。しかし，PC よりスマートフォンを使う人口が増えるにつれ，かつてに比べて同社の優位は弱まっている。スマートフォンの OS

ライドシェア・サービスを提供するウーバー・テクノロジーズ（以下ウーバー）は，アメリカ・カリフォルニア州で生まれ，急成長した，プラットフォーマーの成功企業の1つである。

ウーバーは，そのアプリを利用してサービスを提供するドライバーを，従業員としてではなく，独立した個人事業主として扱ってきた。これによってウーバーは人件費や雇用保険を負担する必要がなくなるため，これがウーバーの強みとなっていた。しかし，それによってウーバーは最低賃金の保障を回避したり，失業保険や残業代などの負担を免れたりしていると，カリフォルニア州政府によって問題視されていた。

この背景には，カリフォルニア州で「ギグ・ワーカー」が急増しつつあり，またその多くが移民やマイノリティであるという現実があった。社会的弱者である彼らが，プラットフォーマーによって搾取され，労働者としての権利すら守られていないのではないかと州政府は危惧したのである。

こうしてカリフォルニア州政府は，ギグ・ワーカーの権利保護の観点から，2019年9月に労働者を独立事業主と見なすための条件を示す州法「AB 5」を法制化し，ウーバーなどライドシェア・サービスのドライバーはその条件にあてはまらないので，彼らを「従業員」として扱わなくてはならないと主張し，裁判に訴え勝訴した（『日本経済新聞』2020年9月29日）。

これに対しウーバーをはじめとするカリフォルニア州で活動するプラットフォーマーらが猛反発をした。なぜなら，これが認められると彼らに膨大な人件費が発生し，プラットフォーム・ビジネスの優位性が損なわれるからである。もしドライバーを従業員として雇用することになれば，ウーバーは年5億ドルを追加で負担しなければならなかった。

そこでウーバーを中心とするプラットフォーマーらは，「プロポジション22」という法案を発議し，カリフォルニア州の住民投票にかけることにした（カリ

で多数派を占めるのは，グーグルのアンドロイドであり，マイクロソフトの提供するウィンドウズモバイル（後のウィンドウズフォン）は少数派に終始し，ついには撤退に至った。一方，スマートフォンOSで優位に立ったグーグルは，スマートフォンとの連携を強みにPC用ブラウザのクロームを提供し，マイクロソフトのインターネットエクスプローラーの一角を突き崩していった。

今後，インターネットを介して多種多様な機器やサービスが結びつけられる

フォルニア州には住民投票によって法律が制定できる仕組みがある）。プロポジション 22 は，カリフォルニア州内でライドシェアやフードデリバリーを提供するドライバーを独立事業者と見なし，彼らの自由で柔軟な働き方を保護するとともに，従来は従業員にのみ提供されてきた福利厚生，保障やさまざまな権利を彼らにも与えるというものであった。ただしそれには条件があり，収入保証や諸経費の支払いの対象となる勤務時間は「運転手が仕事に従事している時間のうち，実際に搬送業務を行っている時間のみ」に限定されていた。

　プロポジション 22 を住民投票にかけるにあたり，ウーバー，リフト，ドアダッシュ，ポストメイトといったプラットフォーマーらは総額約 2 億ドルの資金を投じて，同法可決に向けたキャンペーンを大々的に展開した。その結果，この法律は住民投票により可決された（『日本経済新聞』2020 年 11 月 5 日）。

　しかしこの投票結果に対し，多様な職種の労働者で組織されている労働組合である国際サービス従業員労働組合（Service Employees International Union：SEIU）が原告となって，「プロポジション 22」を無効にするための裁判が起こされ，これに対しカリフォルニア州アラメダ郡高等裁判所は，「プロポジション 22」は州憲法に違反するとの見解を示した。結果を受けたウーバーらプラットフォーマーは上告し，2022 年 12 月現在も裁判は継続している（ちなみに，裁判の結果が出るまで，プロポジション 22 には効力がある。『日本経済新聞』2021 年 8 月 22 日）。

　同様の案件は，アメリカの他州，およびシンガポールや中国など他国でも起こっており，ギグ・ワーカーらの労働組合が，労働者の権利を守るためにプラットフォーマーと対峙する動きが見られる。これらは行きすぎたプラットフォーマーの利益追求活動が，政府や自治体，労働者および労働組合の反発を誘発し，拮抗力を生み出した例といえるであろう。

IoT（internet of things）化が進み，ネットワーク効果が働きやすい製品・サービスがより増えると，競争は個別の製品・サービス間からプラットフォーム間へと移っていくものと推測される。

① プラットフォーム企業の強さの源泉は，プラットフォームを通じて集められる情報（ビッグデータ）であるといわれている。プラットフォーム企業が集めたビッグデータは，どのように商品開発やマーケティングに使われているのであろうか。ビッグデータを活用して提供されているサービスや製品には，どのようなものがあるかを調べてみよう。

② GAFA など巨大プラットフォーム企業の独占に対して，各国政府が規制をかけようとしている。とくにどのような点を問題視しているのか調べてみよう。また，そうした点に対してどのような規制をかければよいかを考えてみよう。

さらに学びたい方へ　　　　　　　　　　　　　　　　　　　　**Bookguide ●**

- 根来龍之［2017］『**新しい基本戦略 プラットフォームの教科書――超速成長ネットワーク効果の基本と応用**』日経 BP 社。

  プラットフォーム・ビジネスについて基礎からわかりやすく書かれた教科書。日本の企業のプラットフォームの事例が数多く取り上げられているので，プラットフォームを身近に感じながら学ぶことができる。

- リー・ギャラガー（関美和訳）［2017］『**Airbnb Story――大胆なアイデアを生み，困難を乗り越え，超人気サービスをつくる方法**』日経 BP 社。

  宿泊手段の仲介サイトを運営するエアビーアンドビーの成長ストーリー。プラットフォーム・ビジネスの成り立ちから成長に至る過程の現実を描いている。シリコンバレーにおけるスタートアップ育成の仕組みも垣間見ることができる。

映像資料紹介　　　　　　　　　　　　　　　　　　　　　　**Movieguide ●**

- 映画「NETFLIX 世界征服の野望」2019 年，104 分

  ネットフリックスの成長プロセスを，関係者のインタビューをもとにたどったドキュメンタリー。レンタル事業を通じて蓄積したビッグデータが同社の事業展開に果たした役割を知ることができるだろう。

第 **11** 章

スピンアウトとスタートアップ

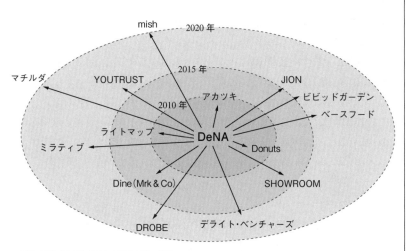

出所：西山［2019］をもとに筆者加筆・修正。

DeNA から独立した企業

　ある企業から新たな企業が独立するスピンアウトとは，人々の知識や経験が，企業（組織）という受け皿に載って継承されることと捉えられるだろう。上図に示した通り，DeNA から複数の企業が独立していることがわかる。DeNA は社員の独立を推奨しており，実際に同社からのスピンアウトによってベンチャー・キャピタル（VC）を含む多数の新会社が設立されてきた。それらには DeNA の仕事のやり方や知識が引き継がれているはずである。本章では，スピンアウトの事例を紹介しつつ，まったく新規に設立される企業と比較したときのスピンアウトの特殊性を考察する。

前職の経験やネットワークは，起業にどう役立つのだろうか。

のれん分け　　必然型／機会追求型スピンアウト　　知識の引き継ぎ　同窓会組織

本章に関連する理論や概念

● スピンアウト

　既存の企業や組織から離脱した個人またはグループによって形成される新しい組織，および新しい組織が形成されること。「スピンアウト」と「スピンオフ」の違いについては研究者の間でも合意ができていない。一般的な区別は，独立後も親企業が資本を入れるなどして新組織と関係を維持しているのがスピンオフ，親企業と関係なく設立・運営されているのがスピンアウトというもの。本章では，とくに断りのない限り「スピンアウト」で統一する。

● 組織ルーティン

　企業あるいは組織の中で日常的に繰り返されている，パターン化された業務のこと。形式・規則・手続き・しきたり・戦略・技術等を含む。組織ルーティンは，組織メンバーに共通の認知基盤を生み出すことで，組織全体の情報処理量を減らし，組織の効率性を高める。これにより従業員は創造的な活動にエネルギーを振り向けられるようになる。

● 暗黙知／形式知

　「知識」には「暗黙知」と「形式知」がある。暗黙知は，言葉で表現しきれない主観的かつ身体的な知であり，具体的には価値観・熟練・ノウハウといったものを指す。経験によって獲得される「経験知」の側面を有する。一方，形式知は，客観的かつ理性的な知であり，言葉に表しやすいため伝達も可能となる。知識創造理論によると，知識は，暗黙知と形式知の転換や結合を通じて創出されるという。

本章では，中小企業の１つの種類であるスピンアウトを扱う。スピンアウトは親企業から独立するため，その知識を引き継げるという点で，普通の中小企業とは異なる。第１節では，スピンアウトを知識の再編成と見なせることを指摘する。さらに既存の研究蓄積に基づいて，第２節でスピンアウトの背景と動機，第３節でスピンアウトの優位性，第４節・第５節で親企業とスピンアウトとの関係，第６節でスピンアウト間の関係を見ていく。

1 知識の再編としての起業

　日本では，清成忠男・中村秀一郎・平尾光司らによって 1970 年代に「ベンチャー・ビジネス」という概念が提示された（▶第9章Column❶）。彼らの調査では，ベンチャー・ビジネスの担い手の多くが，大企業を辞めた人々であることが指摘されている（清成 [1972]）。戦後まもなく設立された新規企業の経営者は，中小企業の従業員が独立したケースが多く，そのほとんどはブルーカラー出身であった。しかし徐々に，「高学歴→大企業→独立」という経歴の者が増え，1970 年代に入ると 57 ％を占めるようになった。日本における「団塊の世代」[21]起業家のスピンアウト活動について分析した林 [1987] は，①起業者の 9 割がスピンアウトで起業していること，②団塊の世代起業家は高学歴であること，③彼らの 4 割が大企業勤務経験を持つことを指摘した。

　海外にも，ベンチャー企業の多くが大企業からのスピンアウトによって生成していることを指摘する研究が少なくない。それらによれば，シリコンバレーのハードディスク企業の多くは IBM の一部門からのスピンアウトであり（Christensen [1993]），カリフォルニア州サンディエゴのバイオ産業の基礎はハイブリテック（Hybritech）という製薬会社をスピンアウトした人々が設立した企業によって支えられ（Casper [2007]，**Case 11-①**），さらには，初期の自動車産業に参入した企業もほとんどが特定の自動車会社からのスピンアウトであったという（Klepper [2002; 2010]）。これらの研究から，**スピンアウト**という現象は歴史や産業を超えた普遍的な現象であることが窺える。

21　団塊の世代　1947〜1949 年生まれを指す。約 810 万人と，他世代に比べて人数が多く，戦後日本の高度経済成長を，労働力として，また消費者として支えた。

　ハイブリテックは，1978年にカリフォルニア大学サンディエゴ校（UCSD）
教授アイバー・ロイストンによって30万ドルで設立された，大学発ベンチャー
である。シリコンバレーの大手ベンチャー・キャピタルからの支援を受けて急
速に成長し，1986年に製薬会社のイーライリリーに4億1300万ドルで買収さ
れた。

　しかし，買収後にハイブリテックの元従業員たちはイーライリリーを次々と
辞め，自分たちで新しい会社を設立した。その数は1995年までに17社にのぼ
った。さらに，スピンアウトがスピンアウトを生み出すという「スピンアウト

図1　ハイブリテック（Hybritech）からのスピンアウト

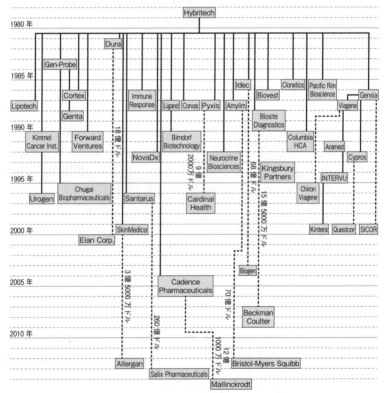

注：実線はスピンアウト，破線は買収（金額は買収価格）を表す。
出所：Fikes［2018］より作成。

の連鎖」が起こり，2018年までにハイブリテックと関係のあるスピンアウトとして44社が確認されている（図1）。

　ハイブリテックの元従業員同士のネットワークは，サンディエゴのバイオ産業の基盤となっている。元社員同士のつながりは，同地におけるバイオ企業間の人材の流動性を高めるとともに，バイオ産業に従事する人材がサンディエゴに定着する理由ともなっている。これは，彼らの間で仕事や人材の紹介が行われているからである。元社員たちは，ハイブリテックが買収されてから30年近く経過した現在でも，同窓会を開いたり，SNS上でコミュニティをつくったりして，つながりを維持している。

　図2は，ハイブリテックからスピンアウトした人々が，サンディエゴのネットワークにおいてどれだけ中心的な役割を果たしていたかについて，ネットワーク中心性（各人がネットワークでどのくらい中心に位置しているかを，取引数や距離などで測定した値）の推移を示している。元社員たちの相対的な重要性は買収直後よりは下がったものの，2000年代半ばに至るまで存在感を維持していることがわかるだろう。

　このようなサンディエゴのバイオ産業従事者のネットワークは，他地域から人材を引きつけて定着させるのみならず，有望な投資先が比較的容易に見つかる地域であると，投資家や大手製薬企業からも評価されている。サンディエゴにはその後，バイオ関係業種の業界団体バイオコム（Biocom）が設立され，非公式ネットワークだけでなく公式的なネットワークも現れて同地のバイオ産業振興に大きな役割を果たしている。

　こうしてサンディエゴは，ボストン，サンフランシスコに次ぐ，アメリカ第3のバイオクラスターとして認知されるようになったのである。

図2　ハイブリテック元社員とそれ以外の人々のネットワーク中心性の平均値（1978～2005年）

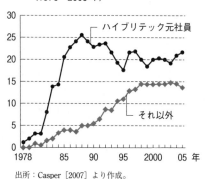

出所：Casper［2007］より作成。

Column ⑳　スピンアウトとのれん分け

　スピンアウトに類似した現象として，日本におけるのれん分けがあげられる。「のれん」とは，商号・商標・サービスマークなどの標識，技術・格式・伝統・顧客・仕入先・事業のノウハウなど，有形無形の財産を指す。のれん分けは，正社員として働いた人が店舗を授けられ，商標などを共有しつつ，円満な形で独立するシステムである。フランチャイズとも似ているが，のれん分けには，①本部にロイヤリティを払う必要がないか低額，②独立する者にはのれん元における正規社員としての勤務経験が必要（フランチャイズでは，関係のない第三者がフランチャイジーになることが可能），③フランチャイズに比べると経営の自由度が高い，といった特徴がある。

　のれん分けは江戸時代から続く仕組みであり，これがあることによって奉公人は働くインセンティブを保つことができた。のれん分けにあたっては，のれん元から「のれん」を分け与えてもらったり，開業資金を支援してもらったりすることもあった。現代でも，中小・中堅企業が多店舗展開を図る場合によく用いられており，そうしたもとでは従業員にとって独立は1つの目標となり，インセンティブにもなる。

　仙台における牛タン店の展開は，のれん分けの一例である。元祖は，佐野啓四郎による「味太助」である。同店で働いていた職人が独立し，「旨味・太助」と「太助・分店」が設立された。さらに，脱サラした大河原要が「喜助」を開店させるのだが，開業にあたって佐野は大河原を支援し，味太助で修業させたり，開業時に職人を派遣したりした。大河原はこれに感激し，味太助への恩義を示すために，店名に「助」の字を入れたという（井上［2001］）。

　のれん分けされた各店が，「のれん会」を形成し，定期的に集まることも珍しくない。たとえば，山岸一雄が1961年に開業し，つけ麺の元祖として有名な「大勝軒」は，弟子たちにのれん分けをし，現在では日本全国に80もの店舗がある。のれん会も結成され，「大勝軒 のれん会」と，2015年8月に発足した「大勝軒 味と心を守る会」がある（2023年現在）。

スピンアウトの背景と動機

スピンアウトはなぜ起きるのか。その要因は，発生頻度に影響を与えるマクロ的な要因と，ミクロな動機とに分けて論じることができる。

マクロ的な要因

(1) 産業のライフサイクル

スピンアウトの発生は，産業のライフサイクルに影響を受ける。産業の創成期にはスピンアウトが出現しやすく，反対にいうと，新産業はスピンアウトによって形成される。たとえば，半導体産業，自動車産業，タイヤ産業の創成期には，スピンアウトが頻繁に行われていた。新産業が立ち上がる時期は，製品のドミナント・デザイン（競争を通じて確立された仕様）が確定しておらず，さまざまなデザインや生産方法が模索される。市場規模も小さく分断され，大規模組織が有利なコスト競争には陥っていないため，小規模企業が参入し収益を上げられる余地が残っている。関連事業に携わっていた人々が，このような市場に機会を見出し，勤め先を辞めて独立するのである。

(2) 産業特性

スピンアウトはあらゆる産業で見受けられるが，産業によって頻度が異なる。開業に要する固定費が低い情報通信産業，サービス産業，バイオ産業などでは，スピンアウトが起こりやすい。他方，開業に要する固定費用が高いものづくり産業などでは，スピンアウトの頻度が高くなく，起こったとしても親企業から経営資源の提供を受けながらの独立が多い。

(3) 社会の価値観の多様化，働き方の変化

日本では，近年，大手企業といえども年功序列・終身雇用といった日本的雇用慣行を堅持できなくなってきている。そうした結果，大企業でも副業を推奨する事例が見られる（◉第5章）。他方で，個人の働き方に対する意識も変化しつつある。1社で勤め上げるばかりではなく，会社を辞めて自ら起業したり，会社を辞めないまでも副業を持ったりするようになってきている。こうした中では，スピンアウトも人生における主要な選択肢となりうる。

ミクロな動機

　スピンアウトするかしないかには当然，起業した個人の判断，すなわちミクロな動機が伴う。スピンアウトは，それに至った原因によって，「必然型」と「機会追求型」に分けられるという（Buenstorf［2007］）。

　必然型スピンアウトでは，不満の解消が独立の理由となる。創業者が親企業にいるときに自分のやりたいことができなかったために，そこを飛び出して創業する。あるいは，親企業の業績が悪化して人員削減や事業の切り出しなどによって職を奪われた従業員が，やむを得ず起業するような例もある。

　一方，**機会追求型スピンアウト**では，有望な起業機会の発見によって生じた将来利益の増大に対する期待が起業の理由となる。つまり，望ましい条件が整ったり，チャンスを活かそうと思ったりして，スピンアウトをすることである。

　ただ実際には，2つのスピンアウトは明確に区別できない。機会追求という動機が伏線としてあるところへ，直接的には不満がトリガーとなって，スピンアウトに結びつくといったケースはよく見られる。シリコンバレーのフェアチャイルドセミコンダクターは，ショックレー半導体研究所に勤務する8名のエンジニアたちによって設立された。彼らは有能な研究者で，有望なシーズを持っていた（機会追求型）。しかし，彼らがスピンアウトした直接の原因は，所長のウィリアム・ショックレー博士の経営者としての無能さや横暴ぶりに我慢できなくなったからだった（必然型）。ちなみに，そのフェアチャイルドセミコンダクターからも，後に100以上のスピンアウトが生じ，それらは「フェアチルドレン」と呼ばれた（▶Movieguide）。

　対して，日本の実態を調査した林［1987］は，団塊の世代の起業家のうちスピンアウトした人には，前職の仕事内容・勤務条件・人間関係・処遇などにそれほど強い不満を抱いているわけではないが，会社の体質や将来性に満足していない，機会追求型が多いと指摘している。この傾向は，親企業が中小企業である場合に，より多く見られた。親企業が大企業だった人のほうが，給料ほかの報酬や職位などの処遇に対して不満を持っており，必然型の傾向が見られたという。

③ スピンアウトの優位性

スピンアウトによって設立された企業が，そうでない企業（新規独立企業）より優れた成果を上げていることを示す実証研究結果は数多い。具体的には，自動車産業，タイヤ産業，ディスクドライブ産業，医療機器産業，ビデオゲーム産業，ファッション産業などにおいて，スピンアウトがそうではない他の参入者よりも高いパフォーマンスを上げていることが示されている。

それはなぜだろうか。その理由として，親会社への参画を通じて学んだ**組織ルーティン**が，スピンアウトでも活かされるという点をあげることができる。

Feldman, Ozcan and Reichstein［2019］によれば，スピンアウトはそうでない企業に比べ，親企業に類似した組織ルーティンを引き継いでいるという。スピンアウトする人は，親企業での在職時，当該企業の経営者と文脈を共有しながら経営の実際を観察することで，いかに事業を立ち上げ運営するのかを学ぶ。そしてスピンアウトした後に，新企業で独自の組織ルーティンを1からつくり上げるわけではなく，親企業で得たものを引き継ぐのである。**知識の引き継ぎ**には，**形式知**だけでなく，**暗黙知**も含まれている。

他方で，スピンアウトが親企業から「引き継がないもの」に着眼した研究もある。スピンアウトは，親企業ではできなかったことに取り組むために，あるいは親企業のやり方への反発や，その修正を企図して設立されることがある。つまり，親企業から離れることにも積極的な意味を見出しうる。こういった場合，「引き継ぐもの」と「引き継がないもの」との取捨選択が重要である。たとえば，集団的な意思決定が求められる親企業では，稟議のような仕組みが用いられていたとしても，規模の小さなスピンアウトにそういった仕組みは必要ないだろうし，むしろ意思決定の速さを追求するのなら大企業でのやり方を引き継がないほうがよいわけである。

④ スピンアウトを生み出す親企業の特徴

親企業は，スピンアウトする起業家にとって「トレーニング・センター」の

Column ㉑　アップルからのスピンアウト：ジェネラル・マジックの盛衰と遺産

　アップルから生み出されたスピンアウトの中に，ジェネラル・マジック（General Magic）という会社があった。この会社は，当初アップルからの支援を受け，iPhone，すなわちスマートフォンの原型ともいえる革新的な個人向け通信機器を開発した。しかし，その機器はあまりに新奇性が高かったため顧客の理解を得られず，マーケティング・販売に失敗した。加えて，あろうことか親企業のアップルが同種の製品を発表し，ジェネラル・マジックの製品を潰そうとした。これらのことから，同社の経営は急速に悪化，最終的には清算の憂き目に遭った。

　それでも，ジェネラル・マジックの元従業員たちは，親企業だったアップルに戻ったり，他の革新的企業に職を得るなどして，多くが自分の能力やスキルを遺憾なく発揮し，創造的な製品をつくり続けた。たとえば，アップルに復帰したトニー・ファンデルは，iPod・iPhone 開発の中心人物となり，ジェネラル・マジックが目指した製品を実現させた。アンディー・ルービンは，2003 年にアンドロイドを設立し，アンドロイド OS をつくり上げた（最終的にはグーグルに買収された）。

　スマートフォン以外にも，ソフトウエア，ブラウザ，ネットテレビ，クラウド・サービス等，多彩な分野で，転職あるいは起業を経て，革新的な製品開発に携わった者が少なくない。のみならず，イノベーション政策の策定など，政治の分野で活躍する者も現れた。このように，ジェネラル・マジックの革新のDNA は，会社が死んでも失われず，人を介して連綿と引き継がれていったのである（▶**Movieguide**）。

ような役割を果たすといわれる。だとすると，どのような特徴を持つ親企業が，スピンアウトを生み出しやすいのだろうか。これについても多数の実証研究がある。

　第1に，親企業の社齢である。「親企業は社齢を重ねるとともに数多くのスピンアウトを生み出すようになるが，14 年目にピークを迎え，その後は減少する」という研究がある（Agrawal *et al.* [2004]）。すなわち，親企業の社齢と親企業が生み出すスピンアウトの数との関係は逆 U 字型になる。親企業が若いときは，スピンアウトするよりは自社を成長させる方向に従業員のエネルギーが向かいやすい。やがて企業が成長し，スピンアウトが多数生じる時期が過ぎ

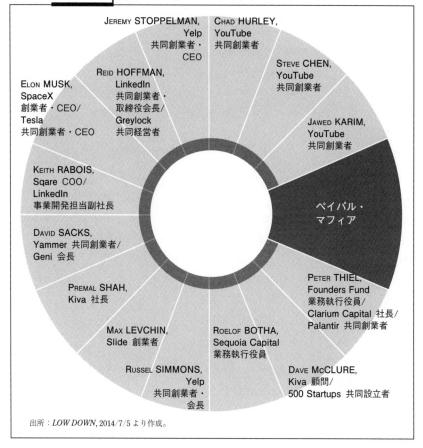

CHART 図11.1 ペイパル・マフィア

JEREMY STOPPELMAN,
Yelp
共同創業者・
CEO

CHAD HURLEY,
YouTube
共同創業者

STEVE CHEN,
YouTube
共同創業者

REID HOFFMAN,
LinkedIn
共同創業者・
取締役会長/
Greylock
共同経営者

ELON MUSK,
SpaceX
創業者・CEO/
Tesla
共同創業者・CEO

JAWED KARIM,
YouTube
共同創業者

KEITH RABOIS,
Sqare COO/
LinkedIn
事業開発担当副社長

ペイパル・
マフィア

DAVID SACKS,
Yammer 共同創業者/
Geni 会長

PREMAL SHAH,
Kiva 社長

PETER THIEL,
Founders Fund
業務執行役員/
Clarium Capital 社長/
Palantir 共同創業者

MAX LEVCHIN,
Slide 創業者

ROELOF BOTHA,
Sequoia Capital
業務執行役員

RUSSEL SIMMONS,
Yelp
共同創業者・
会長

DAVE McCLURE,
Kiva 顧問/
500 Startups 共同設立者

出所：*LOW DOWN*, 2014/7/5 より作成。

　ると，スピンアウトを考えるような組織構成員は実際にスピンアウトしてしま
い，安定を好む傾向の者たちが残るので，スピンアウト数自体も徐々に減少し
ていく。この仮説は，あらゆる産業にあてはまるとされているが，ディスクド
ライブ産業など一部に例外があることも実証されている。
　第2に，親企業の業績である。業績の高い企業ほど，スピンアウトを多数生
み出しやすい。加えて，業績が高い親企業ほど，業績の高いスピンアウトを生
み出す。これらの仮説は多数の事例において支持されている一方で，生存した
スピンアウトだけを調査対象としているのではないかとの疑問も呈されている。
　第3に，親企業の仕組みや組織文化である。スピンアウトを推奨する仕組
み・組織文化を備えている親企業のほうが，多数のスピンアウトを生み出しや

すい。組織文化としてスピンアウトが根づいている企業といえば、リクルートがあげられよう。同社は、ある年齢に達するまでに退社することを前提に採用を行っている。扉頁で取り上げた DeNA も、トップの南場智子がスピンアウトを推奨し、会社として 100 億円のファンドを設けて独立した企業に投資したり、知識やノウハウを共有したりして、社員の独立を後押しする仕組みをつくっている。同社では、公式なキャリアパスとして、独立・起業・スピンアウトを位置づけている。

他方で、親企業の意思に関係なく自発的に多数のスピンアウトが生じている事例もある。たとえばペイパルは、テスラやスペース X といったベンチャーを立ち上げたイーロン・マスクをはじめ、ユーチューブ（2006 年にグーグルが買収）、リンクトイン、500 Startups 等、成功したスタートアップを設立した人材を多数輩出している。このことから、ペイパル出身の起業家は「ペイパル・マフィア」と呼ばれる。すなわち、ペイパルが優秀な人材の出会いの場となって、そこでの優秀な人材との出会いが従業員の起業を後押ししているのである。また、親企業が立地する地域での人材の流動性やビジネス・コミュニティの厚さなどが、こうした現象に影響を与えている。

⑤ 親企業とスピンアウト

スピンアウトが行われた後、スピンアウトによって設立された企業と親企業、あるいはスピンアウト同士の間には、どのような関係が構築されるのだろうか。かつては（とくに日本では）スピンアウトした人々と親企業との関係はなくなることも珍しくなく、最悪の場合、敵対的になることもあった。しかし最近は、これまでとは異なる関係を築く事例が散見される。

たとえば、スピンアウトを意図的・戦略的に活用している企業がある。とりわけ、「イノベーターのジレンマ[22]」に陥って自らイノベーションを生み出しにくくなっている大企業が、そうした状況を打破するための手段としてスピンアウトを見なしている。

---

glossary

22　イノベーターのジレンマ　優良な企業が、組織的特性などから、潜在性の高い萌芽的市場を無視することで、結果として新興企業に敗れてしまう現象を説明する概念である。

また同時に，スピンアウトした企業が親企業に買収される，「スピンイン」という現象も生じている。いったんは飛び出したスピンアウトが，事業として成り立つようになると，時機を見て親企業が買い戻すのである。

　たとえば，ネットワーク機器市場の巨人であるシスコシステムズは，おもに事業活動を展開していたネットワーク機器市場が2000年代に入ってハードウエアからソフトウエア重視へと変化したため，それまで培ってきたハードの強みを活かせなくなった。また，社内に優秀な人材を抱えながら，それらの能力を活かす場がないという課題に直面していた。

　やがて，技術を有する社員たちは，同社から独立し，新奇性が高い技術の開発や新分野に取り組むスタートアップを立ち上げ始めた。そこでシスコは，そうした企業が成長したタイミングを見計らって，それらを買収するようになった。つまり，社内で取り組むのが難しい技術や製品の開発を社外に出し，うまくいったら買い戻すというわけである。

　こうしたスピンインから同社の主力製品が生まれた事例もある。Cisco UCSと呼ばれるサーバーとストレージおよびネットワークを融合した製品は，2008年8月にシスコが買収したヌオヴォ・システム（Nuova Systems）によって開発されたものである。同社を立ち上げたのは，シスコの元幹部マリア・マッツオーラであった。シスコとしては，マッツオーラのような優秀なエンジニアを大企業の中で窒息させないようにし，かつ他社に逃げられないようにするために，スピンアウトさせた上で関係は維持し，新会社で技術が開花する可能性が高まった時点で買収（スピンイン）に踏み切ったのである。またシスコは，一度は退職したものの復帰を希望する社員を受け入れたり，スピンアウトした企業同士のやりとりを絶やさないようにしている（中田［2012］）。

　スピンアウト・スピンインは，スター・エンジニアを大企業につなぎ止めておくための手段になっているともいえる。また，成功したら買収する（＝失敗しそうなら買収しない）という手法は，スピンアウト時より被買収企業の企業価値は上がっているためコストがかかるかもしれない一方，社内で育成するコストは節約できるし，もし失敗したら買収しなければよいので失敗のリスクを負わなくて済むというメリットもある。こうしたことから，スピンアウト・スピンインは，大企業にとって新事業創造のリスク・マネジメント手法にもなっている。

日本を代表する電子機器メーカーのアルプス電気は，1976年に盛岡事業所（盛岡工場）を開設した。製造していたのはコンピュータ関連の各種機器だが，研究開発部門も擁し，研究者・技術者が所属していた。単に部品の製造を請け負う工場ではなく，企画・設計から製造までを一括して担う独立採算の事業所であり，プリンター製造では国内トップクラスの実績を上げていた。同工場のプリンター事業部は，熱転写方式という当時としては画期的な印字法を開発するなど，確かな開発力を誇った。大学と連携して新製品開発を行ったり，社内ベンチャーが立ち上げられたりしていた。

盛岡事業所は，独特な文化を育んでいた。初代の事業部長を務めた武田安弘は，常に「新しいアイディアを考えろ」と従業員を鼓舞し，よい提案であれば若いエンジニアにも1000万円もの予算をつけて取り組ませた。従業員たちは，これに応えるように新しい問題に次々と取り組み，それを解決するために時間を忘れて尽力した。また，研究者や技術者でも，研究・開発のみならず営業・販売まで担当し，顧客と対面で話をすることが，盛岡事業所の働き方となっていた。さらに，社内イベントや部活を通じ，部署の壁を越えたコミュニケーションがとられていた。このような文化は，アルプス電気の他の事業所には見られなかったという。

ところが2002年に，アルプス電気盛岡事業所は突然，閉鎖されることとなった。事業所の閉鎖にあたって，社員は雇用を保障されたものの，他地域の事業部への異動を求められ，盛岡を離れなければならなくなった。それを受けてアルプス電気を辞めて盛岡に残る選択をした社員は少なくなく，中には自ら起業した者もいた。五十嵐［2013］によると，2008年時点で40社が設立され，その多くは岩手県内に立地した。2023年現在でもその93％が生存し（通常の生存率は50％程度），また，スピンアウトからさらにスピンアウトが生み出されるという，スピンアウトの連鎖が起こっている。

スピンアウトの多くは，専門特化された「尖った」技術を有していた。しかし，当該技術だけで最終製品はつくれないので，他企業と組むことになる。そのとき，相手が同じ盛岡事業所からのスピンアウトであることが珍しくない。理由は，各社の技術，得意分野，仕事ぶり，さらに経営者の人柄などについて，互いに熟知しているからである。これらは一緒に働いていた経験から蓄積された知識であり，中には暗黙知も含まれる。実際に仕事を進める段階でも，どう

進めるべきかや，その際どこに注意すべきかが大体わかっており，言葉にせずとも通じることが多い。何か問題が発生しても，気軽に相談できる信頼関係がある。そして何より大きいのは，新しいものに挑戦し続けることを推奨した武田事業部長の薫陶を共有している点であろう。

　アルプス電気盛岡事業所における組織ルーティンは，スピンアウトに引き継がれている。具体的には，社員を規則で縛るのではなく各人の自主自立を重んじる経営スタイルや，会社の規模を大きくすることだけを至上命題にせずに，ある程度大きくなったら独立させてスピンアウトをつくらせたりするといったことである。

　他方で，盛岡事業所からのスピンアウトは，閉じたネットワークというわけではない。志を同じくするセルスペクト社など地域外のスタートアップも，アルプス電気盛岡事業所のネットワークに加わっている。彼らが核となり，岩手県内には「東北ライフサイエンス・インストルメンツ・クラスター」（TOLIC）という医療機器のクラスターが形成されつつある。

図　アルプス電気盛岡工場からのスピンアウト

注：1は第1期スピンオフ，2は第2期スピンオフ，3はスピンオフからのスピンオフを表す。
出所：福嶋・田路・五十嵐［2022］88頁より作成。

スピンアウト同士の関係

　ある1社から多数のスピンアウトが生じた場合，スピンアウトした者同士が同窓会組織をつくるなどして連携を図る事例も散見される。彼らにとって，これらのつながりは将来のパートナー候補を見つける大切なネットワークとなるのである。

　他の企業と連携するとき，まったく知らない企業と組むよりは，同じ経験を共有している人をパートナーにしたほうが，信頼できるし，情報の非対称性が少なく，統合もしやすい。このような理由から，退職した社員とのつながりを維持したり，同窓会組織を設立したりする企業は増えつつある。たとえばヤフーは，2017年に「モトヤフ」という会社公認の同窓会ネットワークを構築し，2020年時点で1300名が登録していた。ここに登録すれば，グループの近況等の情報提供を受けることができる（『日本経済新聞』2019年7月17日）。電通も同窓会組織を構築するためのシステムを導入している。2020年現在，登録者数は500名，年齢は20代から70代までと幅広い。そこでの関係は，電通からの離職者同士，または彼らと電通によるビジネス連携の形成に結びついているという（『日経MJ』2020年12月16日）。

EXERCISE

① スピンアウトが，そうでないスタートアップに比べて有利な点をあげてみよう。
② 起業家を多数輩出している企業（リクルート，DeNA，楽天など）からスピンアウトした人を取り上げ，その人がどのようにスピンアウトしたかを調べてみよう。また，そうした企業の起業を促進する仕組みについて調べてみよう。

さらに学びたい方へ　　　　　　　　　　　　　　　　　　　　　Bookguide ●

● 長山宗広［2012］『日本的スピンオフ・ベンチャー創出論──新しい産業集積と実践コミュニティを事例とする実証研究』同友館。

浜松に本社を置くヤマハ発動機や浜松ホトニクス等からのスピンオフを詳細に調査し，その全容を明らかにしている。スピンオフに関連する理論も紹介されており，スピンオフについて研究したい人は一読の価値がある。

- 稲垣京輔［2003］**『イタリアの起業家ネットワーク──産業集積プロセスとしてのスピンオフの連鎖』**白桃書房。

イタリア・ボローニャの包装機械企業 ACMA から，スピンオフがどのように生み出されたか，またその背後にはどのような論理が見出せるかを探求した良著。海外のスピンオフ研究としても読みごたえがある。

映像資料紹介 ┃   **Movieguide** ●

- ユーチューブ動画 "Stories from the Valley: Episode1 The Traitorous Eight"（シリコンバレーからのストーリー：エピソード1 8人の裏切り者）2019 年，4 分 3 秒（英語）

シリコンバレーの祖となる半導体企業は，ショックレー半導体研究所を飛び出した 8 人の裏切り者によって始められた。当時の映像を短時間で紹介した動画である。全編英語であるが英語字幕が付いているので視聴してみてほしい。

- ドキュメンタリー映画「General Magic」2021 年，94 分

アップルからスピンオフして設立されたジェネラル・マジック。1980 年代にスマートフォンの原型を生み出した同社の，開発から破綻に至る過程の実録映像を編集した作品。技術は人を介して引き継がれていくことを実感できる，珠玉のドキュメンタリーである。

第 12 章

アントレプレナー・エコシステム

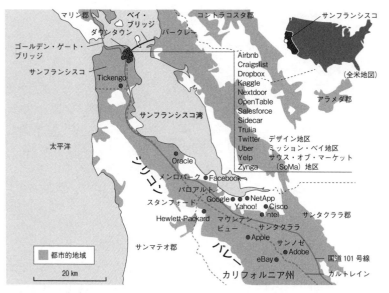

出所：*Economist*, 2012／10／27 より作成。

サンフランシスコ湾周辺にある企業

　世界には多数のスタートアップを生み出す地域があり，起業家たちや投資家たちが集まってくる。上に示したのは，2012 年時点のカリフォルニア州サンフランシスコ湾周辺の地図である。●はスタートアップである。この図から，エアビーアンドビー，ドロップボックス，ウーバー，ツイッターといった企業が，サンフランシスコ湾にかかるベイ・ブリッジの袂の地域で創業されていることがわかる。ここから複数のスタートアップが生まれ，やがてユニコーンに成長していった。なぜこの地域から多数のスタートアップが生み出されたのだろうか。

スタートアップが多数生み出される地域には，どのような特徴があるだろうか。

インターメディアリー　　スピルオーバー　　クリエイティブ・クラス　　リサイクリング

本章に関連する理論や概念

●アントレプレナー・エコシステム

創業してから間もない革新性のある企業（スタートアップ）を成長させ事業を加速させる地域に備わった仕組のこと。地域を1つの「システム」と見なして，そこから起業家が輩出されるメカニズムを探るために提起された概念である。類似する概念に「ビジネス・エコシステム」があるが，アントレプレナー・エコシステムが地理的な現象を指すのに対し，ビジネス・エコシステムは企業間のつながりであり，必ずしも地域を共有する必要はない。

●経路依存性

現在は歴史の延長線上にあるという考え方。あらゆる状況において，人や組織がとる意思決定は，たとえ過去の状況と現在の状況が現段階ではまったく無関係であったとしても，過去にその人や組織が選択した決断によって制約を受けるという特性のこと。

本章では，アントレプレナー・エコシステムとは何か，どのような枠組みで認識されるのか，どのような要素から構成され，どのように機能するのかを説明する（第❶節）。また，そのような仕組みはどのように出現し変化していくのだろうか（第❷〜❹節）。こうした点について，Spigel［2017］の理論をもとに説明していく。

1 アントレプレナー・エコシステム

▎地域と企業活動 ▎

　企業の成果は，必ずしも企業単独の性質だけに帰すことができないと指摘する研究がある。たとえばマイケル・ポーターらは「いかなる企業も，その成功は，支援企業やインフラに左右される」（ポーター゠クラマー［2011］）と述べ，企業経営にとってどの地域に立地するかが重要であることを指摘した。

　スタートアップは特定の場所に集中して出現する傾向がある。なぜそのようなことが起こるのだろうか。それに対する1つの回答は，その地域には起業を促進し成長させるアントレプレナー・エコシステムがあるからというものである。アントレプレナー・エコシステムは，成熟度の程度はあるものの，どの地域にも存在する。

▎アントレプレナー・エコシステムとは ▎

　生物や植物が持続的に繁栄する空間には，それを支える生態系があり，「エコシステム[23]」と呼ばれる。この生物学の概念を，アントレプレナーとそれを取り囲む環境のアナロジーとして応用したのが，**アントレプレナー・エコシステム**である。

　アントレプレナー・エコシステムは，複数の構成要素から成り立つ。これが

<hr>

glossary

23　エコシステム　もともとはイギリスの生態学者アーサー・タンズリーが1935年に提唱した概念で，ある地域に生息するすべての生物群集と，それを取り巻く環境とを含んだ全体を指す。エコシステムでは，生物と非生物環境が物質交換をしながら相互作用しつつ，1つの系を形成している。

機能を果たすためには，それら要素が公式・非公式および直接・間接に結びつき，互いに影響を与え合うことが必要である。それによって起業機会の創出・発見・活用が起こりやすい環境がつくられ，スタートアップの成長や繁栄に貢献するのである。

　したがって，アントレプレナー・エコシステムがその機能を発揮するためには，単にその構成要素を揃えるだけでは不十分である。構成要素間のダイナミックな相互作用が必要で，しかも，それが継続することが重要である。反対に，たとえすべての要素が揃っていなくても，相互作用が行われる間に，構成要素が変化したり，追加されたりすることもある。つまりアントレプレナー・エコシステムは，時間とともに自らを変化させていく，ダイナミックな「プロセス」であるといえよう。

　他方で，アントレプレナー・エコシステムは，その地域の歴史や過去のできごとに制約されるという**経路依存性**を有する。この性質のため，各アントレプレナー・エコシステムには個性があり，それは容易に変えられるものではない。

┃ アントレプレナー・エコシステムのフレームワーク ┃

　アントレプレナー・エコシステムにはいくつかのモデルがあるが，本章では，その中の1つである Spigel［2017］のモデルを基本として紹介する。このモデルによると，アントレプレナー・エコシステムは複数の要素から構成されるが，それらは物的属性・社会的属性・文化的属性という3層に分けることができ（図12.1），それぞれがほかを支援したり強化したりして相互に影響を与え合っている。以下で各々について概観していこう。

(1)　文化的属性

　アントレプレナー・エコシステムにおいて最も基盤となるのは，地域が有する文化や歴史である。起業家は，その地域の社会・文化的な構造に埋め込まれている。また，それは一朝一夕に生成したり変わったりするものではない。

　スタートアップを支援する文化的属性には，起業に資するものの考え方・価値観や，企業家精神の歴史が含まれる。前者の例としては，シリコンバレーの「誰かから恩を受けたら別の人に恩を返す」（Pay it forward）文化があげられるだろう。恩を受けた相手だけではなく，別の人にもその恩を返すという規範は，シリコンバレーの起業家たちが積極的に後進の起業家たちを育てようとする態度に反映されている。後者は，これまで起業家を生み出した歴史があるか，ま

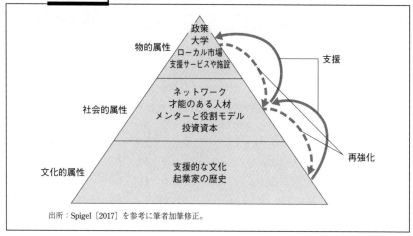

図12.1 アントレプレナー・エコシステム

政策
大学
ローカル市場
物的属性
支援サービスや施設

ネットワーク
才能のある人材
社会的属性
メンターと役割モデル
投資資本

支援的な文化
文化的属性
起業家の歴史

支援

再強化

出所：Spigel［2017］を参考に筆者加筆修正。

た，それが誇りをもって語り継がれるといったことを指す。具体的には，地域で活躍している起業家を表彰したり，起業家を積極的にテレビ番組や新聞記事などで取り上げたり，成功した起業家の記念碑を建てたりすること等である。

このような文化的属性は，その上位にある社会的属性（人々のつながり）や物的属性（目に見える政策や仕組み）に対し，直接的・間接的に影響を与える。

(2) 社会的属性

第2層は社会的属性である。ここで社会的属性とは，人と人とのつながりを指す。地域にどのような人がいて，どれくらいつながっていて，どのように機能しているかを示すものである。地域の社会的属性に影響を与える主要な要素には，以下のものがある。

① **ネットワーク** ネットワークは，企業家が市場や技術的知識を集め，資源を獲得するのを助ける手段となる。地域にはさまざまな種類のネットワークがある。学校，職場，取引関係といった公式的なものもあれば，家族・親類，友人，趣味や宗教などのつながりといった非公式的なものもある。

既存のネットワークに加えて，新たなネットワークが生成されることもある。しかし，自然に任せているだけでエコシステム内のプレーヤー同士がつながるとは限らないため，時には彼らに相互作用の場を与え，それを促したりする主体が必要となる。こうした機能を果たす主体のことを，**インターメディアリー**と呼ぶ。その種の機能を担う存在には，インキュベーター，アクセラレーター（▶第**8**章），大学といった組織や，弁護士，公認会計士など専門職人材があげ

　アメリカのテキサス州に行くと，個人宅の多くに州の旗が掲げられているのを目にするだろう。星が1つだけ描かれたテキサスの州旗は，「ローン・スター」（The Lone Star）と呼ばれ，同地の独立精神を象徴するとされる。そうした独立を重んじる文化は，州都オースティンにも受け継がれている。

　アメリカにおけるハイテク産業の集積地の1つであるオースティンは，オープンさやカジュアルな点についてはシリコンバレーに似ているが，シリコンバレーに比べると，人々はのんびり（easy going）くつろいだ（laid back）生活を好む傾向にあり，生活の質（quality of life）が重視されている。

　オースティンの人々は，新しいアイディアやものごとに対して寛容である。2002年には，地元の中小企業団体が"Keep Austin Weird"（オースティンは奇妙であり続けよう）というキャンペーンを展開した。文字通り，オースティンが変わったものや風変わりなものをも受容し，個性ある地域であり続けようとする態度を示す取り組みであった。キャンペーンのスローガンはオースティンの気風を表す文言として，同地の人々にも認識され，このフレーズをプリントしたTシャツやシール，マグカップ，バッグなどが，あちこちで販売されている。

　オースティンはこれまで，成功した起業家を多数輩出してきた。具体的には，デルの創業者マイケル・デル，チボリシステムズ（後にIBMが買収）の創業者ロバート・ファビオ，オーガニック・フード（自然食品）に重点を置いたスーパーマーケットであるホールフーズ・マーケット（後にアマゾンが買収）の創業者ジョン・マッケイ，別荘の貸し出しを仲介するサービスを提供するホームアウェイ（エクスペディアに買収され，バーボ〔Vrbo〕に名称変更）の創業者ブライアン・シャープルズとカール・シェパードなどである。オースティンの人々はこれらの成功者を誇りに思っているし，成功した起業家たちの多くは，地元の大学や地域の施設に寄付をし，社会還元に努めている。

　また，オースティンでは毎年，商工会議所などが主催して，革新的かつ将来性が高そうなハイテク・スタートアップに"A-LIST Awards"を授与している。受賞者は，メンターの指導を受けたり，さまざまなイベントに登壇する機会を与えられたりする中で，オースティンのエコシステムを盛り上げる役割を担うようになっていくのである。

> ### Column ㉒　創成期のシリコンバレーにおける半導体エンジニアの働き方
>
> 「シリコン・バレーの百年」というドキュメンタリー映画がある（▶**Movie guide**）。この中で，インテルの元マーケティング担当ボブ・グラハムは，1960〜1970年代のシリコンバレー創成期における半導体エンジニアたちの働き方やネットワークについて，次のように語っている。
>
> 　シリコンバレーには当時，半導体企業が数社しかなかった。どこかの企業に技術的な問題が持ち込まれると，すべての会社がその問題に取り組んだ。そして，どこか1社が問題を解決すると，その情報は瞬く間に全社に共有され，みな仕事の手を止めて酒場へ繰り出す。すると，そこでは問題を解決した技術者が，自分の手柄を吹聴しているというわけである。このようにしてシリコンバレーは，次から次へと持ち込まれる問題に，企業単体ではなく地域として取り組み，解決していった。グラハム曰く，それは「すごい速さでした。だから東海岸の奴らを出し抜けたんです」。
>
> 　すなわち，シリコンバレーにおいて半導体の技術者たちは，企業としては競合関係にありながらも，一緒に酒を呑み，手柄を自慢し合い，頻繁に情報を交換する仲間同士だった。その基盤にあったのは，互いに助け合う精神である。こうしたネットワークの存在が，半導体産業におけるシリコンバレーという地域の強さにつながっていったのである。

られる。優れたアントレプレナー・エコシステムは，活発なインターメディアリーを有していることが多い。

　②　**投資資本（ベンチャー・キャピタル，エンジェル）**　　投資家には，起業の初期段階を支援するエンジェル（個人投資家）やベンチャー・キャピタル（VC）が含まれる（▶第**8**章）。エンジェルは，自身の資産を使って新規企業に資金を提供する個人投資家のことを指す。VCは，外部から集めた資金を潜在的な可能性を持つ新企業に投資する，投資のプロフェッショナル集団である。

　投資資本は資金を提供すると同時に，ネットワーカーの役割も担う。投資先の成功が自身のリターンに結びつくことから，ひとたび投資をすると投資資本は，投資先企業を成長させるために，金銭のみならず，自らの経験をもとに投資先への助言，取引先の紹介，人材の斡旋，販路の開拓といった支援を行う。

　③　**メンターと役割モデル**　　エコシステムの中に，これから起業する起業家

予備軍や起業して間もない人々の相談に乗ったり，アドバイスを与えたりするメンターがどれだけいるのかは，そのエコシステムの質を決める重要な要素である。成功・失敗を問わず起業経験のある人々は，これから起業する者の役割モデルとなりうる。彼らが自身の経験を積極的に他者と共有する意思を持ち，そうした機会を多く持つようになると，そのアントレプレナー・エコシステムは活気のあるものになる。

　④　**才能のある人材**　　エコシステムに，高度なスキルや専門能力を持つ人材がいることも重要である。それには，技術的知識の豊富な人材だけでなく，経験豊かな管理職者も含まれる。エコシステムにとって，地域固有の技術や知識，あるいは専門性が高い人材の集積が強みになる場合もあるが，多種多様な職種や業種，多様なバックグラウンドを持つ人材を有することが強みになる場合もある。

　専門性の高い人材が多数集まると，その分野における最先端の知識・情報を集めやすくなり，結果として人を集めるコストを低く抑えたり，関連企業の誘致や人材の招聘が容易になる（マーシャル［1985］）。他方で，多種多様な業種や人材の集積は，異質な知識が融合する機会を増やし，それが地域に創造性をもたらす（ジェイコブズ［2012］など）。

　⑤　**スピルオーバー**　　公式的なネットワークを介さなくても，企業や人が空間的に近接すると，情報や知識が非公式な形で，自然に共有されることがある。これが**スピルオーバー**という現象である。

　スピルオーバーは外部経済の一種である。スピルオーバーが起こりやすい地域にいれば，コストをかけなくても技術・市場・顧客などに関する最新の情報や知識を入手することが可能になる。そうした地域には，企業が拠点や支社を立地したり，人が集まりやすい。このように企業や人が集まってくることで，さらにその地域では最新の情報や知識が生み出されたり，集まりやすくなる。エコシステムが形成されている地域には，多かれ少なかれ，このようなスピルオーバーが生じている。

(3)　物的属性

　物的属性とは，地域の中の可視化された仕組みや制度である。物的属性は目に見えるため模倣が容易だが，下層にある文化的属性や社会的属性の影響により，その働きや機能は変わってくる。したがって，似たような物的属性を有していても，その働きが異なることは往々にしてある。物的属性の例としては，

Column ㉓　クリエイティブ・クラス

　地域が創造的であり続けるためには，どのような人材が必要なのだろうか。都市経済学者のリチャード・フロリダは，「3つのT」，つまり技術（technology），能力のある人材（talent），許容度（tolerance）が，地域の経済発展には重要であるとし，とりわけ創造的な人材を**クリエイティブ・クラス**と名づけて（Florida［2005］，Florida, Mellander and Stolarick［2008］），地域の創造性の源泉と見なした。具体的には，科学，技術，研究開発，高度技術産業，芸術，音楽，文化など，知識集約的な専門職をクリエイティブ・クラスに分類した。こうしたクリエイティブ・クラスは，経済に大きな影響を与えるという。加えて，クリエイティブ・クラスは特定地域に偏在する傾向があり，彼らを多数擁している地域が創造性の高い地域になりやすいとも指摘した。

　フロリダは，クリエイティブ・クラスの人材を引きつける要素を抽出し指標化した（クリエイティブ・クラス指標）。それによると，**Case 12**-①で取り上げたテキサス州オースティンは全米で第6位に位置している。とくに，寛容性にかかわる指数であるゲイ指数（人口に占めるゲイ人口の割合）は第1位である。これらの点からオースティンは，保守層が多いアメリカ南部にありながら異質なものに対する許容度の高い地域であると見なされ，それがクリエイティブ・クラスを引きつけているのである。

表　アメリカでクリエイティブ・クラスの多い都市（2007年）

サンノゼ（カリフォルニア州）	51.3 %
ワシントンD.C.	50.7 %
サンフランシスコ（カリフォルニア州）	48.1 %
ボストン，ケンブリッジ（マサチューセッツ州）	46.8 %
ラーリー（イリノイ州）	46.5 %
オースティン（テキサス州）	45.0 %
ボルチモア（メリーランド州）	44.9 %
シアトル（ワシントン州）	44.3 %
デンバー（コロラド州）	42.3 %
フィラデルフィア（ペンシルバニア州）	42.2 %

出所：Florida［2019］より作成。

以下のものがあげられる。

① **政策と政府**　自治体や政府関係機関はエコシステムの一部であり，物的属性に分類される。政府や自治体は，地域経済を発展させるために，新規事業者に対して法や条例を制定したり，補助金を出したり，新規事業を誘発するような環境整備をしたりする。のみならず，自治体やその関連組織が直接，事業者の経営相談サービスなどを提供することもある。成長する企業を地域に生み，雇用をつくり出し，税金を支払ってもらうことで財政は潤うので，政府や自治体にとって彼らを支援する意義は大きい。

② **大学・研究機関**　エコシステム内で大学の役割は多岐にわたる。大学・研究機関は起業シーズとなりうる技術や知識を生み出し，その過程で多数の特許を生み出す。企業にとって，大学や研究機関は事業のヒントやシーズの提供者であり，共同研究を行うパートナーにもなる。

また大学や研究機関は，企業家的なマインドセットを持った人材を育成し，彼らが新しい事業を始めることを推奨する。大学によっては起業家を支援する各種サービス（インキュベーター，ギャップファンド，目利き人材など）[24]も提供する。

さらに大学は，異なる分野の人々をつなげるインターミディアリーとしての役割も担いうる。大学は社会の公器であり，多様な人々が出入りするので，異質なネットワークをつくる場所として最適なポジションにある。

③ **ローカル市場**　アントレプレナー・エコシステム内に顧客が存在し，直接コミュニケーションがとりやすいことは，エコシステムの成長を促進する要因となる。とりわけ専門性の高い産業・技術において，顧客がエコシステム内に集積していると，評価者が近くにいるため，学習のフィードバックが早くなる。また顧客は市場や他社に関する情報をもたらす存在でもあるので，彼らが近くにいることで最新情報を得たり，評判を知りやすくなったりする。

また，エコシステム内にローカル市場が発達していると新規参入業者は顧客を見つけやすいので，有利となる。このような条件があれば，起業は容易になる。

④ **支援サービスや施設**　起業を支援する専門家，たとえば公認会計士・弁護士・人材派遣業などは，起業に必要不可欠な知識を提供する。また，インキ

glossary

24　ギャップファンド　　大学の研究成果を事業化する過程において，試作品作成や実験等への資金を供与し，研究と事業化の間に存在する切れ目（ギャップ）を埋める基金のこと。

ュベーター，アクセラレーター，コワーキング・スペースといった施設は，オフィス・スペースだけでなく，資金面や精神面のサポートも起業家に提供する（●第**8**章）。

　こうした専門家や施設は，地域内にネットワーキングを形成・促進する役割も果たす。勉強会やビジネスプラン・コンテスト等のイベントを開催するなどして，起業家と投資家，顧客，さらには地域との関係づくりに携わり，地域の社会関係資本（●第**4**章）を豊かにしていく。

　以上のようなアントレプレナー・エコシステムの構成要素である3層は，相互に影響を与え合っている。文化的属性が社会的属性を支援し，社会的属性が物的属性を強化する。他方で，物的属性を変化させると，社会的属性が再強化され，そのことがさらに文化的属性を再強化する。このようにして，3層間の相互依存関係のもとでアントレプレナー・エコシステム自体が時間とともに変化していくのである。

② アントレプレナー・エコシステムの種類

　Spigel［2017］によると，アントレプレナー・エコシステムは，その形態や成熟度に差はあるものの，どの地域にも存在する。時間の経過とともに，それが成長していくこともあれば，まったく変化しなかったり，さらには弱体化して消滅することもある。

　アントレプレナー・エコシステムは，「企業間および他の行為者間のネットワークの機能」と「地域における資源の量」という2軸に基づき，以下のように分類できる。①資源も豊富でネットワークも充実している強いアントレプレナー・エコシステム（以下，カテゴリーの表記としては EE），②不毛な環境にあるがネットワークが機能している EE，③地域に資源は豊富だが，ネットワークが乏しいため，それを活かせていない EE，④地域に資源もなくネットワークも乏しい EE，という4つのカテゴリーである（図12.2）。

　シリコンバレーをはじめとして，すでに発達したアントレプレナー・エコシステムを有する地域は，ネットワークが機能し，資源も豊富な，①強い EE に分類される。②不毛の EE は，ネットワークはあるが資源が乏しい地域で，新

資源の量

	潤　沢	少ない
ネットワークの機能　高　い	① 強い EE 例：シリコンバレー （アメリカ）	② 不毛の EE 例：ラゴス （ナイジェリア） アクラ （ガーナ）
ネットワークの機能　低　い	③ つながりが弱い EE 例：カルガリー （カナダ） アバディーン （スコットランド）	④ 弱い EE

出所：Spigel and Harrison［2018］より筆者作成。

興国に多く見られる。③つながりが弱い EE は，主要産業があり，スタートアップもそこそこ生まれているが，スタートアップ間のネットワークが乏しい地域が該当する。④弱い EE にあたる地域は，世界中にたくさん存在する。

　アントレプレナー・エコシステムを構築するためには，各地域は自分たちのアントレプレナー・エコシステムがどの分類にあてはまるのかを確認した上で，何が本質的な課題なのかを見極める必要があるだろう。

3 アントレプレナー・エコシステムの変化

　アントレプレナー・エコシステムは，ダイナミックに変化する。では，どのような要因がアントレプレナー・エコシステムに変化をもたらすのだろうか。

　Spigel［2017］によると，アントレプレナー・エコシステムの変化は，以下のようなできごとが引き金となり始まる。その例として，第1に，偶発的な事象があげられる。たとえば，産業の自然的条件（気象・土壌の性質，鉱山・採石資源へのアクセス等）が変化することが，これにあたる。あるいは，地域の主要企業が何らかの理由で閉鎖された結果，多数の労働者がレイオフされ，それに

よって地域から人が流出したり，地域に潜在的起業家予備軍が生み出されたりすることも引き金となりうる。また，一見するとランダムに生じたような小さなできごとが，大きな変化につながることもある。あるイベントで起業家と投資家が偶然出会ったり，大学が主催するイベントでこれまで面識がなかった地域の人々同士につながりができたりといったことである。

第2は，政府や地方自治体がトップダウンで，起業を促進するような新しい政策を実施することである。たとえばシンガポールは，海外の優秀な起業家を引きつけるための法律を整備したり，若い自国民を海外に派遣したり，彼らが起業する際には場所を提供したり，補助金を出したりするなどして，国家政策として起業家活動を支援し，国内にアントレプレナー・エコシステムをつくり出そうとしている。中国でも「大衆創業・万衆創新」というスローガンを掲げ，国民の企業家精神を涵養しようと，起業家教育や起業家育成に向けたさまざまな仕組みを，国家主導で提供している（▶第 13 章）。

第3に，住民やアントレプレナーの中から主導的な役割を果たす個人が現れて変化を起こしたり，地域住民が動いて意図的にエコシステムを形成したりする，ボトムアップ型の変化があげられる。こうした計画を牽引するのがインフルエンサーと呼ばれる人々である。彼らは自身のキャリアによって地域内で尊敬されている人物である場合が多く，将来のビジョンを示して人々を牽引していくのである（Smilor, Gibson and Kozmetsky [1989]）。たとえば，前述の通りテキサス州オースティンは IT やソフトウエア産業において起業家を輩出してきたが，その端緒をつくったのはジョージ・コズメスキーという人物であった（Case 12-②）。コズメスキーは，地域の 50 年後を見据えたビジョンを描き，それを地域の人々と共有しながら，地域の発展に貢献した人物として，現在でも尊敬されている。

また，特定の個人というよりは，地元住民たちが連携して自発的にイニシアティブを発揮し，変化を起こす場合もあり，彼らを市民起業家と呼ぶ（ヘントン＝メルビル＝ウォレシュ [1997]）。たとえばオースティンでも，コズメスキーのみならず，地元の各界リーダーら（州政府，大学，商工会議所，弁護士など）も，国家プロジェクト誘致のために自発的に朝 7 時から勉強会を開き，打ち合わせをしていた。このような住民による草の根的な活動の積み重ねが，誘致の成功につながったのである。

これらのできごとによってアントレプレナー・エコシステムに変化が生じる

　本章で何度か取り上げてきた通り，テキサス州オースティンは全米を代表するハイテク・クラスターの1つである。1970年代までは，行政関連組織と学生数5万人を擁するテキサス大学オースティン校の雇用者が大半を占めるという，きわめて保守的な街であった。ところが，1970年代後半からIBM，モトローラ，テキサス・インスツルメンツ（TI）といった大企業が進出し始め，1980年代には国家プロジェクト（MCC，SEMATECH）を誘致し，1990年代には大手企業からのスピンアウトや大学発ベンチャーが増加したことによって，街は姿を変えていった。

　オースティンの発展に欠かせないのは，ジョージ・コズメスキーという人物である。コズメスキーは大学教員として勤めた後に，カリフォルニア州でテレダインの共同設立者となり，1966年にビジネススクールの学部長としてテキサス大学に招聘された。当時，同大学の卒業生は職がないオースティンをあとにして，ダラスやヒューストンで就職していた。それにショックを受けたコズメスキーは，オースティンに雇用を生み出すべく活動を開始する。

　まず1977年に，IC^2（Innovation Creativity and Capital：アイシー・スクエア）研究所を創設した。同研究所は，地域が経済成長するための戦略を研究しつつさまざまなプロジェクトを企画し，起業家の育成や技術の商業化に向けた教育活動などにも取り組んだ。

　IC^{2}研究所は，さらに，起業家と投資家・支援者を結びつける役割をも果たした。具体的には，地域の自治体（州政府，市）や商工会議所などと連携して，複数の国家研究プロジェクトをオースティンに誘致するのに成功したのである。1984年には国の共同研究プロジェクトであるMCC（Microelectronics and Computer Technology Corporation）を，3年後の1987年にはSEMATECHという半導体の国家プロジェクトを誘致し，その結果，同地に多数の研究者・エンジニアが流入することとなった。

　その後もコズメスキーらは，IC^{2}研究所の付属施設として，インキュベーターであるATI（Austin Technology Incubator），投資家と起業家のマッチング・サービスであるCapital Network，ソフトウエア業界団体であるAustin Software Council などを設立していく。

　こうした中で，オースティンに有望なベンチャーが現れ始める。1984年には，

テキサス大学の学生であったマイケル・デルがデル・コンピュータを設立し，急成長を遂げた。コズメスキーはデルのメンターでもあった。また，ATI の入居企業からも，IPO を果たしたり，M&A されたりするものが増加していった。さらには IBM オースティンやチボリシステムズから多数のスピンアウトが生み出され，ソフトウエア産業の集積が形成されていった。

スタートアップの集積が進むにつれ，VC，弁護士事務所，会計事務所，そしてヘッドハンティング企業などがオースティンに進出し，起業のためのエコシステムは厚みを増していった。こうしてオースティンは「全米で起業しやすい街」の上位 5 地域には必ず名を連ねる都市となった。

近年では，技術系スタートアップにワンストップ・サービスを提供するキャピタル・ファクトリー（Capital Factory）やテックランチ（Tech Ranch）といった，コワーキング・スペースを持つ起業支援サービス業者が現れ，さまざまなセミナーを開いたり，起業相談に乗ったり，ビジネスプラン・コンテストを開催したりしている。オースティンには，このような組織がおよそ 50 団体あるといわれる。いずれもが起業を志す人に対して開かれており，「そこに行けば起業家あるいは起業家予備軍に会える場所」として，オースティンに起業家を引きつける要因となっている。

図　オースティンのアントレプレナー・エコシステム

物的属性
大学や支援産業による
積極的な起業家支援
成功した企業家への注目

支援　　再強化

社会的属性
インフルエンサーの存在
ネットワーク形成のしやすさ
メンターや役割モデルの存在
多様な人材の存在

文化的属性
独立志向かつ寛容な文化
QOL の重視

出所：Spigel［2017］より筆者作成。

と，それが図12.1に示した3つの属性へと波及していく。その中で，地域内に新たな組織や仕組みができたり，ネットワークが構築されたり，起業家について新しい制度的かつ文化的理解が生み出されたりして，結果としてアントレプレナー・エコシステム全体の変化につながっていく。

4 アントレプレナー・エコシステムのリサイクリング

アントレプレナー・エコシステムは構成要素間の相互作用によって変化し，エコシステム内の起業家たちの活動に影響を与える。その成果は，起業数の増減や，成功した起業家の出現，資金調達額の変化，さらには地域での雇用数や税収の変化といった形で現れ，それがまた将来のエコシステムのあり方に影響

テム拠点形成戦略」という政策を打ち出した。「スタートアップ・エコシステム拠点都市形成プラン」を公募した上で拠点都市を選定し，政府・政府関係機関・民間サポーターによる集中支援を実施することで，世界と伍するスタートアップ・エコシステム拠点形成を目指すというものである。

　民間主体のエコシステム形成も試みられている。たとえば三井不動産は，東京の日本橋にライフサイエンス産業のエコシステムを，本郷の東京大学周辺に

表　世界のスタートアップ・エコシステム・ランキング（2022 年）

1	シリコンバレー（アメリカ）
2	ニューヨーク（アメリカ）
〃	ロンドン（イギリス）
4	ボストン（アメリカ）
5	北京（中国）
6	ロサンゼルス（アメリカ）
7	テルアビブ（イスラエル）
8	上海（中国）
9	シアトル（アメリカ）
10	ソウル（韓国）
11	ワシントン D.C.（アメリカ）
12	東京（日本）
13	サンディエゴ（アメリカ）
14	アムステルダム・デルタ（オランダ）
15	パリ（フランス）

出所：Startup Genome［2022］より作成。

本郷バレーと呼ばれる AI 産業のエコシステムを形成しようと試みている。三菱地所も，丸の内エリアでのスタートアップ・エコシステム形成に取り組んでいる。

を与える。

　新しく生み出された経営資源を，それを生み出したエコシステムに還元させて再投入することをアントレプレナー・エコシステムの**リサイクリング**という。具体的には，IPO したり買収されたりして成功した企業家が，それによって得られた富を投じて同じ地域で新規企業を設立したり，自身が投資家になって同じ地域のスタートアップに投資をしたり，また起業初心者のアドバイザーやメンターとして，あるいは自らが新規創業企業の経営チームに参画して，起業を通じて得た経験を共有したりすることである。こうしたアントレプレナー・エコシステムのリサイクリングが起こらないと，せっかく生み出された資源は地域外に流出してしまう。

　またリサイクルが及ぶ範囲は地域内にとどまらない。ある地域におけるスタートアップの成功が，その地域の対外的な評判に変化をもたらすこともあるからである。たとえば，成功した企業が当該地域にあることを知って，その企業

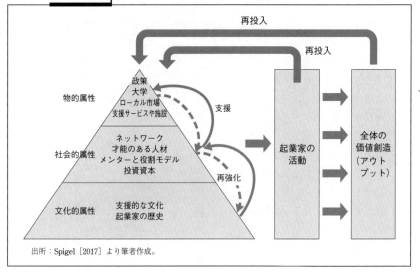

出所：Spigel［2017］より筆者作成。

との提携や買収を考える投資家が訪れてくる。また，その企業に就職したいという人も集まってくる。

　このように，アントレプレナー・エコシステムがもたらした結果は，将来のエコシステムの構成要素や相互作用に影響を与えるのみならず，エコシスム自体を変えていく。つまり，アントレプレナー・エコシステムは静的なものではなく，絶えずアウトプットからのフィードバックを受けながら，ダイナミックに変化し動き続けているのだ。

EXERCISE

① 自分の住む地域では，産業を活性化させるために，誰が，どのような取り組みをしているのかを地元の新聞や雑誌などを参考にして調べてみよう。
② 自分の住む地域にある企業を取り上げ，なぜそこに立地したのかを調べてみよう。

- アナリー・サクセニアン（大前研一訳）[1995]『**現代の二都物語──なぜシリコンバレーは復活し，ボストン・ルート128は沈んだか**』講談社。

  シリコンバレーとボストンというアメリカを代表する2つのハイテク産業集積はともに軍需産業から始まったが，それぞれの地域が有する文化や選択した技術の違いから，運命が大きく異なっていく。

- エリンコ・モレッティ（池村千秋訳）[2014]『**年収は「住むところ」で決まる──雇用とイノベーションの都市経済学**』プレジデント社。

  イノベーションが活発に起こっている産業は他の産業に比べ地理的に集積しやすいという特徴を有し，それが地域間格差を拡大させ，さらには人々の職業や居住の選択，年収にも影響を与えるようになることを，豊富な事例を用いて説明している。

- 福嶋路[2015]『**ハイテク・クラスターの形成とローカル・イニシアティブ──テキサス州オースティンの奇跡はなぜ起こったのか**』白桃書房。

  テキサス州オースティンのアントレプレナー・エコシステムがいかに形成されてきたのか，60年以上にわたる歴史をたどり明らかにしている。

- ドキュメンタリー「シリコン・バレーの百年」2004年，90分

  シリコンバレーがどのように形成されてきたのかを，100年もの歴史を追うことによって明らかにしたドキュメンタリー。多数の関係者インタビューから，シリコンバレーという地域の文化を窺い知ることができる。

起業とグローバリゼーション

企業名	創業者名	出身国
テスラ, スペース X	Elon Musk	南アフリカ
ウーバー	Garrett Camp*	カナダ
ウィーワーク	Adam Neumann*	イスラエル
モデルナ・セラピューティクス	Noubar Afeyan*	アルメニア
	Derrick Rossi*	カナダ
ズーム・ビデオ・コミュニケーションズ	Eric Yuan	中 国
スラック・テクノロジーズ	Stewart Butterfield*	カナダ
	Serguei Mourachov*	ロシア
	Cal Henderson*	イギリス

注：＊は共同創業者。
出所：筆者作成。

ユニコーンの創業者とその出身国

　上表は，アメリカでユニコーン（▶第9章）となった企業の名称，その（共同）創業者名，そして彼らの出身国を示したものである。移民としてアメリカへ移住した人々が，そこでスタートアップを立ち上げて成長させ，その地でイノベーションを実現し繁栄をもたらしていることがよくわかるだろう。さらに近年では，移住先から母国に戻って起業する人々の事例も散見される。このように国境を越えて移動する人々は，なぜ起業をするのだろうか。その背景は何か。そして，その動きは何をもたらすのか考えてみよう。

国境を越える人の移動は，移動元・移動先の地域の起業活動にどのような影響を及ぼすのか。

移民　　開放性と閉鎖性　　多面的焦点性　　起業促進政策
超国家コミュニティ

本章に関連する理論や概念

● 移民起業家

　母国を出て他国に住み，移住先で事業を始める起業家のこと。移民起業家は，現在の居住国の文化を吸収しつつも母国の文化を保持するという二重性を有し，複眼的な視点を持ちやすい。また，関係を持つ複数国の経営資源を組み合わせることができるので，新しい価値を生み出しやすい。

● 頭脳循環

　外国で得た技能や知識を備えた移民が，母国に戻り，母国に資するような活動を行うこと。これまで，おもに新興国では，高学歴や高度技能を備えた人々が国外に流出し，そのまま母国に戻らないという「頭脳流出」が生じていた。しかし 2000 年代に入ると，先進国に就学・就労に来ていた新興国の人材が，母国に戻ったり，母国と行き来するようになったりする流れ，つまり「頭脳循環」が目立つようになった。

● ボーン・グローバル企業

　海外で創業したり，創業まもなく海外に拠点を移したりして，母国ではない場所で事業を営み，海外売上が 25 ％以上あるベンチャーや中小企業を指す。

本章では国境を越えた人の移動と起業を扱う。第❶節では起業が移民に支えられていることを指摘し，第❷節では高度人材のグローバル移動が知識の流れを変えることを示し，第❸節では高度人材を引きつけようとする各国の取り組みについて紹介する。さらに，第❹節では起業の初期から海外市場を目指すボーン・グローバル企業を紹介し，第❺節では企業家の国際移動を支える超国家コミュニティを紹介する。

1　移民に支えられたシリコンバレー

▎シリコンバレーにおける移民と移民起業家▎

　イノベーションの世界的中心地といわれるアメリカ・カリフォルニア州シリコンバレーは 300 万人もの人口を擁するが，うち 39 ％は国外出身者であるという（Joint Venture Silicon Valley［2023］）。2023 年の調査によると，全住民に占める国外出身者の出身国別比率は，多い順に，中国が 7 ％，メキシコとインドが 6 ％，ベトナムが 4 ％となっている（図 13.1）。エスニック別に見ると，アジア人が 37 ％，白人が 30 ％，続くヒスパニック・ラティーノ（メキシコ系）が 25 ％で，以上が大半を占める（図 13.2）。

　さらに，被雇用者のうち海外出身者の割合は，全体で 48 ％である。産業別

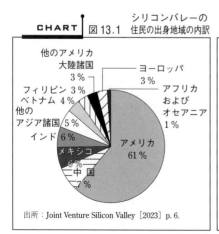

CHART 図 13.1　シリコンバレーの住民の出身地域の内訳

他のアメリカ大陸諸国 3 ％
ヨーロッパ 3 ％
フィリピン 3 ％
ベトナム 4 ％
他のアジア諸国 5 ％
インド 6 ％
中国 7 ％
メキシコ 6 ％
アフリカおよびオセアニア 1 ％
アメリカ 61 ％

出所：Joint Venture Silicon Valley［2023］p. 6.

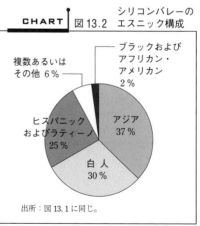

CHART 図 13.2　シリコンバレーのエスニック構成

複数あるいはその他 6 ％
ブラックおよびアフリカン・アメリカン 2 ％
ヒスパニックおよびラティーノ 25 ％
アジア 37 ％
白人 30 ％

出所：図 13.1 に同じ。

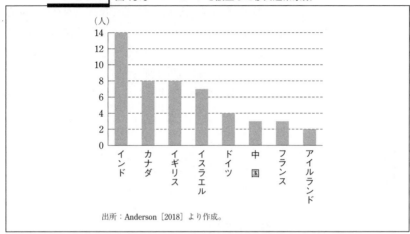

図13.3　ユニコーンを設立した移民起業家数

（人）

出所：Anderson［2018］より作成。

に見ると，コンピュータおよび数学が 66.0 ％，建築およびエンジニアリング 60.7 ％，医療および健康サービス 45.2 ％，自然科学 44.8 ％，金融サービス 41.8 ％，その他 42.1 ％と，高度技能分野の多くで海外出身労働者が半数以上を占めていることがわかる（Joint Venture Silicon Valley［2018］）。

　とくに注目すべきは，シリコンバレーのスタートアップを担う人材の中で，**移民**が重要な役割を果たしているという点である。2018 年に National Foundation for American Policy が発表した資料によると，アメリカのユニコーン 87 社のうち，約半数にあたる 44 社が移民によって創業あるいは共同創業され，また 62 社において移民が新製品開発活動で重要な役割を果たしている（Anderson［2018］）。**移民起業家**の比率は年々上昇しており，ベンチャー支援を受けた移民起業家は，2006 年には全体の 25 ％であったが，2013 年には 33 ％まで上昇した。いまやシリコンバレーのスタートアップの 51.4 ％で，その創業チームに少なくとも 1 人の移民が含まれているとの報告もある（同上）。こうした数値から，シリコンバレーが移民によって支えられ，起業に関しても移民の存在感の大きいことがわかるであろう。

┃ 移民起業家の強みと弱み ┃

　シリコンバレーの革新の原動力となっているのは移民といわれるが，なぜ移民は革新において重要な役割を果たすのだろうか。その理由として，移民起業家のものの見方が複眼的であることや，移民起業家が資源動員力を有すること

Column ㉕　シリコンバレーのネットワーク：開放性と閉鎖性の併存

　シリコンバレーの特徴は多様性と**開放性**であるといわれる。実際，同地は多数の優秀な移民を受け入れてきた。しかし他方で，シリコンバレーのネットワークは重層的で**閉鎖性**を併せ持っている。すなわち，オープンな外郭の内側に，多数の「インナー・サークル」といわれる排他的なネットワークが包含されており，新参者は容易にその中へ入ることができない。

　「ザ・バッテリー」という会員制クラブは，その一例である。会員は，招待制の会合や大物ベンチャー・キャピタリストの自宅パーティなどに参加することができる。そこでは良質な情報交換や商談が行われるが，同会はクローズドなクラブであるため招待されないと会員にはなれない（『日本経済新聞』2015年10月8日）。

　シリコンバレーでは民族のつながりも強く，それらがビジネスおよび利権の基盤ともなっている。たとえばインド系のTiE（The Indus Entrepreneur：ザ・インダス・アントレプレナー）は，シリコンバレーに移住したインド人が1992年に発足させたネットワークである。1980年代，多くのインド人が技術者としてシリコンバレーに受け入れられたが，起業家と見なされてはこなかった。このような状況を危惧したカンワル・レキが，自分たちインド人がシリコンバレーで事業を始める上で必要な知識を共有するネットワークとして，TiEを設立したのである。現在，アメリカには3000万〜4000万のインド人が居住し，その職業はエンジニアにとどまらず，起業家，ベンチャー・キャピタリスト，大企業の経営者などが含まれる。シリコンバレーで起業を担う人材のうち，インド人は15％，技術系に限れば33％を占めるともいわれている。彼らのネットワークは今や，ビジネスにおいても大きな影響力を持つようになっている（『日経産業新聞』2018年7月13日）。

　このように，シリコンバレーが多様性にあふれたオープンな社会であることは間違いないものの，その中には多様な排他的ネットワークが併存し，人々はそれらへ自由に出入りできるわけではない。挑戦する者・能力のある者だけが，そこを行き来するパスポートを手にできるのである。

などが指摘されている。

　移民起業家は，育った国と住んでいる国という，少なくとも2つ以上の文脈から影響を受ける。つまり，異なる国々の差を認識できる立場にあることで，

多面的焦点性（multifocality）と呼ばれる，複数の場所やグループを同時に考慮
できる能力を獲得する機会に恵まれている。こうした移民起業家の多面的焦点
性は，起業機会の認識を（そうでない起業家と比べて）独特なものにしている。

　また，母国の資源と移民先の資源をつなげて新たな価値を創り出すというこ
とに関し，移民起業家は有利なポジションを占めていると見られている。すな
わち，彼らが移住先と母国それぞれに2つの異なるネットワークを持っている
ことが，有利に働くのである。たとえばインド人起業家が，アメリカはAIエ
ンジニアが不足しているが資金調達環境は恵まれていると認識して，そこに起
業機会を見出し，資金調達しやすいアメリカで起業してインドにいるAIエン
ジニアを雇用するといった事例が考えられる。

　他方で，移民起業家であることは，必ずしも利点ばかりではない。とりわけ
地域に多様な民族が居住している社会では，民族ごとの棲み分けがなされてい
たり，移民に対する偏見・差別が存在したりすることがある。同時に母国でも，
移民であることによって外部者と見なされることもある。程度の差はあれ，移
民起業家の強みと弱みは表裏一体なのである。

 ## 高度人材の国際移動

　シリコンバレーの活力の源泉となってきた移民たちだが，2010年ごろから
母国に戻るという流れが目立ち始めている。このような現象の背後には，どの
ような要因があるのだろうか。

┃ シリコンバレーからの頭脳流出の原因 ┃

　このような変化について，いくつかの理由を考えることができる。第1は政
治的要因である。国際的な人材移動は，時の政権や国際政治の影響を受けやす
い。たとえばトランプ政権下でのアメリカでは，中国との政治的対立を受けて
H1ビザ（アメリカ移民法が規定する，高度専門知識を持つ人材に発行されるビザ）の
発給に厳しい規制がかけられる一方，アメリカ企業がIT人材の確保に有利と
なるような政策も打たれたため，それらがシリコンバレーの企業間の人材争奪
に影響を与えた。

　第2は，シリコンバレーの住環境の悪化である。人口の増加に対してインフ

　グラブ（Grab）は，東南アジアを中心に配車サービスを営む企業である。マレーシア人のアンソニー・タンとホーイリン・タンによって設立された。彼らはマレーシア生まれであるが，アメリカのハーバード大学ビジネススクールで学んだ同級生であった。

　彼らの母国マレーシアでは，タクシー運転手による強盗や強姦などが頻発し，タクシーは安全な乗り物と認識されていなかった。このような母国のタクシー環境のひどさを課題と感じた両氏は，タクシーの配車手配や GPS で走行状況をトラッキングできるアプリを開発し，このアイディアをもとに 2011 年にハーバード大学で開催されたビジネスコンテストに参加して 2 位となった。結果，大学からの出資を受け，マレーシアでマイテクシス（後にグラブと改称）を創業した（『日本経済新聞』2019 年 11 月 17 日）。

　このころ，アメリカのウーバーも東南アジア市場に参入しており，グラブの最大のライバルになっていた。これに対し，現地の事情に通じていたタンは，アジアではドライバーが日常的に現金を必要としていることを受けて，ウーバーでは利用できなかった現金払いに対応した。また治安を考えて，運転手とのチャット機能を付けたり，道を外れるとアラートが鳴る仕組みを備え付けたりと，地元市場を熟知したサービスを提供した。さらに，進出先の地元投資家にアプローチし，技術スタッフや事務スタッフを現地採用した。

　このような現地化戦略が奏功し，グラブは徐々にウーバーからシェアを奪っていった。そして 2018 年，ついにウーバーが東南アジア事業からの撤退を表明し，撤退する際にグラブに同地域の事業を売却した。その後グラブは，ソフトバンクなどから出資を受けて事業を拡大し，自家用車向け GrabCar，オートバイ向け GrabBike，相乗りサービス GrabHitch，配送サービス GrabExpress，決済サービス GrabPay などを提供，サービス提供範囲もマレーシアのみならず，フィリピン，シンガポール，タイ，ベトナム，インドネシア，ミャンマー，カンボジアに及んでいる。

ラの整備が追いつかず，シリコンバレーの住環境は過去最悪といわれている。家賃・物価の高騰や，ひどい交通渋滞などによって，生活するのが厳しい地域となりつつあるのである。

　第 3 は，母国市場の潜在的可能性が認識されたことである。母国が新興国で，

成長途上の段階にあるとき，そこには巨大なビジネス・チャンスが生じうる。このような市場に対して，すでに他国で普及しているサービスを持ち込むビジネス（ソフトバンクの孫正義がいうところの「タイムマシン経営」）を行えば，市場の先駆者となれる可能性がある。ライドシェア・サービスを提供するウーバーのビジネスモデルを東南アジアで展開したグラブ（**Case 13-①**）や，中国のディディ（滴滴出行）は，そうした例といえる。

第4に，ICTの発展によって，オンラインで簡単に打ち合わせができるようになるなど，シリコンバレーにいなくても仕事ができる環境が整ってきたことも，シリコンバレー離れを加速化させている。とりわけ2020年，全世界的に拡大した新型コロナウイルスは，この流れに拍車をかけた。

第5は，移民の出身国側の意識変化である。自国の産業を活性化するためには，国籍を問わず優秀な起業家を集め，イノベーションを起こさせる環境を整えることが重要だという認識が共有されるようになってきた。中には，優秀な起業家を集めることを目的に，居住についての制限を緩和するエストニアのような国も出てきている。ほかにも，ニュージーランド，イギリス，フランス，アイルランド，シンガポール，そして中国が，革新的な事業を営む外国人起業家に在留許可を与える「スタートアップビザ」を積極的に活用し，人材獲得を競っている（『日本経済新聞』2022年6月2日）。

「頭脳流出」から「頭脳循環」へ

高度な教育を受けた人や専門職に就く高度人材が他国へ移住することを，頭脳流出という。こうした流れは，これまで，途上国や新興国から先進国に高度人材が移動し，母国に帰らずそのまま移住先に定着してしまうといったように，一方向であることが一般的だった。そして頭脳流出により，途上国・新興国と先進国との格差は，さらに拡大していった。

ところが近年，流出した高度人材が母国に戻ってくるという，**頭脳循環**が起こり始めている。そうした動きが最も早く見られたのは，1970年代の台湾で

glossary

25 **エストニアのe-レジデンシー制度**　インターネット上で登録すれば，国外にいる外国人にも自国民に準じた行政サービスを提供するという取り組み。会社の登記も最短20分で終わるという。これに着眼したIT起業家やコンサルタントが，EU圏内への進出の手がかりにしようと，会社登記をエストニアで行うようになってきている（『日本経済新聞』2019年7月12日）。

ある。半導体ファウンドリ最大手の TSMC を設立したモリス・チャン（張忠謀）など，シリコンバレーで成功した台湾人たちが母国に戻り，同国に半導体産業の礎を築いたのである（▶Movieguide）。台湾政府もこれを積極的に支援した。そして 2000 年代以降，インド，中国，イスラエルがこのような動きに追随している。

2002 年にアナリー・サクセニアンが行った調査によれば，シリコンバレーに住む移民技術者の約半数がベンチャー企業に就職していた。また，ベンチャー創業者の 40〜50％は，同国人と創業している。そして彼らの半数は，アメリカで起業しても母国に支社を設立したり，業務を委託するなど，母国とのつながりをつくる活動を行っていた。とりわけ中国人とインド人は，82％が母国の人々と技術情報などを交換し，18％が母国へ投資していた。さらに，7 割が将来的には母国での起業を考えていた（サクセニアン［2008］）。

シリコンバレーから戻って母国で起業した人々は，シリコンバレーの文化や仕事のやり方を持ち帰り，同地とのつながりを活用しながらビジネスを展開する。こうして，シリコンバレーと母国の間で人の循環が起こりやすい環境がつくり上げられていくのである。

人材の移動と知識創造

人材の国際移動には，どのような意味があるのだろうか。知識に関する理論の観点から，研究を紹介しよう。

まず，人材の国際移動は，知識の移転と捉えることができる。人は知識を運搬する媒体であり，人材の移動は知識の移転，人材の定着は当該地域への知識の蓄積である。そして人材の移動は，人を送り出した側（地域や組織）と受け入れた側，双方の知識獲得に影響を与える。

Oettl and Agrawal［2008］は，国際間の特許引用データを用いて，国境を越えた発明者の移動と知識の移転関係を分析した。彼らの研究によると，1 人の発明者が他国の別企業に移籍することで，移動先の企業のみならず，移動先の国への知識の流れが増加する。また，発明者を失った企業にも，移動先の国や企業からの知識の流入が増加した。つまり高度人材の移動は，移動先および移動元となる企業および国の双方に，知識流入の増加をもたらす。

他方で，人材の移動が知識創造を妨げる点にも留意しなければならない。たとえば，国際的に移動する人材は組織の中に異なる知識を持ち込むため，それ

が意思疎通の障害となり，コンフリクトを引き起こすこともある。また，異なる知識ベースを持つ人材が増えると，管理コストが増加するというデメリットもある。ただし，これらは知識移転が行われる文脈によって緩和できる可能性がある。

③ 受け入れ国側の変化

　移動した人材の知識を活用するにあたっては，受け入れる側の対応が鍵となる。「人こそ資源」と認識する国や企業は，さまざまなインセンティブを設けて優秀な人材を引きつけ，囲い込むことによって，自国への知識流入を高めようとしている。本節で，各国の起業促進政策を見ていこう。

流出した自国民の帰国促進政策

(1) 台湾の事例

　前述の通り，帰国者を受け入れ活用した初期の事例としてあげるべきは台湾である。1970年代，同国における名門大学理工系学部の卒業生は，多くが兵役を終えるとアメリカの大学院へと留学し，学位を取得した。その後もアメリカに残ってハイテク企業に就職する者が少なくなく，そうした中からはシリコンバレーで起業する者も現れ始めた。結果，シリコンバレーで徐々に台湾人起業家・投資家コミュニティが形成されていった。

　やがて1980年に入ると，アメリカから帰国するエンジニアが増え，彼らはシリコンバレーと密接なつながりを形成しつつ，自国の半導体産業の創生と成長に貢献した。前出のTSMC創業者モリス・チャンは，その先駆者の1人である。

　彼らは台湾政府へハイテク産業育成政策を提言し，台湾への帰国・創業のためのインフラづくりに尽力した。そうして帰国者たちは新竹科学工業園区を中心とする半導体産業クラスター形成の立役者になったのである。

(2) 中国の事例

　中国は，WTOへ加入して改革開放路線に転じた後，帰国起業家支援のための政策を打ち出した。第10次5カ年計画（2001〜2005年）において中国政府は，ソフトウエア産業や情報通信産業の強化を図るため，これら分野の専門知識を

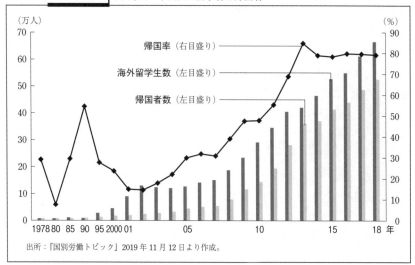

CHART 図13.4　中国人の留学者と帰国者

（万人）　　　　　　　　　　　　　　　　　　　　　　　　　　　　（%）

帰国率（右目盛り）

海外留学生数（左目盛り）

帰国者数（左目盛り）

1978 80　85　90　95 2000 01　　　05　　　　　10　　　　　15　　18 年

出所：『国別労働トピック』2019 年 11 月 12 日より作成。

学んだ留学生に帰国を呼びかけている。帰国留学生は，故郷に戻るウミガメに
なぞらえて「海亀族」と呼ばれた。政府は，全国に「留学生創業園」（留学生向
けのインキュベーター）を開設して帰国者をサポートしたほか，都市圏戸籍の取
得緩和や優遇税制も整備して，中国に戻るインセンティブを強化した（『日経産
業新聞』2002 年 1 月 30 日）。

　その結果，2017 年には，中国からアメリカへ留学した学生約 61 万人に対し，
アメリカから中国に帰国した留学生が約 48 万人になった。そのうち約 23 万人
は，博士号・修士号の学位取得者である。こうした人材が，中国における昨今
の起業ブームを牽引している。一例として，バイドゥ（百度）を設立した李彦
宏があげられよう。彼はアメリカで学位を取得し，同地のダウ・ジョーンズや
インフォシークに勤めた後，中国に戻り，百度を起業した。

　中国では，地方政府も同様の試みに取り組んでいる。テンセント，ファーウ
ェイ，DJI といった主要 IT 企業が立地する経済特区・深圳市も，海外留学経
験者や優秀な外国人の招聘に熱心である。とりわけ科学技術イノベーションを
担う高度人材の獲得を目指して 2011 年に始められた「孔雀計画」は，5 年間
で 50 以上の海外の高度人材によるプロジェクト・チームを誘致することと，
1000 人以上の高度人材獲得を目標としていた。高度人材に対し使用用途を限
定しない助成金を 1 人当たり 80 万〜150 万元（約 1280 万〜2400 万円）支給し，

研究所を設立するチームには上限 8000 万元の補助金を拠出した。それらに加え，配偶者の仕事の斡旋や，子どもの進学支援など，生活の隅々まで手厚く援助したのである。その結果，2016 年末までに 64 チームを誘致し，1364 人の高度人材が深圳に戻った（北野 [2017]）。その後も施策は継続され，支援金は倍増している。こうして高度人材は深圳市に引きつけられ，同地は「中国のシリコンバレー」といわれるようになった。

▎海外とのネットワーク形成 ▎

自国民を帰国させるのみならず，海外で自国の起業家が活躍するインフラの整備に積極的な国もある。

たとえばシンガポールは，起業家誘致政策に熱心な国の 1 つだが，近年は自国の起業家と外国人起業家との交流や，外国人起業家の誘致に力を入れている。同国の代表的なインキュベーターであるブロック 71 は，サンフランシスコに支部を設け（BLOCK71 San Francisco），シンガポール人がアメリカで起業するための支援を提供している。同所はインドネシアや中国などにも支部を置き，拠点を拡大している（福嶋 [2019]）。

またカナダ政府は，カナディアン・テクノロジー・アクセラレーター（Canadian Technology Accelerator：CTA）を，シリコンバレーをはじめとする世界のテクノロジー・ハブといわれている都市に設立し，それらは各地域のエコシステムへの窓口的な役割を果たしている。具体的な支援内容は，自国のスタートアップの資金調達支援，パートナーの紹介，メンターや事業開発のためのサービス提供などである。

一方，台湾では，1990 年以降アメリカへ留学する学生数が減少し，シリコンバレー・リンケージが弱体化してきているとの認識があるという。そこで台湾政府は 2015 年から，改めてシリコンバレー・リンケージを強化する方針を打ち出している（川上 [2019]）。

▎日本における留学生の起業促進 ▎

各国がシリコンバレーとの連携構築に力を入れ，高度人材の獲得競争に火花を散らす中，日本はどのような取り組みをしているのだろうか。

日本政府は，自国民の起業に加えて，日本在住の留学生らの起業も促進する政策をとっている。愛知県・福岡市・仙台市など国家戦略特区に選定された地

域においては，2015 年に「スタートアップビザ」（外国人起業活動促進事業）が導入された。これは外国人起業家の受け入れ拡大と起業の促進を目的とした施策で，1 年以内に「経営・管理」ビザの要件を満たすと自治体が保証することによって，外国人起業家に最長 1 年間の在留資格を認め，当該自治体内での活動を許可するというものである（大井［2021］）。

さらに 2019 年 9 月からは，国家戦略特区内であれば留学生は一時帰国することなしに留学ビザから経営管理ビザへの切り替えが可能になった。また在学中の起業も認め，起業を理由に退学する必要がなくなった（『日本経済新聞』2019 年 9 月 2 日）。

人材移動のコストが下がり，人の流動性が高まる中，優秀な人材をいかに引きつけるかは，国や地域の至上命題である。彼らを引きつける優遇措置をどう提供するかということが，国や自治体にとっても課題となっている。

4 ボーン・グローバル企業の登場

グローバル化は起業家の意識をも大きく変え，近年は**ボーン・グローバル企業**（born global company：BGC）と呼ばれる，起業当初から海外で活動する企業も増えてきた。すなわち，海外で創業したり，創業まもなく海外に拠点を移したりして，母国以外で事業を営み，海外売上が全体の 25％以上を占める，ベンチャーや中小企業のことである。BGC は，文字通り「生まれながらのグローバル企業」なのである（中村［2013］）。

国内市場の規模が小さく，隣国と国境を接しているヨーロッパで BGC は珍しくなかったものの，島国の日本ではあまり見られなかったが，近年になって様相が変わりつつある。日本経済新聞社が 2017 年に 108 社のスタートアップを対象に実施した NEXT ユニコーン調査によると，その 4 割が「最初からグローバル展開が視野に入っている」と答えている（『日本経済新聞』2017 年 12 月 4 日）。たとえばメルカリは，設立早期からアメリカやイギリスへの進出を念頭に事業を展開し，実際に海外進出を果たしている。

日本で BGC が増えてきた背景としては，第 1 に日本の国内市場の縮小があげられる。少子高齢化かつ人口減少下にある日本国内では，需要拡大が難しい。第 2 に，日本と対照的に人口が増加しつつある東アジア諸国は，市場としての

（1） シンガポールで起業：宇宙ゴミを清掃するアストロスケール

私たちの生活は，宇宙を移動する人工衛星に支えられている。たとえば，地表にある農機・建機の正確な位置を測定して自動運転をさせる技術は，多数の人工衛星から届く情報に基づいている。ほかにも，災害監視，農産物の育成状況の観察，海運や航空輸送向けの最適な航路設定，衛星回線を使った通信など，その用途は多岐にわたる。

しかし，小型人工衛星の寿命は2〜5年とされ，それらは役割を終えるとデブリ（宇宙ゴミ）となる。デブリは秒速7〜8kmの高速で移動しているため，他の人工衛星に衝突すれば，それらを破壊する危険性がある。人工衛星の故障によって観測精度が落ちると，自動運転などに影響が出て，地上の生活の安全が脅かされかねない。ところが，こうしたデブリの除去には，長らく有効な解決策が示されてこなかった。

そこに商機を見出したのが，アストロスケールである。地球の周囲に漂う2万個ほどのデブリを超小型人工衛星で除去する技術をもとに，岡田光信が2013年にシンガポールを本拠地として設立した。

岡田が同社をシンガポールで設立したのには理由がある。デブリの94％は，アメリカ，ロシア，中国の3カ国が打ち上げた人工衛星やロケットに由来する。これらの国々と交渉するために，中立的な立場をとれる国の企業であることが必要だったのである。そのような国の企業であれば，国際政治や防衛問題に巻き込まれることなく，顧客との関係を築ける可能性がある。加えて，アジアの金融ハブであるシンガポールならば，資金調達がしやすいというメリットもあった（『日経産業新聞』2015年3月27日）。

2013年に岡田がたった1人で開業したアストロスケールは，その後4カ国で60人以上の従業員を擁する組織へと成長した。4分の3がエンジニアであり，さまざまな国籍の技術者たちを，世界中の宇宙機関・研究所や大手メーカーから集めている。なお2019年には，シンガポールに資金管理と連結会計の統括機能を残しつつ，本社機能を東京へ移転させた（アストロスケール・ウェブサイト）。

（2） 設立時から東アジア市場をターゲット：電動二輪車のテラモーターズ

テラモーターズは，2010年に徳重徹によって設立された，電動二輪車の開発ベンチャーである。創業当初から海外市場にも参入し，2016年までに売上高の9割を海外市場から上げるに至った。進出先はベトナム，フィリピン，バングラ

デシュ，タイ，インドネシアなどの東南アジア諸国，さらにはインドである（『日経産業新聞』2013年3月19日）。

　新興国を狙った第1の理由は，新興国は日本をはじめとする先進国よりはるかに市場が大きいからである。第2の理由は大気汚染問題である。新興国は大気汚染問題が深刻で，人々の生活の足となっている三輪車（呼び方は国によって異なり，「トゥクトゥク」「トライシクル」「オートリクシャー」など）が，騒音と排ガスを撒き散らす原因と見られていた。それに対して各国政府は，代替的な移動手段として，排ガスを出さない電動バイクの普及を促進しようとしていた。第3に，新興国ではガソリンに比べても電気代がきわめて安いため，1度の充電で40kmは走行可能な電動バイクは受け入れられやすいと考えられたからである（『日経産業新聞』2015年11月13日）。

　テラは，他の電動バイク・メーカーに比べてコスト優位を確立している。電動バイクは通常のバイクに比べると，部品点数が4分の1しかないため，部品同士の調整も少なくて済み，ベンチャーのスピード感が活かせる分野である。国内ライバル社の電動バイクが1台25万円以上するところ，テラは9万9800円という価格を実現した。部品のほとんどを中国とインドの部品メーカーから調達することにより，大手日本企業の半分にコストを抑えている（『日経MJ』2013年4月14日）。

　他方で，外観デザインや一部仕様は，販売する国ごとに変更している。インド向けには耐久性の高いタイヤを開発したり，雨の多いベトナムでは雨水がかからないよう足元に傾斜をつけたり，タクシー用途の多いバングラデシュではバッテリー性能を高めて競合より3カ月程度寿命を延ばすなどしている（『日経産業新聞』2017年1月24日）。それに加えて，バングラデシュの購入者にはグラミン銀行が提供するローンを紹介し，頭金支払いの負担を軽くするといった取り組みも行っている（『日経産業新聞』2018年3月12日）。

　徳重は，「新興国ではさまざまなデータが整っておらず，規制も競合も日々ダイナミックに変化していく。自分で歩き回り，ある程度のリスクをとっていくことが重要だ」と語る。実際，自ら現地に足を運ぶことを重要視し，月の4分の3は海外に出かけているという。新興国で戦うテラの強みは，行動力と判断力を有するリーダーの存在にあるといえよう（『日経産業新聞』2017年3月30日）。

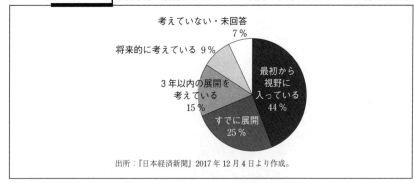

考えていない・未回答
7％

将来的に考えている　9％

3年以内の展開を
考えている
15％

すでに展開
25％

最初から
視野に
入っている
44％

出所：『日本経済新聞』2017年12月4日より作成。

潜在可能性が高い。とくに，インド，ベトナム，フィリピンなどでは今後も人口増加が見込まれ，若い労働者も確保しやすく，市場の拡大も期待できる。第3に，日本では活かせなかった技術を海外の課題解決に活用するケースがある。たとえば日本ポリグルは，混ぜるだけで汚れた水を透明な飲み水に変られえる，ポリグルタミン酸を使った水質浄化剤を開発した。しかし，日本では実績のない中小企業の製品と見なされて相手にされず，需要も少なかった。そこで同社は，アジア・中南米・アフリカなど飲料水が入手困難な地域に進出した。現在は世界80カ国に製品を提供し，売上の4割を海外が占めている（『日経産業新聞』2017年4月27日，『日本経済新聞』2018年3月6日）。

　BGCの経営には，日本企業での常識が必ずしも通用しない。たとえばグローバル展開する日本企業に対しては，現地の人々を雇用するが経営層には就かせないという特徴が指摘されてきたが，BGCでは最初から共同経営者や従業員に外国人が含まれていることが多い。

⑤　閉鎖性を超えて　　　　　Ⅲ▶ 超国家コミュニティの出現

　これまでも，国際経営の分野では国境を越えた人の移動に関する研究が行われてきたが，その主役は多国籍企業であり，注目されていたのは多国籍企業内部における人の移動であった。ところが近年は，企業から独立した，起業家を含む個人レベルの移動が注目を集めている。

　個人の移動の基盤となっているのが，国境を越えてつながるネットワークで

ある**超国家**コミュニティである。民族ごとのネットワークは，その1つといってよいだろう。中国に出自を持ち，居住国の国籍を取得していない移民である華僑は5000万人，そのインド版である印僑は3000万人ともいわれる。世界中に散らばる彼らは，民族ごとにまとまってアイデンティティを共有している。

　華僑の中には，さらに地域別のネットワークが存在する。西口・辻田［2016］は，中国・温州を出自とする温州人が世界中に張りめぐらせているネットワークに関する詳細な研究を行い，かつては最貧地域と呼ばれたこの地域が，温州人のネットワークを活用して経済的繁栄を手にした理由を考察している。

　温州人のネットワークは，「温州」という地域独特のアイデンティティによって支えられ，同郷人コミュニティの中でのみ通用する信頼関係に支えられている。他方で，温州人企業家の中には多様な行動様式を持つ者が混在しており，この多様性こそが，温州企業家ネットワークの頑強さにつながっている。半面，このような同郷人のコミュニティは排他性を伴う。

　近年，排他的なネットワークには限界があるという認識が，徐々に広まり出しているようだ。たとえばシリコンバレーのインド人ネットワーク TiE (▶ Column ㉕) は，規模の拡大とともに，インド人以外にも門戸を開くようになってきた。その結果，イギリス，インド，パキスタン，シンガポール，ドバイなど，世界に12支部を擁するまでに成長した。とりわけ若い世代は開放的であることを好むので，このような動きは歓迎されている。TiE はインドという枠を超え，オープンなコミュニティになりつつある。

　国を超えた人的なつながりは，国家間に対立が生じた際にも，国と国とを結びつける紐帯としての役割を果たすことが期待される。また，今後，経済活動を見る単位として，国家ではなく，それに代わる超国家コミュニティの存在にも注目していくことが必要である。

EXERCISE

① ジェトロが配信する国際ビジネス情報番組「世界は今 – JETRO Global Eye」に紹介された，世界で活躍するスタートアップの事例を1つ選び，どのような国でどのような事業を展開しているのか，どのような経緯で起業したのかを調べて

みよう。

② 日本の外国人起業人材の受け入れ策について調べてみよう。他国の同様な施策についても調べて，比較してみよう。

さらに学びたい方へ　|　　　　　　　　　　　　　　　　　　　Bookguide ●

- アナリー・サクセニアン（星野岳穂・本山康之監訳）［2008］『**最新・経済地理学──グローバル経済と地域の優位性**』日経 BP 社。

  移民を，ギリシャ神話に登場する冒険者「アルゴノーツ」になぞらえ，彼らの活動とネットワークがビジネスに果たす役割を指摘している。世界に起こりつつある頭脳還流の実態を描いた初期の著書である。

- 西口敏宏・辻田素子［2016］『**コミュニティー・キャピタル──中国・温州企業家ネットワークの繁栄と限界**』有斐閣。

  中国でも最貧地域であった温州から国外に移住した人々が，中国内外の温州人同士のつながりを活かしてビジネスを行っている。コミュニティ・キャピタルといわれる温州人のつながりと，その機能に迫った重厚な研究書。

映像資料紹介　|　　　　　　　　　　　　　　　　　　　　Movieguide ●

- ユーチューブ動画「島耕作のアジア立志伝 第 2 話『"下請け"が世界を変えた〜モリス・チャン』」2014 年，50 分

  台湾の移民起業家モリス・チャンの半生に焦点を当て，シリコンバレーでの経験，母国における半導体産業立ち上げの経緯，そして TSMC のファウンドリというビジネスモデルについて，物語仕立てでわかりやすく解説している。

参考文献

* 事例執筆時に参照した報道記事等を中心に，本文中で言及しなかったため，以下には掲載していない文献があります。それらも併せて挙示した参考文献リストは，本書ウェブサイト（https://www.yuhikaku.co.jp/books/detail/9784641151048）にて閲覧可能です。

序章

『INITIAL Enterprise』2023 年 1 月 31 日，「2022 年 Japan Startup Finance――国内スタートアップ資金調達動向決定版」（https://initial.inc/enterprise/resources/japanstartupfinance2022）。

青島矢一（榊原清則監修）［2022］『経営学入門』東洋経済新報社。

アストジェイ［2016］「商店街実態調査報告書」（平成 27 年度 中小企業庁委託調査事業，https://www.chusho.meti.go.jp/shogyo/shogyo/2016/160322shoutengaiB.pdf）。

入山章栄［2012］『世界の経営学者はいま何を考えているのか――知られざるビジネスの知のフロンティア』英治出版。

植田浩史・桑原武志・本多哲夫・義永忠一・関智宏・田中幹大・林幸治［2014］『中小企業・ベンチャー企業論――グローバルと地域のはざまで（新版）』有斐閣。

清成忠男・田中利見・港徹雄［1996］『中小企業論――市場経済の活力と革新の担い手を考える』有斐閣。

清成忠男・中村秀一郎・平尾光司［1971］『ベンチャー・ビジネス――頭脳を売る小さな大企業』日本経済新聞社。

黒瀬直宏［2012］『複眼的中小企業論――中小企業は発展性と問題性の統一物』同友館。

国税庁長官官房企画課［2018］「平成 28 年度分 会社標本調査 調査結果報告――税務統計から見た法人企業の実態」（https://www.nta.go.jp/publication/statistics/kokuzeicho/kaishahyohon2016/pdf/h28.pdf）。

後藤康雄［2014］『中小企業のマクロ・パフォーマンス――日本経済への寄与度を解明する』日本経済新聞出版社。

関智宏編著［2020］『よくわかる中小企業』ミネルヴァ書房。

中小企業庁「中小企業憲章」（https://www.chusho.meti.go.jp/hourei/download/kensho.pdf）。

中小企業庁「中小企業・小規模企業者の定義」（https://www.chusho.meti.go.jp/soshiki/teigi.html）。

中小企業庁「中小企業の企業数・事業所数」（https://www.chusho.meti.go.jp/koukai/chousa/chu_kigyocnt/index.htm）。

中小企業庁編［2019］「2019 年版 中小企業白書」（https://www.chusho.meti.go.jp/pamflet/hakusyo/2019/PDF/chusho/00Hakusyo_zentai.pdf）。

中小企業庁編［2020］「2020 年版 中小企業白書」（2020 年版 中小企業白書・小規模企業白書 上，https://www.chusho.meti.go.jp/pamflet/hakusyo/2020/PDF/chusho/99Hakusyo_zentai.pdf）。

中小企業庁編［2022］「2022 年版 中小企業白書」（2022 年版 中小企業白書・小規模企業白書 上，https://www.chusho.meti.go.jp/pamflet/hakusyo/2022/PDF/chusho/00Hakusyo_zentai.pdf）。

寺岡寛［1997］『日本の中小企業政策』有斐閣。

内閣官房［2022］「スタートアップ育成 5 か年計画」（https://www.cas.go.jp/jp/seisaku/atarashii_sihonsyugi/pdf/sdfyplan2022.pdf）。

中村秀一郎［1992］『21 世紀型中小企業』岩波書店。

西澤昭夫・福嶋路編著［2005］『大学発ベンチャー企業とクラスター戦略――日本はオースティンを

作れるか』学文社。

日本総合研究所［2016］「全国の産地——平成 27 年度 産地概況調査結果」（平成 27 年度 中小企業庁委託調査，https://warp.da.ndl.go.jp/info:ndljp/pid/10369289/www.meti.go.jp/meti_lib/report/2016fy/000075.pdf）。

第 1 章

上野千鶴子［2008］『サヨナラ，学校化社会』筑摩書房。

ウェーバー，M.（濱嶋朗訳）［2012］『権力と支配』講談社。

桜井哲夫［1984］『「近代」の意味——制度としての学校・工場』日本放送出版協会。

柴田淳郎［2016］「経営と技能伝承のビジネスシステム——彦根仏壇産業の制度的叡智」加護野忠男・山田幸三編『日本のビジネスシステム——その原理と革新』有斐閣，167-182 頁。

杉山慎策［2009］『日本ジーンズ物語——イノベーションと資源ベース理論からの競争優位性』吉備人出版。

スコット，J. C.（清水展・日下渉・中溝和弥訳）［2017］『実践 日々のアナキズム——世界に抗う土着の秩序の作り方』岩波書店。

スミス，A.（高哲男訳）［2020］『国富論——国民の富の性質と原因に関する研究（上）』講談社。

高松平藏［2008］『ドイツの地方都市はなぜ元気なのか——小さな街の輝くクオリティ』学芸出版社。

竹内宏編著［2002］『「浜松企業」強さの秘密』東洋経済新報社。

田中英式［2018］『地域産業集積の優位性——ネットワークのメカニズムとダイナミズム』白桃書房。

チャンドラー，A. D., Jr.（鳥羽欽一郎・小林裟裟治訳）［1979］『経営者の時代——アメリカ産業における近代企業の成立（上）』東洋経済新報社。

テイラー，F. W.（有賀裕子訳）［2009］『新訳 科学的管理法——マネジメントの原点』ダイヤモンド社。

富永健一［1996］『近代化の理論——近代化における西洋と東洋』講談社。

ピオリ，M. J.＝セーブル，C. F.（山之内靖・永易浩一・菅山あつみ訳）［2016］『第二の産業分水嶺』筑摩書房。

宮嶋勲［2018］『最後はなぜかうまくいくイタリア人』日本経済新聞出版社。

柳宗悦［1985］『手仕事の日本』岩波書店。

第 2 章

Berrone, P., Cruz, C., and Gomez-Mejia, L. R.［2012］"Socioemotional wealth in family firms: Theoretical dimensions, assessment approaches, and agenda for future research," *Family Business Review*, vol. 25, no. 3, pp. 258-279.

Cennamo, C., Berrone, P., Cruz, C., Gomez-Mejia, L. R.［2012］"Socioemotional wealth and proactive stakeholder engagement: Why family-controlled firms care more about their stakeholders," *Entrepreneurship Theory and Practice*, vol. 36, no. 6, pp. 1153-1173.

Le Breton-Miller, I., Miller, D., and Steier, L. P.［2004］"Toward an integrative model of effective FOB succession," *Entrepreneurship Theory and Practice*, vol. 28, no. 4, pp. 305-328.

Mehrotra, V., Morck, R. K., Shim, J., and Wiwattanakantang, Y.［2011］"Must love kill the family firm? Some exploratory evidence," *Entrepreneurship Theory and Practice*, vol. 35, no. 6, pp. 1121-1148.

Miller, D., Le Breton-Miller, I., and Scholnick, B.［2008］"Stewardship vs. stagnation: An empirical comparison of small family and non-family businesses," *Journal of Management Studies*, vol. 45, no. 1, pp. 51-78.

Tagiuri, R., and Davis, J. [1996] "Bivalent attributes of the family firm," *Family Business Review*, vol. 9, no. 2, pp. 199–208.

『IR BANK』「和井田製作所」(https://irbank.net/E01511)。

入江敦彦 [2002] 『やっぱり京都人だけが知っている』洋泉社。

入山章栄・山野井順一 [2014] 「世界の同族企業研究の潮流」『組織科学』第 48 巻第 1 号，25-37 頁。

小野田鶴・日経トップリーダー編集部編集・構成 [2019] 『星野佳路と考える ファミリービジネスの教科書』日経 BP。

国税庁長官官房企画課 [2023] 「令和 3 年度分 会社標本調査 調査結果報告——税務統計から見た法人企業の実態」(https://www.nta.go.jp/publication/statistics/kokuzeicho/kaishahyohon2021/pdf/R03.pdf)。

城山三郎 [1994] 『わしの眼は十年先が見える——大原孫三郎の生涯』飛鳥新社。

関満博 [2017] 『日本の中小企業——少子高齢化時代の起業・経営・承継』中央公論新社。

中小企業庁「経営者保証」(https://www.chusho.meti.go.jp/kinyu/keieihosyou/)。

中小企業庁編 [2014] 「2014 年版 中小企業白書」(https://www.chusho.meti.go.jp/pamflet/hakusyo/H26/PDF/h26_pdf_mokuji.html)。

中小企業庁編 [2019] 「2019 年版 中小企業白書」(https://www.chusho.meti.go.jp/pamflet/hakusyo/2019/PDF/chusho/00Hakusyo_zentai.pdf)。

中小企業庁編 [2021a] 「2021 年版 中小企業白書」(2021 年版 中小企業白書・小規模企業白書 上，https://www.chusho.meti.go.jp/pamflet/hakusyo/2021/PDF/chusho/00Hakusyo_zentai.pdf)。

中小企業庁編 [2021b] 「2021 年版 小規模企業白書」(2021 年版 中小企業白書・小規模企業白書 下，https://www.chusho.meti.go.jp/pamflet/hakusyo/2021/PDF/shokibo/00sHakusyo_zentai.pdf)。

帝国データバンク [2019] 「特別企画『老舗企業』の実態調査 (2019 年)」(https://www.tdb.co.jp/report/watching/press/pdf/p190101.pdf)。

帝国データバンク [2020] 「特別企画 全国企業『後継者不在率』動向調査 (2020 年)」(https://www.tdb.co.jp/report/watching/press/pdf/p201107.pdf)。

出島二郎 [2018] 『家業という文化装置——金沢で考えることと視えること』美学出版。

中沢康彦 [2017] 『あの同族企業はなぜすごい』日本経済新聞社出版社。

中村雅人 [1998] 『グッチ家・失われたブランド——イタリア名門の栄光と没落』日本放送出版協会。

ファミリービジネス学会編（奥村昭博・加護野忠男編著）[2016] 『日本のファミリービジネス——その永続性を探る』中央経済社。

ファミリービジネス白書企画編集委員会編（後藤俊夫監修）[2016] 『ファミリービジネス白書 2015 年版——100 年経営をめざして』同友館。

前川洋一郎 [2015] 『なぜあの会社は 100 年も繁盛しているのか——老舗に学ぶ永続経営の極意 20』PHP 研究所。

三島佑一 [2016] 『船場道修町——薬・商い・学の町（普及版）』和泉書院。

第**3**章

Pfeffer, J., and Salancik, G. R. [2003] *The External Control of Organizations: A Resource Dependence Perspective*, (Stanford Business Classics) Stanford University Books.

Williamson, O. E. [1985] *The Economic Institutions of Capitalism: Firms, Markets, Relational Contracting*, Free Press , Collier Macmillan.

ウィリアムソン，O. E.（浅沼萬里・岩崎晃訳）[1980] 『市場と企業組織』日本評論社。

ウィリアムソン，O. E.（石田光男・山田健介訳）[2017] 『ガバナンスの機構——経済組織の学際的

　　研究』ミネルヴァ書房。

コース，R. H.（宮澤健一・後藤晃・藤垣芳文訳）［2020］『企業・市場・法』筑摩書房。

下野由貴［2020］『サプライチェーンのシェアリングモデル──トヨタグループにおける付加価値の創造と分配』中央経済社。

武石彰・野呂義久［2017］「日本の自動車産業における系列取引関係の分化──新たな研究課題」『経済系（関東学院大学経済学会研究論集）』第 270 集，13-28 頁。

『日本経済新聞』2022 年 3 月 17 日，18 面「中小『職人の技』データ化──艶金，AI が若手指導」。

ハーシュマン，A. O.（矢野修一訳）［2005］『離脱・発言・忠誠──企業・組織・国家における衰退への反応』ミネルヴァ書房。

藤本隆宏［1998］「サプライヤー・システムの構造・機能・発生」藤本隆宏・西口敏宏・伊藤秀史編『リーディングス サプライヤー・システム──新しい企業間関係を創る』有斐閣，41-70 頁。

第**4**章

Adler, P. S., and Kwon, S.-W.［2002］"Social capital: Prospects for a new concept," *Academy of Management Review*, vol. 27, no. 1, pp. 17-40.

Granovetter, M. S.［1973］"The strength of weak ties," *American Journal of Sociology*, vol. 78, no. 6, pp. 1360-1380.

March, J. G.［1991］"Exploration and exploitation in organizational learning," *Organization Science*, vol. 2, no. 1, pp. 71-87.

『Forbes JAPAN』2021 年 9 月 24 日，「30 歳『どん底』からの転換。ニットの常識を変えた佐藤繊維 4 代目の転機」（https://forbesjapan.com/articles/detail/43344）。

稲葉陽二［2011］『ソーシャル・キャピタル入門──孤立から絆へ』中央公論新社。

入山章栄［2019］『世界標準の経営理論』ダイヤモンド社。

加藤厚海［2009］『需要変動と産業集積の力学──仲間型取引ネットワークの研究』白桃書房。

加藤厚海［2016］「連携のネットワーク──仲間型取引ネットワークと起業家」加護野忠男・山田幸三編『日本のビジネスシステム──その原理と革新』有斐閣，126-147 頁。

グラノヴェター，M.（渡辺深訳）［1998］『転職──ネットワークとキャリアの研究』ミネルヴァ書房。

佐藤正樹［2016］「『今，売れているもの』を追わず 世界が認めた『独創の糸』」『月刊 事業構想』（https://www.projectdesign.jp/201606/overseas-expansion/002901.php）。

谷山太郎［2014］「海外市場進出を契機とする本国事業の成長可能性──株式会社佐藤繊維をケースに」『赤門マネジメント・レビュー』第 13 巻第 2 号，53-76 頁。

パットナム，R. D.（河田潤一訳）［2001］『哲学する民主主義──伝統と革新の市民的構造』NTT 出版。

ベスター，T.（和波雅子・福岡伸一訳）［2007］『築地』木楽舎。

村田吉弘［2002］『京都人は変わらない』光文社。

森元伸枝［2009］『洋菓子の経営学──「神戸スウィーツ」に学ぶ地場産業育成の戦略』プレジデント社。

第**5**章

Arthur, M. B.［1994］"The boundaryless career: A new perspective for organizational inquiry," *Journal of Organizational Behavior*, vol. 15, no. 4, pp. 295-306.

Black, J., Hashimzade, N., and Myles, G.［2017］*A Dictionary of Economics (5th ed.)*, Oxford University

Press.

Blanchflower, D. G., and Oswald, A. J. [1998] "What makes an entrepreneur," *Journal of Labor Economics*, vol. 16, no. 1, pp. 26–60.

Busenitz, L. W., and Barney, J. B. [1997] "Differences between entrepreneurs and managers in large organizations: Biases and heuristics in strategic decision-making," *Journal of Business Venturing*, vol. 12, no. 1, pp. 9–30.

Busenitz, L. W., Plummer, L. A., Klotz, A. C., Shahzad, A., and Rhoads, K. [2014] "Entrepreneurship research (1985–2009) and the emergence of opportunities," *Entrepreneurship Theory and Practice*, vol. 38, no. 5, pp. 981–1000.

Colman, A. M. [2015] *A Dictionary of Psychology (4th ed.)*, Oxford University Press.

Davidsson, P. [2016] *Researching Entrepreneurship: Conceptualization and Design (2nd ed.)*, Springer.

Davidsson, P., and Honig, B. [2003] "The role of social and human capital among nascent entrepreneurs," *Journal of Business Venturing*, vol. 18, no. 3, pp. 301–331.

Defillippi, R. J., and Arthur, M. B. [1994] "The boundaryless career: A competency-based perspective," *Journal of Organizational Behavior*, vol. 15, no. 4, pp. 307–324.

Gartner, W. B. [1988] " 'Who is an entrepreneur?' is the wrong question," *American Journal of Small Business*, vol. 12, no. 4, pp. 11–32.

Gedeon, S. [2010] "What is entrepreneurship?" *Entrepreneurial Practice Review*, vol. 1, no. 3, pp. 16–35.

Gorgievski, M. J., and Stephan, U. [2016] "Advancing the psychology of entrepreneurship: A review of the psychological literature and an introduction," *Applied Psychology: An International Review*, vol. 65, no. 3, pp. 437–468.

Hébert, R. F., and Link, A. N. [1989] "In search of the meaning of entrepreneurship," *Small Business Economics*, vol. 1, no. 1, pp. 39–49.

McMullen, J. S., and Shepherd, D. A. [2006] "Entrepreneurial action and the role of uncertainty in the theory of the entrepreneur," *Academy of Management Review*, vol. 31, no. 1, pp. 132–152.

Miller, D., Le Breton-Miller, I., and Lester, R. H. [2011] "Family and lone founder ownership and strategic behaviour: Social context, identity, and institutional logics," *Journal of Management Studies*, vol. 48, no. 1, pp. 1–25.

Morris, M., Schindehutte, M., and Allen, J. [2005] "The entrepreneur's business model: Toward a unified perspective," *Journal of Business Research*, vol. 58, no. 6, pp. 726–735.

Murnieks, C. Y., Mosakowski, E., and Cardon, M. S. [2014] "Pathways of passion: Identity centrality, passion, and behavior among entrepreneurs," *Journal of Management*, vol. 40, no. 6, pp. 1583–1606.

Portes, A., Haller, W. J., and Guarnizo, L. E. [2002] "Transnational entrepreneurs: An alternative form of immigrant economic adaptation," *American Sociological Review*, vol. 67, no. 2, pp. 278–298.

Reuf, M., Aldrich, H. E., and Carter, N. M. [2003] "The structure of founding teams: Homophily, strong ties, and isolation among U.S. entrepreneurs," *American Sociological Review*, vol. 68, no. 2, pp. 195–222.

Ripsas, S. [1998] "Towards an interdisciplinary theory of entrepreneurship," *Small Business Economics*, vol. 10, no. 2, pp. 103–115.

Scott, J., ed. [2014] *A Dictionary of Sociology (4th ed.)*, Oxford University Press.

Segal, G., Borgia, D., and Schoenfeld, J. [2005] "The motivation to become an entrepreneur," *International Journal of Entrepreneurial Behavior & Research*, vol. 11, no. 1, pp. 42–57.

Shane, S. [2009] "Why encouraging more people to become entrepreneurs is bad public policy," *Small Business Economics*, vol. 33, no. 2, pp. 141–149.

Stuart, T. E., and Ding, W. W. [2006] "When do scientists become entrepreneurs? The social structural antecedents of commercial activity in the academic life sciences," *American Journal of Sociology*, vol. 112, no. 1, pp. 97–144.

Ucbasaran, D., Westhead, P., and Wright, M. [2008] "Opportunity identification and pursuit: Does an entrepreneur's human capita matter?" *Small Business Economics*, vol. 30, no. 2, pp. 153–173.

Webb, J. W., Bruton, G. D., Tihanyi, L., and Ireland, R. D. [2013] "Research on entrepreneurship in the informal economy: Framing a research agenda," *Journal of Business Venturing*, vol. 28, no. 5, pp. 598–614.

Zhao, H., and Seibert, S. E. [2006] "The big five personality dimensions and entrepreneurial status: A meta-analytical review," *Journal of Applied Psychology*, vol. 91, no. 2, pp. 259–271.

宇田忠司 [2007]「境界のないキャリア概念の展開と課題」『經濟學研究』（北海道大学）第 57 巻第 1 号，63–84 頁。

宇田忠司 [2009]「フリーランスの言説スペクトル――英雄・騎士・従僕」『經濟學研究』（北海道大学）第 59 巻第 3 号，215–224 頁。

宇田忠司 [2013]「フリーランス・クリエイターのキャリア戦略とコンテンツ産業の構造」金井壽宏・鈴木竜太編著『日本のキャリア研究――専門技能とキャリア・デザイン』白桃書房，167–193 頁。

学情・パーソル総合研究所 [2018]「兼業・副業による人材の受け入れニーズ調査報告書」（平成 30 年度 関東経済産業局における地域中小企業・小規模事業者の人材確保支援等事業，https://www.kanto.meti.go.jp/seisaku/jinzai/data/kengyo_hukugyo_chosa_houkokusho.pdf）。

栗田啓子 [1986]「J.-B. セイの企業者概念――革新者の出現」『商学討究』第 36 巻第 3 号，163–189 頁。

厚生労働省 [2018]「副業・兼業の促進に関するガイドライン」（https://www.mhlw.go.jp/file/06-Seisakujouhou-11200000-Roudoukijunkyoku/0000192844.pdf）。

斎藤槙 [2004]『社会起業家――社会責任ビジネスの新しい潮流』岩波書店。

シェーン，S. A.（谷口功一・中野剛志・柴山桂太訳）[2011]『〈起業〉という幻想――アメリカン・ドリームの現実』白水社。

シュムペーター，J. A.（塩野谷祐一・中山伊知郎・東畑精一訳）[1977]『経済発展の理論――企業者利潤・資本・信用・利子および景気の回転に関する一研究（上）』岩波書店（原著〔第 2 版〕：Duncker und Humblot, 1926 年）。

総務省統計局 [1988]「昭和 62 年 就業構造基本調査の結果」（https://www.stat.go.jp/data/shugyou/1987/index.htm）。

総務省統計局 [1993]「平成 4 年 就業構造基本調査の結果」（https://www.stat.go.jp/data/shugyou/1992/index.htm）。

総務省統計局 [1998]「平成 9 年 就業構造基本調査の結果」（https://www.stat.go.jp/data/shugyou/1997/index.htm）。

総務省統計局 [2003]「平成 14 年 就業構造基本調査の結果」（https://www.stat.go.jp/data/shugyou/2002/index.htm）。

総務省統計局 [2008]「平成 19 年 就業構造基本調査の結果」（https://www.stat.go.jp/data/shugyou/2007/）。

総務省統計局 [2013]「平成 24 年 就業構造基本調査の結果」（https://www.stat.go.jp/data/shugyou/

2012/)。

総務省統計局［2018］「平成 29 年 就業構造基本調査の結果」（https://www.stat.go.jp/data/shugyou/2017/index2.html）。

総務省・経済産業省［2018］「平成 28 年 経済センサス−活動調査（確報）産業横断的集計 結果の概要」（https://www.stat.go.jp/data/e-census/2016/kekka/pdf/k_gaiyo.pdf）。

高橋勅徳［2008］『企業家の社会的構成——起業を介した組織／集団の再生産と企業家精神』滋賀大学経済学部。

竹原あき子・森山明子監修［2003］『カラー版 日本デザイン史』美術出版社。

中小企業庁編［2017］「2017 年版 中小企業白書」（https://www.chusho.meti.go.jp/pamflet/hakusyo/H29/PDF/chusho/00Hakusyo_zentai.pdf）。

中小企業庁編［2021］「2021 年版 中小企業白書」（2021 年版 中小企業白書・小規模企業白書 上，https://www.chusho.meti.go.jp/pamflet/hakusyo/2021/PDF/chusho/00Hakusyo_zentai.pdf）。

日本政策金融公庫総合研究所［2017a］「『起業と起業意識に関する調査』——アンケート結果の概要」（https://www.jfc.go.jp/n/findings/pdf/kigyouishiki_170126_1.pdf）。

日本政策金融公庫総合研究所［2017b］「『起業と起業意識に関する調査』——アンケート結果の概要」（https://www.jfc.go.jp/n/findings/pdf/kigyouishiki_171221_1.pdf）。

日本政策金融公庫総合研究所［2019］「『起業と起業意識に関する調査』——アンケート結果の概要」（https://www.jfc.go.jp/n/findings/pdf/topics_190117_1.pdf）。

根井雅弘［2016］『企業家精神とは何か——シュンペーターを超えて』平凡社。

バイグレイブ，W.＝ザカラキス，A.（高橋徳行・田代泰久・鈴木正明訳）［2009］『アントレプレナーシップ』日経 BP 社。

平野哲也［2020］「アントレプレナーシップの概念の方法学 ——多様性と価値をめぐる方法論的探究」『日本政策金融公庫論集』第 46 号，69-92 頁。

プロフェッショナル＆パラレルキャリア・フリーランス協会［2020］「フリーランス白書 2020」（https://blog.freelance-jp.org/wp-content/uploads/2020/06/2020_0612_hakusho.pdf）。

マイナビ［2020］「『マイナビ学生の窓口』，大学生が選ぶトレンドアワード 2020 を発表！」（https://www.mynavi.jp/news/2020/12/post_29240.html）。

ランドルフ，M.（月谷真紀訳）［2020］『不可能を可能にせよ！——NETFLIX 成功の流儀』サンマーク出版。

ワッサーマン，N.（小川育男訳）［2014］『起業家はどこで選択を誤るのか——スタートアップが必ず陥る 9 つのジレンマ』英治出版。

第 **6** 章

Ajzen, I., and Madden, T. J.［1986］"Prediction of goal-directed behavior: Attitudes, intentions, and perceived behavioral control," *Journal of Experimental Social Psychology*, vol. 22, no. 5, pp. 453-474.

Argote, L., and Miron-Spektor, E.［2011］"Organizational learning: From experience to knowledge," *Organization Science*, vol. 22, no. 5, pp. 1123-1137.

Brieger, S. A., De Clercq, D., and Meynhardt, T.［2021］"Doing good, feeling good? Entrepreneurs' social value creation beliefs and work-related well-being," *Journal of Business Ethics*, vol. 172, no. 4, pp. 707-725.

Busenitz, L. W., Plummer, L. A., Klotz, A. C., Shahzad, A., and Rhoads, K.［2014］"Entrepreneurship research（1985-2009）and the emergence of opportunities," *Entrepreneurship Theory and Practice*, vol. 38, no. 5, pp. 981-1000.

Garud, R., Gehman, J., and Giuliani, A. P. [2014] "Contextualizing entrepreneurial innovation: A narrative perspective," *Research Policy*, vol. 43, no. 7, pp. 1177–1188.

George, N. M., Parida, V., Lahti, T., and Wincent, J. [2016] "A systematic literature review of entrepreneurial opportunity recognition: Insights on influencing factors," *International Entrepreneurship and Management Journal*, vol. 12, no. 2, pp. 309–350.

Grégoire, D. A., Corbett, A. C., and McMullen, J. S. [2011] "The cognitive perspective in entrepreneurship: An agenda for future research," *Journal of Management Studies*, vol. 48, no. 6, pp. 1443–1477.

Holyoak, K. J. [2012] "Analogy and relational reasoning," in K. J. Holyoak and R. G. Morrison eds., *The Oxford Handbook of Thinking and Reasoning*, Oxford University Press, pp. 234–259.

Jarvis, L. C. [2016] "Identification, intentions and entrepreneurial opportunities: An integrative process model," *International Journal of Entrepreneurial Behavior & Research*, vol. 22, no. 2, pp. 182–198.

Krueger, N. F. [1993] "The impact of prior entrepreneurial exposure on perceptions of new venture feasibility and desirability," *Entrepreneurship Theory and Practice*, vol. 18, no. 1, pp. 5–21.

Krueger, N. F., and Carsrud, A. L. [1993] "Entrepreneurial intentions: Applying the theory of planned behaviour," *Entrepreneurship & Regional Development*, vol. 5, no. 4, pp. 315–330.

Levinthal, D., and Rerup, C. [2006] "Crossing an apparent chasm: Bridging mindful and less-mindful perspectives on organizational learning," *Organization Science*, vol. 17, no. 4, pp. 502–513.

Maine, E., Soh, P.-H., and Santos, N. D. [2015] "The role of entrepreneurial decision-making in opportunity creation and recognition," *Technovation*, vol. 39–40, pp. 53–72.

Marshall, D. R., Meek, W. R., Swab, R. G., and Markin, E. [2020] "Access to resources and entrepreneurial well-being: A self-efficacy approach," *Journal of Business Research*, vol. 120, pp. 203–212.

Nergui, E., and Uda, T. [2020] "Theoretical study on entrepreneurial intention and behavior," Discussion Paper Series A, Faculty of Economics and Business, Hokkaido University, no. 345.

Parasuraman, S., Purohit, Y. S., and Godshalk, V. M. [1996] "Work and family variables, entrepreneurial career success, and psychological well-being," *Journal of Vocational Behavior*, vol. 48, no. 3, pp. 275–300.

Read, S., Dew, N., Sarasvathy, S. D., Song, M., and Wiltbank, R. [2009] "Marketing under uncertainty: The logic of an effectual approach," *Journal of Marketing*, vol. 73, no. 3, pp. 1–18.

Ryff, C. D. [2019] "Entrepreneurship and eudaimonic well-being: Five venues for new science," *Journal of Business Venturing*, vol. 34, no. 4, pp. 646–663.

Sánchez-García, J. C., Vargas-Morúa, G., and Hernández-Sánchez, B. R. [2018] "Entrepreneurs' well-being: A bibliometric review," *Frontiers in Psychology*, vol. 9, pp. 1–19.

Society for Effectual Action, "What is effectuation? Effectuation 101" (https://www.effectuation.org/?page_id=207).

Stephan, U. [2018] "Entrepreneurs' mental health and well-being: A review and research agenda," *Academy of Management Perspectives*, vol. 32, no. 3, pp. 290–322.

Tsoukas, H. [2009] "A dialogical approach to the creation of new knowledge in organizations," *Organization Science*, vol. 20, no. 6, pp. 941–957.

Weiss, J., Anishimova, T., and Shirokova, G. [2019] "The translation of entrepreneurial intention into start-up behaviour: The moderating role of regional social capital," *International Small Business Journal: Researching Entrepreneurship*, vol. 37, no. 5, pp. 473–501.

Welter, C., Mauer, R., and Wuebker, R. J. [2016] "Bridging behavioral models and theoretical concepts: Effectuation and bricolage in the opportunity creation framework," *Strategic Entrepreneurship Journal*, vol. 10, no. 1, pp. 5–20.

Wiklund, J., Nikolaev, B., and Shir, N., Foo, M.-D., and Bradley, S. [2019] "Entrepreneurship and well-being: Past, present, and future," *Journal of Business Venturing*, vol. 34, no. 4, pp. 579–588.

Yang, M., and Gabrielsson, P. [2017] "Entrepreneurial marketing of international high-tech business-to-business new ventures: A decision-making process perspective," *Industrial Marketing Management*, vol. 64, pp. 147–160.

井上裕美 [2014]「マインドフルネスの測定――気分障害に対する第三世代の認知行動療法」『同志社政策科学研究』第 15 巻第 2 号，141–152 頁。

入山章栄 [2019]『世界標準の経営理論』ダイヤモンド社。

栗木契 [2017]「デジタル・マーケティングにおける戦略直感」『國民經濟雜誌』第 215 巻第 4 号，19–33 頁。

小室弘毅 [2021]「マインドフルネスと日本の身体文化――腰肚文化と骨盤呼吸法によるマインドフルネスワーク」『人間健康学研究』第 14 巻，39–52 頁。

サラスバシー，S.（加護野忠男監訳，高瀬進・吉田満梨訳）[2015]『エフェクチュエーション――市場創造の実効理論』碩学舎。

玉置浩伸 [2013]「出身企業における破綻等の問題が起業家に与える影響に関する考察――2001 年以降の IPO 企業を対象として」『日本ベンチャー学会誌』第 22 巻，27–41 頁。

タン，C.-M.（柴田裕之訳）[2016]『サーチ・インサイド・ユアセルフ――仕事と人生を飛躍させるグーグルのマインドフルネス実践法』英治出版。

ハーバード・ビジネス・レビュー編集部編（DIAMOND ハーバード・ビジネス・レビュー編集部訳）[2019]『マインドフルネス』ダイヤモンド社。

林紀行 [2014]「マインドフルネスとエビデンス」『人間福祉学研究』第 7 巻第 1 号，63–79 頁。

原口誠・有川節夫 [1986]「類推の定式化とその実現」『人工知能学会誌』第 1 巻第 1 号，132–139 頁。

細谷功 [2011]『アナロジー思考――「構造」と「関係性」を見抜く』東洋経済新報社。

第7章

Callon, M. [1986] "Some elements of a sociology of translation: Domestication of the scallops and the fishermen of St Brieuc bay," in J. Law ed., *Power, Action and Belief: A New Sociology of Knowledge?* Routledge & Kegan Paul, pp. 196–233.

Engeström, Y. [2001] "Expansive learning at work: Toward an activity theoretical reconceptualization," *Journal of Education and Work*, vol. 14, no. 1, pp. 133–156.

Hjorth, D., Holt, R., and Steyaert, C. [2015] "Entrepreneurship and process studies," *International Small Business Journal: Researching Entrepreneurship*, vol. 33, no. 6, pp. 599–611.

Steyaert, C. [2007] "'Entrepreneuring' as a conceptual attractor? A review of process theories in 20 years of entrepreneurship studies," *Entrepreneurship & Regional Development*, vol. 19, no. 6, pp. 453–477.

Vygotsky, L. S. (M. Cole, V. John-Steiner, S. Scribner, and E. Souberman eds.) [1978] *Mind in Society: The Development of Higher Psychological Processes*, Harvard University Press.

上野直樹・土橋臣吾編 [2006]『科学技術実践のフィールドワーク――ハイブリッドのデザイン』せりか書房。

奥平和行 [2018]『メルカリ――希代のスタートアップ，野心と焦りと挑戦の 5 年間』日経 BP 社。

キネマ旬報社編［2021］『細田守とスタジオ地図の 10 年』キネマ旬報社。

楠見友輔［2020］「教材教具と子どもの主体性──ヴィゴツキーの心理学の観点から」『障害児基礎教育研究会研究紀要』第 27 集，4-19 頁。

国税庁長官官房企画課［2023］「令和 3 年度分 会社標本調査 調査結果報告──税務統計から見た法人企業の実態」（https://www.nta.go.jp/publication/statistics/kokuzeicho/kaishahyohon2021/pdf/R03.pdf）。

総務省・経済産業省［2018］「平成 28 年 経済センサス‐活動調査（確報）産業横断的集計 結果の概要」（https://www.stat.go.jp/data/e-census/2016/kekka/pdf/k_gaiyo.pdf）。

西川徹・岡野原大輔［2020］『Learn or Die 死ぬ気で学べ──プリファードネットワークスの挑戦』KADOKAWA。

沼上幹［2004］『組織デザイン』日本経済新聞社。

野村康［2017］『社会科学の考え方──認識論，リサーチ・デザイン，手法』名古屋大学出版会。

浜辺陽一郎［2015］『図解 新会社法のしくみ（第 3 版）』東洋経済新報社。

半澤誠司［2016］『コンテンツ産業とイノベーション──テレビ・アニメ・ゲーム産業の集積』勁草書房。

藤永保監修［2013］『最新 心理学事典』平凡社。

ホルツマン，L.（茂呂雄二訳）［2014］『遊ぶヴィゴツキー──生成の心理学へ』新曜社。

茂呂雄二・有元典文・青山征彦・伊藤崇・香川秀太・岡部大介編［2012］『状況と活動の心理学──コンセプト・方法・実践』新曜社。

山住勝広［2014］「拡張的学習とノットワークする主体の形成──活動理論の新しい挑戦」『組織科学』第 48 巻第 2 号，50-60 頁。

山住勝広＝エンゲストローム，Y. 編［2008］『ノットワーキング──結び合う人間活動の創造へ』新曜社。

吉田敬［2021］『社会科学の哲学入門』勁草書房。

ワッサーマン，N.（小川育男訳）［2014］『起業家はどこで選択を誤るのか──スタートアップが必ず陥る 9 つのジレンマ』英治出版。

第 8 章

Cohen, S., and Hochberg, Y. V.［2014］"Accelerating startups: The seed accelerator phenomenon," available at SSRN: https://ssrn.com/abstract=2418000.

DiMaggio, P. J., and Powell, W. W.［1983］"The iron cage revisited: Institutional isomorphism and collective rationality in organizational fields," *American Sociological Review*, vol. 48, no. 2, pp. 147–160.

DiMaggio, P. J., and Powell, W. W.［1991］"Introduction," in P. J. DiMaggio and W. W. Powell eds., *The New Institutionalism in Organizational Analysis*, University of Chicago Press, pp. 1–38.

Hall, R. E., and Woodward, S. E.［2010］"The burden of the nondiversifiable risk of entrepreneurship," *American Economic Review*, vol. 100, no. 3, pp. 1163–1194.

Hsu, D. H., and Kenny, M.［2005］"Organizing venture capital: The rise and demise of American Research & Development Corporation, 1946–1973," *Industrial and Corporate Change*, vol. 14, no. 4, pp. 579–616.

Meyer, J. W., and Rowan, B.［1977］"Institutionalized organizations: Formal structure as myth and ceremony," *American Journal of Sociology*, vol. 83, no. 2, pp. 340–363.

Suchman, M. C.［1995］"Managing legitimacy: Strategic and institutional approaches," *Academy of*

Management Review, vol. 20, no. 3, pp. 571–610.

Suddaby, R.［2010］"Challenges for institutional theory," *Journal of Management Inquiry*, vol. 19, no. 1, pp. 14–20.

Uda, T.［2021］"Expressing experiences of coworking spaces: Insights from social media," in M. Orel, O. Dvouletý and V. Ratten eds., *The Flexible Workplace: Coworking and Other Modern Workplace Transformations*, Springer, pp. 173–191.

Uda, T.［2023］"Producing the organizational space: Buddhist temples as co-working spaces," in F. -X. de Vaujany, J. Aroles and M. Pérezts eds., *The Oxford Handbook of Phenomenologies and Organization Studies*, Oxford University Press, pp. 652–671.

ウォール，C.［2015］『未来をつくる起業家——日本発スタートアップの失敗と成功 20 ストーリー』クロスメディア・パブリッシング。

宇田忠司［2013］「コワーキングの概念規定と理論的展望」『經濟學研究』（北海道大学）第 63 巻第 1 号，115–125 頁。

宇田忠司・高橋勅德［2006］「インキュベーション施設を捉える論理——メビック扇町における施設管理者と入居者の相互関係」『企業家研究』第 3 号，28–44 頁。

内田浩史・郭チャリ［2019］「日本の創業支援と創業金融の実態」RIETI Discussion Paper Series, 19-J-007.

大橋昭一・竹林浩志［2008］『ホーソン実験の研究——人間尊重的経営の源流を探る』同文舘出版。

奥谷貴彦［2012］「ベンチャー企業の資金調達」大和総研リサーチレポート（https://www.dir.co.jp/report/research/capital-mkt/securities/12030201capital-mkt.pdf）。

奥村裕一「日本のビジネスインキュベーション」（http://www.tnst.org.tw/ezcatfiles/cust/img/img/20050909jp_31.pdf）。

小野正人［2013］『起業家と投資家の軌跡——アメリカにおけるベンチャーファイナンスの 200 年』中央経済社。

小野正人［2015］「アメリカの富豪と起業家——20 世紀前半における富豪の新興企業投資とその影響」『城西大学経営紀要』第 11 号，27–44 頁。

グプタ，U.（楡井浩一訳）［2002］『アメリカを創ったベンチャー・キャピタリスト——夢を支えた 35 人の軌跡』翔泳社。

桑田耕太郎・松嶋登・高橋勅德編［2015］『制度的企業家』ナカニシヤ出版。

国立国語研究所［2007］「世論調査の概要と定着度調査の結果」（国立国語研究所報告 126「公共媒体の外来語——『外来語』言い換え提案を支える調査研究」第 1 章，https://www2.ninjal.ac.jp/gairaigo/Report126/houkoku2-1.pdf）。

小林伸生［2019］「起業化支援政策・施設の変遷と展望」『経済学論究』第 73 巻第 3 号，161–198 頁。

佐藤郁哉・山田真茂留［2004］『制度と文化——組織を動かす見えない力』日本経済新聞社。

サンドストロム，E.（黒川正流監訳）［1992］『仕事の場の心理学——オフィスと工場の環境デザインと行動科学』西村書店。

清水勝彦［2016］『経営学者の読み方 あなたの会社が理不尽な理由』日経 BP 社。

竹中克久［2014］「組織における物理的環境についての社会学的アプローチ——空間，風景，アーティファクト」『明治大学教養論集』第 501 号，47–65 頁。

竹林浩志［2013］「ホーソン・リサーチ——人間関係論の形成」吉原正彦編著『メイヨー＝レスリスバーガー——人間関係論』文眞堂，45–88 頁。

田代智治・岸本千佳司［2021］「エコシステムにおけるアクセラレーターの発展と重要性——定義とその特徴の体系的・包括的理解」『中小企業季報』第 199・200 号，11–18 頁。

丹生晃隆［2018］「ビジネスインキュベーション施設における支援活動と成果に関する探索的研究――入居企業の満足度と支援従事者のモティベーション要因を中心に」『宮崎大学地域資源創成学部紀要』第1号，1–18頁。

中沢潔［2018］「米国におけるワーキングスペースの現状②（インキュベーター，アクセラレーター）」『ニューヨークだより』（情報処理推進機構，https://www.ipa.go.jp/digital/chousa/trend/2018/hjuojm000000mbei-att/000066244.pdf）。

野村総合研究所［2016］「平成27年度 ベンチャー創造支援事業（ベンチャー企業の実態・創出等に係る調査）報告書」経済産業省（https://dl.ndl.go.jp/pid/11279556）。

バイグレイブ，W.＝ザカラキス，A.（高橋徳行・田代泰久・鈴木正明訳）［2009］『アントレプレナーシップ』日経BP社。

ハッチ，M. J.＝カンリフ，A. L.（大月博司・日野健太・山口善昭訳）［2017］『Hatch組織論――3つのパースペクティブ』同文舘出版。

ビットキー［2021］「ONLINE OFFICE TOUR #01――ビットキーが大切にしたい次世代の新しい働き方とは？」『note』（https://note.com/bitkey/n/n8bde97d38bc1）。

フロリダ，R.（井口典夫訳）［2009］『クリエイティブ都市論――創造性は居心地のよい場所を求める』ダイヤモンド社。

松嶋登・矢寺顕行・浦野充洋・吉野直人・貴島耕平・中原翔・桑田敬太郎・高山直［2019］「社会物質性のメタ理論」『日本情報経営学会誌』第39巻第3号，80–117頁。

『みんなのオフィス』2022年5月16日，「公園の芝生で業務⁉ こだわりと工夫が詰まったatama plusの広々オフィス！」（https://moffice.tokyo/article/EfwVn）。

村瀬光正［2002］「日本のベンチャーキャピタル――進化するビジネスモデル」『フォーラム「持続可能な新産業創生のシナリオ」記録』（21世紀政策研究所，https://www.21ppi.org/storage/pdf/thesis/011212_21.pdf）。

山崎泰央［2004］「日本における1970年代『ベンチャー・ビジネス』の展開」『イノベーション・マネジメント』第1号，139–157頁。

レヴィ，S.（仲達志・池村千秋訳）［2011］『グーグル ネット覇者の真実――追われる立場から追う立場へ』阪急コミュニケーションズ。

レビンソン，M.（村井章子訳）［2019］『コンテナ物語――世界を変えたのは「箱」の発明だった（増補改訂版）』日経BP。

ワッサーマン，N.（小川育男訳）［2014］『起業家はどこで選択を誤るのか――スタートアップが必ず陥る9つのジレンマ』英治出版。

第**9**章

Bonzom, A., and Netessine, S.［2016］"#500CORPORATIONS: How the world's biggest companies deal with the startup revolution?" INSEAD（https://cdn2.hubspot.net/hubfs/698640/500CORPORATIONS_-_How_do_the_Worlds_Biggest_Companies_Deal_with_the_Startup_Revolution_-_Feb_2016.pdf）.

CB Insights, "The complete list of unicorn companies"（https://www.cbinsights.com/research-unicorn-companies，2022年9月3日閲覧）.

GEM［2021］*Global Entrepreneurship Monitor 2020/2021 Global Report*, Global Entrepreneurship Research Association, London Business School（https://www.gemconsortium.org/file/open?fileId=50691）.

Stinchcombe, A. L.［1965］"Social structure and organizations," in J. G. March ed., *Handbook of*

Organizations, Rand McNally, pp. 142–193.

『@IT』2015年1月19日，「ベンチャーは奇数のチームで始めるが吉——ミドリムシ培養『ユーグレナ』の場合」（https://atmarkit.itmedia.co.jp/ait/articles/1501/19/news021.html）。

GUESSS日本事務局（田路則子・鹿住倫世）［2022］「GUESSS 2021 Japanese National Report（日本語版）」（https://www.guesssurvey.org/resources/nat_2021/GUESSS_Report_2021_Japan_jpe.pdf）。

出雲充［2012］『僕はミドリムシで世界を救うことに決めました。——東大発バイオベンチャー「ユーグレナ」のとてつもない挑戦』ダイヤモンド社。

清成忠男［1984］『経済活力の源泉——日米欧ベンチャー比較』東洋経済新報社。

清成忠男・中村秀一郎・平尾光司［1971］『ベンチャー・ビジネス——頭脳を売る小さな大企業』日本経済新聞社。

国民金融公庫調査部［1985］『ベンチャー・ビジネス——揺籃期の金の卵たち』中小企業リサーチセンター。

チェスブロウ，H.（大前恵一朗訳）［2004］『OPEN INNOVATION——ハーバード流イノベーション戦略のすべて』産業能率大学出版部。

中村秀一郎［1985］『挑戦する中小企業』岩波書店。

西澤昭夫［1998］「会社を起こす——スカイマークエアラインズ社」東北大学経営グループ『ケースに学ぶ経営学』有斐閣，10–31頁。

『日本経済新聞』2020年12月18日，16面「新規上場 6年若返り——00年比，設立から平均17年」。

『日本経済新聞』2022年12月23日，9面「『経営者保証』来年から不要——新興向け融資に新制度」。

日本政策金融公庫総合研究所［2022］「『2021年度 起業と起業意識に関する調査』——アンケート結果の概要」（https://www.jfc.go.jp/n/findings/pdf/kigyouishiki_220126_1.pdf）。

本庄裕司［2021］「日本のアントレプレヌール・ファイナンス」『企業研究』第39号，143–165頁。

ベンチャーエンタープライズセンター編［2021］『ベンチャー白書 2021』ベンチャーエンタープライズセンター。

文部科学省科学技術・学術政策研究所［2021］「調査資料-311 科学技術指標 2021」（https://doi.org/10.15108/rm311）。

第10章

Companies Market Cap, "Largest companies by market cap"（https://companiesmarketcap.com/，2022年5月10日閲覧）.

Zervas, G., Proserpio, D., and Byers, J. W.［2017］"The rise of the sharing economy: Estimating the impact of Airbnb on the hotel industry," *Journal of Marketing Research*, vol. 54, no. 5, pp. 687–705.

アイゼンマン，T.=パーカー，G.=ヴァン・アルスタイン，M. W.［2007］「ツー・サイド・プラットフォーム戦略——『市場の二面性』のダイナミズムを生かす」『DIAMONDハーバード・ビジネス・レビュー』第32巻第6号，68–81頁。

ガルブレイス，J.K.（藤瀬五郎訳）［1970］『アメリカの資本主義（改訂新版）』時事通信社。

川島富士雄［2021］「中国の産業政策を読む（中）競争政策，巨大ITに照準」『日本経済新聞』2021年2月18日，27面。

キーティング，G.（牧野洋訳）［2019］『NETFLIX コンテンツ帝国の野望——GAFAを超える最強IT企業』新潮社。

ギャラガー，L.（関美和訳）［2017］『Airbnb Story——大胆なアイデアを生み，困難を乗り越え，超人気サービスをつくる方法』日経BP社。

『日経産業新聞』2017年4月14日，1面「ラクスル，印刷所のスキマお埋めします——空き設備，IT

で見つけ発注，時間も紙も余さず」。

『日経産業新聞』2018 年 11 月 15 日，3 面「ラクスル──目指すはトラック版ウーバー」。

『日経産業新聞』2020 年 9 月 29 日，17 面「米ライドシェア存続の危機──加州，『運転手は従業員』」。

『日本経済新聞』2020 年 10 月 19 日，11 面「手数料は安全の対価か──エピック，アプリ配信でアップル提訴」。

『日本経済新聞』2020 年 11 月 5 日，7 面「『運転手は個人事業主』承認──ライドシェア巡り 米加州住民投票で」。

『日本経済新聞』2020 年 12 月 24 日，3 面「中国 IT 大手に法の網──来年にも 統制強化，独禁法改正へ」。

『日本経済新聞』2021 年 8 月 22 日，7 面「単発仕事請け負うギグワーカー──保護規制緩和は『違憲』」。

『日本経済新聞』2022 年 4 月 24 日，3 面「EU 巨大 IT 監督強化」。

根来龍之［2017］『新しい基本戦略 プラットフォームの教科書──超速成長ネットワーク効果の基本と応用』日経 BP 社。

丸山雅祥［2017］『経営の経済学（第 3 版）』有斐閣。

第11章

Agarwal, R., Echambadi, R., Franco, A. M., and Sarkar, M. B.［2004］"Knowledge transfer through inheritance: Spin-out generation, development, and survival," *Academy of Management Journal*, vol. 47, no. 4, pp. 501–522.

Buenstorf, G.［2007］"Opportunity spin-offs and necessity spin-offs," Papers on Economics and Evolution #0718, Max Planck Institute of Economics.

Casper, S.［2007］"How do technology clusters emerge and become sustainable? Social network formation and inter-firm mobility within the San Diego biotechnology cluster," *Research Policy*, vol. 36, no. 4, pp. 438–455.

Christensen, C. M.［1993］"The rigid disk drive industry: A history of commercial and technological turbulence," *Business History Review*, vol. 67, no. 4, pp. 531–588.

Feldman, M. P., Ozcan, S., and Reichstein, T.［2019］"Falling not far from the tree: Entrepreneurs and organizational heritage," *Organization Science*, vol. 30, no. 2, pp. 337–360.

Fikes, B. J.［2012］"Four biotech legends recall birth of local industry," *San Diego Union-Tribune* (https://www.sandiegouniontribune.com/sdut-four-biotech-legends-recall-birth-of-local-2012nov08-story.html).

Fikes, B. J.［2018］"San Diego's Hybritech still influences local biotech, 40 years later," *Baltimore Sun (San Diego Union-Tribune)* (https://www.baltimoresun.com/sd-me-hybritech-20180509-story.html).

Klepper, S.［2002］"The capabilities of new firms and the evolution of the US automobile industry," *Industrial and Corporate Change*, vol. 11, no. 4, pp. 645–666.

Klepper, S.［2010］"The origin and growth of industry clusters: The making of Silicon Valley and Detroit," *Journal of Urban Economics*, vol. 67, no. 1, pp. 15–32.

LOW DOWN, 2014/7/5, "How the PayPal Mafia redefined Silicon Valley"（http://www.thelowdownblog.com/2014/07/how-paypal-mafia-redefined-silicon.html).

『J-CAST ニュース』2015 年 10 月 5 日，「全国に 100 軒はある『大勝軒』って何だ 山岸さんがのれん分けした店ばかりと思うと…」（https://www.j-cast.com/2015/10/05247037.html?p=all）。

五十嵐伸吾［2013］「地域における起業促進の一類型──アルプス電気盛岡工場が醸成した起業家精

神」『地域イノベーション』第 5 号，89-104 頁。

稲垣京輔［2003］『イタリアの起業家ネットワーク——産業集積プロセスとしてのスピンオフの連鎖』白桃書房。

井上英子［2001］『仙台牛たん焼き物語』河北新報社。

清成忠男［1972］『現代中小企業の新展開——動態的中小企業論の試み』日本経済新聞社。

清成忠男・中村秀一郎・平尾光司［1971］『ベンチャー・ビジネス——頭脳を売る小さな大企業』日本経済新聞社。

クリステンセン，C. M.（玉田俊平太監修，伊豆原弓訳）［2001］『イノベーションのジレンマ——技術革新が巨大企業を滅ぼすとき（増補改訂版）』翔泳社。

中田敦［2012］「シスコの不思議な成長戦略『スピンイン』」『日経コンピュータ』2012 年 6 月 7 日号，10 頁。

長山宗広［2012］『日本的スピンオフ・ベンチャー創出論——新しい産業集積と実践コミュニティを事例とする実証研究』同友館。

西山里緒［2019］「"DeNA マフィア"溜まり場に潜入。起業家続々輩出する"遺伝子"はなぜ生まれる」『LIFE INSIDER』（https://www.businessinsider.jp/post-193568）。

『日経 MJ（流通新聞）』2020 年 12 月 16 日，3 面「再入社まで良縁切らさず——退職者を味方に 同窓組織『企業アルムナイ』」。

『日本経済新聞』2019 年 7 月 17 日，1 面「働き方進化論 さらばモノクロ職場（1）——出入り OK，『出世魚』つかめ」。

林大樹［1987］「最近におけるわが国起業家のスピンアウトについて」『一橋大学研究年報 社会学研究』第 25 号，433-499 頁。

福嶋路・田路則子・五十嵐伸吾［2022］「外的圧力による同時多発的スピンオフの出現とネットワークの形成——アルプス電気盛岡工場からのスピンオフの事例」『企業家研究』第 19 号，83-95 頁。

ヤフー［2017］「ヤフーの卒業生のつながりをつくる『モトヤフ』」（https://about.yahoo.co.jp/info/blog/20170207/motoyahoojapan.html）。

第 **12** 章

Economist, 2012/10/27, "Something in the air"（https://www.economist.com/special-report/2012/10/27/something-in-the-air）.

Florida, R. L.［2005］*Cities and the Creative Class*, Routledge.

Florida, R.［2019］"Maps reveal where the creative class is growing," *Bloomberg*（https://www.bloomberg.com/news/articles/2019-07-09/maps-reveal-where-the-creative-class-is-growing）.

Florida, R., Mellander, C., and Stolarick, K.［2008］"Inside the black box of regional development - human capital, the creative class and tolerance," *Journal of Economic Geography*, vol 8, no. 5, pp. 615-649.

Krugman, P.［1991］*Geography and Trade*, MIT Press（北村行伸・高橋亘・妹尾美起訳『脱・国境の経済学——産業立地と貿易の新理論』東洋経済新報社，1994 年）.

Smilor, R. W., Gibson, D. V., and Kozmetsky, G.［1989］"Creating the technopolis: High-technology development in Austin, Texas," *Journal of Business Venturing*, vol. 4, no. 1, pp. 49-67.

Spigel, B.［2017］"The relational organization of entrepreneurial ecosystems," *Entrepreneurship Theory and Practice*, vol. 41, no. 1, pp. 49-72.

Spigel, B.［2020］*Entrepreneurial Ecosystems: Theory, Practice and Futures*, Edward Elgar Publishing.

Spigel, B., and Harrison, R.［2018］"Toward a process theory of entrepreneurial ecosystems," *Strategic*

Entrepreneurship Journal, vol. 12, no. 1, pp. 151–168.

Startup Genome［2022］"Global startup ecosystem ranking 2022（top 30 + runners-up）"（https://startupgenome.com/article/global-startup-ecosystem-ranking-2022-top-30-plus-runners-up）.

サクセニアン，AL.（大前研一訳）［1995］『現代の二都物語——なぜシリコンバレーは復活し，ボストン・ルート 128 は沈んだか』講談社（AL. Saxenian, *Regional Advantage: Culture and Competition in Silicon Valley and Route 128*, Harvard University Press, 1994）.

ジェイコブズ，J.（中村達也訳）［2012］『発展する地域 衰退する地域——地域が自立するための経済学』筑摩書房（J. Jacobs, *Cities and the Wealth of Nations: Principles of Economic Life*, Vintage Books, 1985）.

福嶋路［2015］『ハイテク・クラスターの形成とローカル・イニシアティブ——テキサス州オースティンの奇跡はなぜ起こったのか』白桃書房.

フロリダ，R.（井口典夫訳）［2014］『新クリエイティブ資本論——才能（タレント）が経済と都市の主役となる』ダイヤモンド社.

ヘントン，D. = メルビル，J. = ウォレシュ，K.（加藤敏春訳）［1997］『市民起業家——新しい経済コミュニティの構築』日本経済評論社.

ポーター，M. E. = クラマー，M.［2011］「共通価値の戦略——経済的価値と社会的価値を同時実現する」『DIAMOND ハーバード・ビジネス・レビュー』第 36 巻第 6 号，8–13 頁（M. E. Porter and M. R. Kramer, "Creating shared value: How to reinvent capitalism - and unleash a wave of innovation and growth," *Harvard Business Review*, vol. 89, no. 1–2, pp. 62–77, 2011）.

マーシャル，A.（永澤越郎訳）［1985］『経済学原理 2』岩波ブックセンター信山社（A. Marshall, *Principles of Economics: An Introductory Volume (8th ed.)*, Macmillan, 1920）.

モレッティ，E.（池村千秋訳）［2014］『年収は「住むところ」で決まる——雇用とイノベーションの都市経済学』プレジデント社（E. Moretti, *The New Geography of Jobs*, Houghton Mifflin Harcourt, 2012）.

第 13 章

Anderson, S.［2018］"Immigrants and billion-dollar companies," NFAP（National Foundation for American Policy）Policy Brief（https://www.immigrationresearch.org/system/files/2018-BILLION-DOLLAR-STARTUPS.NFAP-Policy-Brief.2018.pdf）.

Canadian Trade Commissioner Service, "Canadian Technology Accelerators"（https://www.tradecommissioner.gc.ca/cta-atc/index.aspx?lang=eng）.

Joint Venture Silicon Valley［2018］"2018 Silicon Valley index"（https://jointventure.org/images/stories/pdf/index2018.pdf）.

Joint Venture Silicon Valley［2023］"2023 Silicon Valley index"（https://jointventure.org/images/stories/pdf/index2023.pdf）.

Oettl, A., and Agrawal, A.［2008］"International labor mobility and knowledge flow externalities," *Journal of International Business Studies*, vol. 39, no. 8, pp. 1242–1260.

Rouse, R.［1992］"Making sense of settlement: Class transformation, cultural struggle, and transnationalism among Mexican migrants in the United States," *Annals of the New York Academy of Sciences*, vol. 645, no. 1, pp. 25–52.

『TEDx Talks』2018 月 12 月 20 日，「宇宙のゴミを減らすために Reducing Space Debris，Miki Ito，TEDxKyoto」（https://www.youtube.com/watch?v=gZfjyzbKscY）.

アストロスケール（https://astroscale.com/ja/）.

大井裕貴［2021］「日本におけるスタートアップビザとは？」『地域・分析レポート』（JETRO 海外ビジネス情報，https://www.jetro.go.jp/biz/areareports/2021/d802202dd86e2df0.html）。

川上桃子［2019］「『シリコンバレー志向型政策』の展開——台湾の事例」木村公一朗編『東アジアのイノベーション——企業成長を支え，起業を生む〈エコシステム〉』作品社，60-90 頁。

北野健太［2017］「起業ブームに沸く中国において IT ものづくりで進化する深圳」『RIM 環太平洋ビジネス情報』第 17 巻第 64 号，25-45 頁。

『国別労働トピック』2019 年 11 月 12 日，「中国人留学生の帰国と就職戦線に変化」（労働政策研究・研修機構 海外労働情報，https://www.jil.go.jp/foreign/jihou/2019/11/china_02.html）。

サクセニアン，AL.（星野岳穂・本山康之監訳，酒井泰介訳）［2008］『最新・経済地理学——グローバル経済と地域の優位性』日経 BP 社。

テラモーターズ（https://terramotors.co.jp）。

遠山浩［2018］「イノベーション創出都市——変貌する深圳」『専修大学社会科学研究所月報』第 665 号，1-37 頁。

中村久人［2013］『ボーングローバル企業の経営理論——新しい国際的ベンチャー・中小企業の出現』八千代出版。

西口敏宏・辻田素子［2016］『コミュニティー・キャピタル——中国・温州企業家ネットワークの繁栄と限界』有斐閣。

『日経 MJ（流通新聞）』2013 年 4 月 14 日，16 面「創業 3 年『テラモーターズ』快走——電動バイク地方の足に」。

『日経産業新聞』2002 年 1 月 30 日，32 面「デジタル中国（3）大陸"脳力流"脈々と——政府，受け皿 準備」。

『日経産業新聞』2013 年 3 月 19 日，1 面「産業再興 ものづくり + α（4）電動バイクのテラ，最初から新興国——世界企業へ先手必勝」。

『日経産業新聞』2015 年 3 月 27 日，1 面「始動 大気圏外クリーン計画（上）宇宙ごみ 掃除せよ——シンガポール発 日の丸 VB」。

『日経産業新聞』2015 年 11 月 13 日，2 面「三輪 EV アジア疾走——フィリピンやインド，日本の VB 攻勢」。

『日経産業新聞』2017 年 1 月 24 日，5 面「（我が社の海外戦略）テラモーターズ アジアで電動バイク——学生に人気，社員教育注力」。

『日経産業新聞』2017 年 3 月 30 日，27 面「（VB 経営 A to Z）新興国での日系企業の戦い方——無形資産生かし行動を」。

『日経産業新聞』2017 年 4 月 27 日，20 面「開拓者 日本ポリグル小田兼利会長 飲み水浄化 経済も潤す——途上国の 300 万人に恩恵」。

『日経産業新聞』2018 年 3 月 12 日，3 面「Next CAR に挑む 攻防・電動化（3）スタートアップも EV 参戦——十人十色 割り切り勝負」。

『日経産業新聞』2018 年 7 月 13 日，14 面「米国での起業支える TiE——団体創設者レキ氏」。

『日本経済新聞』2015 年 10 月 8 日，9 面「シリコンバレー沸く（中）移民，30 分に 1 人——国あげて人脈作り競う」。

『日本経済新聞』2017 年 12 月 4 日，9 面「NEXT ユニコーン 有力スタートアップ 108 社調査——起業時に世界視野 4 割超」。

『日本経済新聞』2018 年 3 月 6 日夕刊（大阪），29 面「水浄化 途上国を支える——日本ポリグル会長小田兼利さん（もっと関西）」。

『日本経済新聞』2019 年 7 月 12 日，19 面「エストニア電子政府特集——電子立国 ヒントここに」。

『日本経済新聞』2019 年 9 月 2 日，2 面「外国人留学生の起業支援——政府，法案提出へ 特区でビザ
　　緩和」。

『日本経済新聞』2019 年 11 月 17 日，2 面「（未踏に挑む）アジア発，世界で革新——グラブ共同創業
　　者 タン・フイリン氏」。

『日本経済新聞』2022 年 6 月 2 日，5 面「革新人材 国が争奪戦」。

日本ポリグル（https://poly-glu.com）。

播磨亜希［2019］「トランスナショナル創業——国境を越える起業家の役割と課題」『日本政策金融公
　　庫論集』第 45 号，35-58 頁。

福嶋路［2019］「大学の起業家育成——シンガポール国立大学の事例」木村公一朗編『東アジアのイ
　　ノベーション——企業成長を支え，起業を生む〈エコシステム〉』作品社，37-59 頁。

村上由紀子［2015］『人材の国際移動とイノベーション』NTT 出版。

索　引　■

事項索引

組織・地域名等索引

人名索引

【有斐閣ストゥディア】

中小企業・スタートアップを読み解く
——伝統と革新，地域と世界
Understanding SMEs and Startups

2023 年 9 月 10 日 初版第 1 刷発行

著　者　加藤厚海，福嶋路，宇田忠司
発行者　江草貞治
発行所　株式会社有斐閣
　　　　〒101-0051 東京都千代田区神田神保町 2-17
　　　　https://www.yuhikaku.co.jp/
装　丁　キタダデザイン
印　刷　萩原印刷株式会社
製　本　牧製本印刷株式会社
装丁印刷　株式会社亨有堂印刷所